Nichteheliche Lebensgemeinschaften und ihre Einordnung im Internationalen Privatrecht

Europäische Hochschulschriften
Publications Universitaires Européennes
European University Studies

Reihe II
Rechtswissenschaft

Série II Series II
Droit
Law

Bd./Vol. 3116

PETER LANG
Frankfurt am Main · Berlin · Bern · Bruxelles · New York · Oxford · Wien

Kirsten Schümann

Nichteheliche Lebensgemeinschaften und ihre Einordnung im Internationalen Privatrecht

PETER LANG
Europäischer Verlag der Wissenschaften

Die Deutsche Bibliothek - CIP-Einheitsaufnahme

Schümann, Kirsten:

Nichteheliche Lebensgemeinschaften und ihre Einordnung im Internationalen Privatrecht / Kirsten Schümann. - Frankfurt am Main ; Berlin ; Bern ; Bruxelles ; New York ; Oxford ; Wien : Lang, 2001
(Europäische Hochschulschriften : Reihe 2, Rechtswissenschaft ; Bd. 3116)
Zugl.: Dresden, Techn. Univ., Diss., 2000
ISBN 3-631-37783-5

88
ISSN 0531-7312
ISBN 3-631-37783-5

Vorwort

Ich widme dieses Buch *meinen Eltern* als Dank dafür, daß sie mir durch ihre stets vorbehaltlose Unterstützung die Erstellung dieser Arbeit ermöglicht haben.

Die Anregung zu dem bearbeiteten Thema bekam ich während meiner Tätigkeit als wissenschaftliche Mitarbeiterin am Lehrstuhl für Bürgerliches Recht, Ausländisches und Internationales Privatrecht und Rechtsvergleichung meines Doktorvaters, Herrn Prof. Dr. Peter Hay, an der Technischen Universität Dresden. Ihm möchte ich hiermit meinen herzlichen Dank für die fortlaufende Diskussionsbereitschaft und Geduld bei der Themenkonkretisierung sowie die umfangreiche Hilfe gerade bei der Ermittlung ausländischer Rechtsquellen aussprechen. Mein größter Dank gilt auch Herrn Prof. Dr. Justus Meyer sowie Herrn Dr. Thomas Müller-Magdeburg für die überaus zügige Erstellung der Zweit- und Drittgutachten und die darin enthaltenen Hinweise. Für die vielen kritischen Anregungen während des Zustandekommens der Arbeit möchte ich mich vielmals bei Tobias Krätzschmar bedanken. Dank sagen möchte ich ebenfalls Nicole Gnant für ihre Hilfe bei der Erstellung des Abgabeexemplars und nicht zuletzt meinem Freund Kai-Uwe Kleber für die vielen hilfreichen Tips bei der Fertigstellung der endgültigen Fassung und seine schier unerschöpfliche Geduld beim Korrekturlesen.

Die Arbeit wurde im März 2000 von der Juristischen Fakultät der Technischen Universität Dresden als Dissertation angenommen. Tag der mündlichen Prüfung und der öffentlichen Verteidigung war der 12. Juli 2000. Die mit Stand März 2000 abgeschlossene Untersuchung berücksichtigt nunmehr auch zum Teil Literatur, Rechtsprechung und Gesetzgebung bis einschließlich November 2000. Auf das Gesetz über die Eingetragene Lebenspartnerschaft, welches im November 2000 im Deutschen Bundestag beschlossen wurde, konnte nur noch in Ansätzen eingegangen werden.

Berlin, im Dezember 2000 — Kirsten Schümann

Inhaltsverzeichnis

Abkürzungsverzeichnis XIV

Literaturverzeichnis XVIII

Einleitung

I. Nichteheliches Zusammenleben und Ehe 1

II. Die nichteheliche Lebensgemeinschaft als grenzüberschreitendes Phänomen; Zahlenangaben 3

III. Die Bedeutung einer kollisionsrechtlichen Lösung 4

IV. Gang der weiteren Bearbeitung 5

Teil A) Nichteheliches Zusammenleben im internationalen Raum

I. Bedeutung dieses Grundlagenteils 7

II. Die unterschiedlichen Motive nichtehelichen Zusammenlebens 8

III. Interesse an umfassender gesetzlicher Erfassung 9
1. Das Regelungsinteresse des Paares 9
a) Wunsch des Paares nach rechtlicher Unverbindlichkeit 9
b) Wunsch nach rechtlicher Institutionalisierung neben der Ehe 9

2. Die Regelungsinteressen der beteiligten Staaten 9
a) Funktionen umfangreicher gesetzlicher Vorschriften für die Ehe 10
b) Das Regelungsinteresse hinsichtlich nichtehelicher Partnerschaften 11

3. Zusammenfassung 13

IV. Tatsächliche Erfassung nichtehelichen Zusammenlebens im internationalen Raum 14
1. Wunsch des Paares nach rechtlicher Unverbindlichkeit 14
a) Gesetzliche Ignorierung formlosen Zusammenlebens als personenrechtliche Verbindung in Deutschland und anderen modernen Industrieländern 14
aa) Rechtliche Behandlung 16
(1) Ablehnung staatlicher Vergünstigungen 16

(2) Indirekte Anerkennung einzelner familiärer Funktionen 18
(3) Indirekte Anerkennung tatsächlicher Unterhaltsleistungen 19
(4) Keine Anwendung eherechtlicher Normen 22
(a) Allgemeine Ehewirkungen 22
(b) Die Vermögensauseinandersetzung nach Trennung des Paares im besonderen 23
(5) Zunehmende Anerkennung der emotionalen Beeinflussung vermögensrechtlicher Transaktionen innerhalb einer nichtehelichen Partnerschaft in Deutschland 27

bb) Auswertung 27

b) Ehewirkungen ohne Eheschließung 31
aa) Regelungsumfang 31
(1) Latein- und Südamerika 31
(2) Moderne Regelungen für formlos eingegangene nichteheliche Verbindungen 33

bb) Auswertung 37
(1) Latein- und Südamerika 37
(2) Moderne Regelungen 39

c) Punktuelle Regelungen 40
aa) Regelungsbereiche und Ziele 40
bb) Auswertung 42

d) Zusammenfassung der wesentlichen Erkenntnisse für das Kollisionsrecht 43

2. Wunsch nach rechtlicher Institutionalisierung neben der Ehe 44
a) Gesetzliche Ignorierung 44
aa) Kommunale Registrierungen; Die „Hamburger Ehe“ 44
bb) Der Wunsch homosexueller Paare nach Registrierung im besonderen 46
cc) Die Zulässigkeit von Partnerschaftsverträgen 48

b) Umfassende Regelung faktischer heterosexueller Partnerschaften 50
aa) Latein- und Südamerika 50
bb) Moderne Regelungen 50

c) Registrierte homosexuelle Partnerschaften 51
aa) „Nichteheliche" Partnerschaft 51
bb) Interesse des Paares an rechtlicher Regelung 51
cc) Umfang existierender rechtlicher Regelungen 52
dd) Funktionen des Rechtsinstituts; Ziel der gesetzlichen Regelung 53
ee) Weitere kollisionsrechtliche Aspekte 55

d) „Ehen" Gleichgeschlechtlicher? 57
aa) Rechtslage 57
bb) Motive 61
cc) Kollisionsrechtliche Aspekte 61

e) Registrierte Partnerschaften für heterosexuelle und homosexuelle Paare 62
aa) Regelungsumfang 62
bb) Ziele 64
cc) Weitere kollisionsrechtliche Aspekte 65

f) Zusammenfassung 65

Teil B) Die Einordnung nichtehelicher Partnerschaften im deutschen Kollisionsrecht

I. Rechtslage 67
1. Deutschland 67
a) Gesetzliche Regelungen 67
b) Rechtsprechung 67
aa) Überblick 67
bb) OLG Koblenz vom 2.12.1993 67
cc) OLG Zweibrücken vom 28.5.1993 69

c) Literaturansichten 71

2. Ausländische Lösungsansätze 72
a) Gesetzliche Regelungen 72
aa) Art. 39 des jugoslawischen IPR-Gesetzes von 1982 72
bb) Sec. 68 Act respecting the Law of the Family of Newfoundland 1988 73
cc) Sec. 46 De Facto Relationship Act 1984 New South Wales 74

b) Rechtsprechung 74
aa) OGH Wien vom 18.2.1982 74

bb) OGH Wien vom 16.12.1982 76
cc) Tribunal de grande instance de Paris vom 21.11.1983 77

c) Literaturansichten 78

3. Ergebnis; Gang der Bearbeitung 79

II. Gesamtstatut für Rechtsfragen nichtehelichen Zusammenlebens 80
1. Problembereiche im internationalen Kontext 80

2. Sonderstatute 81
a) Unerlaubte Handlungen unter Beteiligung eines Dritten 81
b) Mietrecht 83
c) Kindschaftsrecht 84
d) Erbrecht 85
e) Unterhaltsansprüche 85
aa) Streitstand 85
bb) Stellungnahme 86
cc) Unterhaltsansprüche gegen den Nachlaß 89
dd) Fallbeispiel 90

f) Zusammenfassung 91

3. Vorzüge eines Gesamtstatuts für die verbleibenden Rechtsfragen 92

4. Nachteile einer Qualifikation einzelner Rechtsfragen 93
a) Abweichende kollisionsrechtliche Interessen 93
aa) Gemeinschaftsrecht 93
bb) Sachenrecht 94
cc) Geschäftsführung ohne Auftrag 94
dd) Bereicherungsrecht 96
ee) Vertragsrecht 97
ff) Wegfall der Geschäftsgrundlage 97
gg) Zusammenfassung 97

b) Schwierigkeiten materiellrechtlicher Qualifikation unter schuldrechtliche Normen 99
aa) Gemeinschaft 99
bb) Sachenrecht 100
cc) Geschäftsführung ohne Auftrag 100
dd) Bereicherungsrecht 101
ee) Schenkungs-/Darlehens-/Arbeitsvertrag 101
ff) Wegfall der Geschäftsgrundlage 102

c) Beispiel Verpflichtungsermächtigung 102
d) Zusammenfassung 103

5. Nachteile des zweigliedrigen Ansatzes Henrichs 104
a) Henrichs Lösungsvorschlag und weitere Vertreter 104
b) Wertung 105

III. Nachteile vorhandener Kollisionsregeln 106
1. Überblick 106
2. Internationales Schuldvertragsrecht 106
a) Nichteheliches Zusammenleben als umfassender Schuldvertrag 106
b) Schuldvertragsstatut und nichteheliches Zusammenleben 107

3. Internationales Gesellschaftsrecht 108
a) Nichteheliches Zusammenleben als Gesellschaft bürgerlichen Rechts 108
b) Internationales Gesellschaftsrecht und nichteheliches Zusammenleben 110

4. Internationales Eherecht 112
a) Subsumtion unter den Begriff „Ehe" im Kollisionsrecht 112
aa) Wortlaut 112
bb) Teleologische Auslegung 112
(1) Keine Übereinstimmung mit dem Ehebegriff im deutschen materiellen Recht, §§ 1303ff. BGB 112
(a) Formelle Abweichungen 113
(b) Abweichende materielle Voraussetzungen 115
(c) Scheinehen 117
(d) Ergebnis 117
(3) Keine Begrenzung auf den verfassungsrechtlichen Ehebegriff 117

cc) Historische und systematische Auslegung 118
(1) Art. 14 Abs. 1 EGBGB als Grundsatzkollisionsnorm 118
(2) Anwendung auf nichteheliche Partnerschaften 120

dd) Zwischenergebnis 120

b) Systematik der Art. 13ff. EGBGB 121
aa) Das Staatsangehörigkeitsprinzip im Recht der allgemeinen Ehewirkungen 121
(1) Vorbemerkung 121

(2) Staatsangehörigkeits- versus Domizilprinzip im Ehewirkungsrecht 123
(a) Staatsangehörigkeitsprinzip 123
(aa) Beispiel Deutschland 123
(bb) Vor- und Nachteile 123
(b) Domizilprinzip 124
(aa) Beispiel USA 124
(bb) Vor- und Nachteile 125
(c) Wertung 126
(d) Exkurs: Abzulehnende Kompromißvorschläge 127
(aa) Alternativanknüpfungen 127
(bb) Einbau zeitlicher Elemente 127

(3) Nachteile einer primären Anknüpfung an die gemeinsame Staatsangehörigkeit auch für Rechtswirkungen nichtehelicher Partnerschaften 128

bb) Selbständige Anknüpfung der Vorfrage 132
(1) Regelung in Art. 13, 11 Abs. 1 EGBGB 132
(2) Funktion 132
(3) Nachteile einer Anwendung auf nichteheliches Zusammenleben 133

cc) Sonderregelung des Güterrechtsstatuts 135
(1) Regelung in Art. 15 Abs. 1 EGBGB 135
(2) Funktion 136
(3) Abweichende Interessenlage bei nichtehelichen Partnerschaften 136

dd) Die beschränkte Rechtswahl im deutschen internationalen Eherecht 138
(1) Regelung in Art. 14 Abs. 2, 3, Art. 15 Abs. 2 EGBGB 138
(2) Funktion 139
(3) Ablehnung einer entsprechenden Einschränkung der Rechtswahlfreiheit bei nichtehelichen Paaren 141
(4) Fallbeispiel 144

ee) Separates Trennungsstatut 145
(1) Regelung in Art. 17 Abs. 1, 2 EGBGB 145
(2) Funktion 146
(3) Nachteile einer Anwendung auf nichteheliches Zusammenleben 146

c) Zwischenergebnis 147

IV. Entwicklung einer eigenen Kollisionsnorm unter verstärkter Orientierung am Aufenthaltsrecht 148
1. Besondere Probleme einer neuen Kollisionsnorm 148
a) Vorgaben der vorangegangenen Untersuchung 148
b) Domizil oder gewöhnlicher Aufenthalt als Anknüpfungsmoment für Rechtswirkungen faktischer Partnerschaftsformen 149
aa) Domizil 149
bb) Gewöhnlicher Aufenthalt 150
(1) Personalstatut und gewöhnlicher Aufenthalt einer Person 150
(2) Gemeinsamer gewöhnlicher Aufenthalt und nichteheliches Zusammenleben 152

c) Eingehungsstatut 153
d) Auflösungsstatut 153
e) Der Partnerschaftsvertrag 153
f) Rechtswahl 154
g) Rück- und Weiterverweisung (Renvoi) 155

2. Entwurf einer Kollisionsnorm 156

3. Prüfung der Kollisionsregeln für güterrechtliche Rechtsfragen 157

Abkürzungsverzeichnis

a.A.	andere(r) Ansicht
a.a.O.	am angegebenen Ort
A.B.A.J.	ABA Journal
abgedr.	abgedruckt
AcP	Archiv für die civilistische Praxis
a.F.	alte(r) Fassung
AFG	Arbeitsförderungsgesetz
AG	Amtsgericht
ABGB	Allgemeines Bürgerliches Gesetzbuch (Österreich)
Am. J. Comp. L.	The American Journal of Comparative Law
AnfG	Gesetz über die Anfechtung von Rechtshandlungen eines Schuldners außerhalb des Insolvenzverfahrens
Anh	Anhang zu
AO	Abgabenordnung
ArbG	Arbeitsgericht
Ariz. St. L.J.	Arizona State Law Journal
Art.	Artikel
Aufl.	Auflage
AVG	Angestelltenversicherungsgesetz
BayObLG	Bayrisches Oberstes Landesgericht
B.B.J.	Boston Bar Journal
BFH	Bundesfinanzhof
BFHE	Entscheidungen des Bundesfinanzhofs
BGBl.	Bundesgesetzblatt
BGE	Bundesgerichtsentscheid (Schweiz)
BGH	Bundesgerichtshof
BGHZ	Entscheidungen des Bundesgerichtshofs in Zivilsachen
BO	Boletín Oficial (Aragón)
Brandeis J. Fam. L.	Brandeis Journal of Family Law
BR-Drucks.	Bundesratsdrucksachen
BSG	Bundessozialgericht
BSHG	Bundessozialhilfegesetz
BT-Drucks.	Bundestagsdrucksachen
BVerfG	Bundesverfassungsgericht
BVerfGE	Entscheidungen des Bundesverfassungsgerichts
BVerwG	Bundesverwaltungsgericht
BVerwGE	Entscheidungen des Bundesverwaltungsgerichts
BW	Burgerlijk Wetboek (Niederlande)
Cardozo J.Int'l & Comp.L.	Cardozo Journal of International and Comparative Law
Colum. L. Rev.	Columbia Law Review
ders.	derselbe

Diss.	Dissertation
DtZ	Deutsch-Deutsche Rechtszeitschrift
ed.	edition
EFG	Entscheidungen der Finanzgerichte
EGBGB	Einführungsgesetz zum Bürgerlichen Gesetzbuch von 1986
EheG	Ehegesetz
EStG	Einkommenssteuergesetz
EuGH	Europäischer Gerichtshof
FamG	Familiengesetz
Fam. L.Q.	Family Law Quarterly
FamRZ	Zeitschrift für das gesamte Familienrecht
FAZ	Frankfurter Allgemeine Zeitung
FEB	February
FG	Finanzgericht
FLR	Federal Law Report
FN	Fußnote
FU Berlin	Freie Universität Berlin
FuR	Familie und Recht
GG	Grundgesetz
h.M.	herrschende Meinung
Hrsg.	Herausgeber
HS	Halbsatz
InfAuslR	Informationsbrief Ausländerrecht
Int'l & Comp. L.Q.	International and Comparative Law Quarterly
Int'l J.L. & Family	International Journal of Law and the Family
IPRax	Praxis des Internationalen Privat- und Verfahrensrechts
i.S.v.	im Sinne von
i.V.m.	in Verbindung mit
JBl.	Juristische Blätter (Österreich)
JCP	Juris Classeur Périodique (Frankreich)
J. Fam. L.	Journal of Family Law
JuS	Juristische Schulung
KG	Kammergericht
KG-Rp	Kammergericht Report
KindRG	Kindschaftsrechtsreformgesetz
KJ	Kritische Justiz
LG	Landgericht
m.Anm.	mit Anmerkung
Mich. L. Rev.	Michigan Law Review
MDR	Monatsschrift für Deutsches Recht
n.F.	neue(r) Fassung
m.w.N.	mit weiteren Nachweisen
NJ	Neue Justiz

NJA	Nytt Jurisdisk Arkiv (Schweden)
NJW	Neue Juristische Wochenschrift
NJW-FER	NJW-Entscheidungsdienst Familien- und Erbrecht
NJW-RR	NJW-Rechtsprechungs-Report Zivilrecht
Nova L. Rev.	Nova Law Review
NZM	Neue Zeitschrift für Miet- und Wohnungsrecht
o.ä.	oder ähnliche
OCT	October
OGH	Oberster Gerichtshof (Österreich)
ÖJZ	Österreichische Juristenzeitung
OLG	Oberlandesgericht
OLG-Rp	OLG Report
OR	Obligationenrecht
PartG	Partnerschaftsgesetz
PF	Postfach
RabelsZ	Rabels Zeitschrift für ausländisches und internationales Privatrecht
RCL	Repertorio Cronológico de Legislación de la Editorial Aranzadi (Katalonien)
Rdnr.	Randnummer
Rec. des Cours	Recueil des Cours (Académie de Droit international)
R.E.D.I.	Revista espanola de derecho international
Rev.Crit.Dr.int.Pr.	Revue critique de droit international privé
RG	Reichsgericht
RGBl.	Reichsgesetzblatt
RGZ	Entscheidungen des Reichsgerichts in Zivilsachen
RIW	Recht der Internationalen Wirtschaft
Rutgers L.J.	Rutgers Law Journal
S.	Seite
sec.	section
SFS	Svensk författningssamling
SGB	Sozialgesetzbuch
StÄG	Strafrechtsänderungsgesetz
Stan. L. Rev.	Stanford Law Review
StAZ	Das Standesamt
S.U. L. Rev.	Southern University Law Review
Temp.Pol.& Civ. Rts.L.Rev.	Temple Political and Civil Rights Law Review
u.a.	und andere
UfR	Ugeskrift for Retsvaesen (Dänemark)
U. Louisville J. Fam. L.	University of Louisville Journal of Family Law
Univ.	Universität
u.U.	unter Umständen
UVR	Umsatzsteuer- und Verkehrssteuer-Recht

v.	vom
VBlBW	Verwaltungsblätter für Baden- Württemberg
VersR	Versicherungsrecht
VGH	Verwaltungsgerichtshof
vgl.	vergleiche
VuR	Verbraucher und Recht
VVG	Gesetz über den Versicherungsvertrag
WoBauG	Wohnungsbaugesetz
Yale L.J.	Yale Law Journal
ZEuP	Zeitschrift für Europäisches Privatrecht
ZfRV	Zeitschrift für Rechtsvergleichung
ZfS	Zeitschrift für Schadensrecht
ZfSS	Kölner Zeitschrift für Soziologie und Sozialpsychologie
zit.	zitiert
ZMR	Zeitschrift für Miet- und Raumrecht
ZRP	Zeitschrift für Rechtspolitik
ZVglRWiss	Zeitschrift für vergleichende Rechtswissenschaft
z.Zt.	zur Zeit

Literaturverzeichnis

Abels, Stefan: Die Qualifikation der Schenkung, Diss. Univ. Konstanz 1996

Agell, Anders: Die schwedische Gesetzgebung über nichteheliche Lebensgemeinschaften, FamRZ 1990, 817

Akiba, Jun'ichi/Ishikawa, Minoru, Marriage and Divorce Regulation and Recognition in Japan, 29 Fam. L.Q. 589

Anderson, Lauren: Property rights of Same-Sex Couples: Toward a New Definition of Family, 26 J. Fam. L. 357 (1987/88)

Andrae, Marianne: Internationales Familienrecht, Baden-Baden 1999

Audit, Bernard: Droit International Privé, Paris 1991

Bailey-Harris, Rebecca: Financial Rights in Relationships outside Marriage: A Decade of Reforms in Australia, 9 Int'l J.L. & Family 233 (1995)

Bartlett, Carol: The New South Wales De Facto Relationship Act 1984 and related legislation, 59 The Australien Law Journal 191 (1985)

Bates, Frank: Australia: The Beginning of a New Phase, 25 J. Fam. L. 3 (1986/87)

Battes, Robert: Die rechtliche Behandlung der nichtehelichen Lebensgemeinschaft in der Bundesrepublik Deutschland, in: Blaurock (Hrsg.), Entwicklungen im Recht der Familie und der außerehelichen Lebensgemeinschaften, Frankfurt 1989, 21ff.
- Nichteheliches Zusammenleben im Zivilrecht, Bonn 1983
- Unterhaltsansprüche aufgrund nichtehelichen Zusammenlebens?, in: Festschrift für Klemens Pleyer, Köln u.a. 1986, 467ff.

Battes, Robert/Korenke, Thomas: Entwicklungstendenzen des Familienrechts im Ausland, FuR 1995, 189; FuR 1996, 196

Baus, Matthias: Die nichteheliche Lebensgemeinschaft nach argentinischem Recht, RabelsZ 51(1987), 98

Beck, Volker: Bürgerrechtspolitik von Bündnis 90/ Die Grünen in der 13. Legislaturperiode, ZRP 1995, 281

- Legalisierung schwuler und lesbischer Lebensgemeinschaften, DuR 1991, 446
- Legalisierung schwuler und lesbischer Lebensgemeinschaften, in: Laabs, Klaus (Hrsg.) Lesben. Schwule. Standesamt., 39ff.

Becker, Hans-Jürgen: Die nichteheliche Lebensgemeinschaft (Konkubinat) in der Rechtsgeschichte, in: Landwehr, Götz (Hrsg.), Die nichteheliche Lebensgemeinschaft, Göttingen 1978, 13

Beitzke, Günther/Lüderitz, Alexander: Familienrecht, 26. Auflage, München 1992

Bellet, Pièrre: Les Nouvelles Conventions de la Haye en Matière d'Obligations Alimentaires, Clunet (Journal de Droit International) 101, 1974, 5ff.

Bergmann, Alexander/Ferid, Murad: Internationales Ehe- und Kindschaftsrecht, Länderberichte

Bluttner, Peter: Das Recht der nichtehelichen Lebensgemeinschaft in Panama und anderen lateinamerikanischen Staaten, Diss. FU Berlin 1990

Böhmer, Christof/Siehr, Kurt/Finger, Peter/Verschraegen, Bea: Das gesamte Familienrecht, Das internationale Recht (zit.: Böhmer/Siehr-*Bearbeiter*)

Börgers, Michael/ Reihlen, Irmgard: Marvin v. Marvin: Neubewertung im Lichte einer aktuellen Fragestellung, ZVglRWiss 91(1992), 203ff

Bogdan, Michael: IPR-Aspekte der schwedischen Eingetragenen Partnerschaft für Homosexuelle, IPRax 1995, 56

Bonauto, Mary L.: Advising Non-Traditional Families: A General Introduction, 40-OCT B.B.J. 10

Bosch, Dr.F.W.: Die Neuordnung des Eherechts ab 1. Juli 1977, FamRZ 1977, 569, 577

Bosch, Wilhelm: Bundesverfassungsgericht und nichteheliche Lebensgemeinschaft: Gleichbehandlung von Ehe und nichtehelichem Zusammenleben?, FamRZ 1991, 1ff.

Bowman, Craig A./Cornish, Blake M.: A More Perfect Union: A Legal and Social Analysis of Domestic Partnership Ordinances, 92 Colum. L. Rev. 1164

Brandi, Tim: Das Haager Abkommen von 1989 über das auf die Erbfolge anzuwendende Recht, Diss. Univ. Freiburg 1995

Bruch, Carol S.: Nonmarital Cohabitation in the Common Law Countries: A Study in Judicial-Legislative Interaction, 29 Am. J. Comp. L. 217 (1981)

Bruns, Manfred: Art. 6 I GG und gesetzliche Regelungen für gleichgeschlechtliche Lebensgemeinschaften, ZRP 1996, 6

Bruns, Manfred/Beck, Volker: Das Eheverbot bei Gleichgeschlechtlichkeit, MDR 1991, 832

Bucher, Andreas: Droit international privé suisse, Tome II: Personnes, Famille, Successions, Frankfurt 1992

Burhoff, Detlef: Handbuch der nichtehelichen Lebensgemeinschaft, 2. Auflage, Berlin 1998

Büttner, Helmut: Das Zusammenleben mit einem neuen Partner und seine Auswirkungen auf den Unterhaltsanspruch, FamRZ 1996, 136

Bydlinski, Franz: Österreichische Gesetze, Sammlung des Zivil-, Handels-, Straf- und Verfahrensrechts

Cantero, G. Garcia: Cohabitation in the Courts, 33 U.Louisville J. Fam. L. 507

Ceschini, Roberta: International Marriage and Divorce Regulations and Recognition in Italy, 29 Fam. L.Q. 567

Chambers, David L.: What If? The Legal Consequences of Marriage and the Legal Needs of Lesbian and Gay Male Couples, 95 Mich. L. Rev. 447

Cigoj, Stojan: Die rechtliche Behandlung der außerehelichen Lebensgemeinschaft in den Teilrepubliken Jugoslawien, StAZ 1986, 34

Closen, Michael L./Heise, Carol R.: HIV-Aids and the Non-Traditional Family: The Argument for State and Federal Judicial Recognition of Danish Same-Sex Marriages, 16 Nova L. Rev. 809

Coester, Michael: Probleme des Eheschließungsrechts in rechtsvergleichender Sicht, StAZ 1988, 122

Coester-Waltjen, Dagmar: Die Lebensgemeinschaft - Strapazierung des Parteiwillens oder staatliche Bevormundung?, NJW 1988, 2085

de Groot, Gerard-René: Entwicklungen im niederländischen Familienrecht, StAZ 1998, 165

Deixel-Hübner, Astrid: Scheidung, Ehe und Lebensgemeinschaft, 2. Auflage, Wien 1995

Denker, Nihan: Die Auflösung von nichtehelichen Lebensgemeinschaften zwischen bzw. mit Türken in der Bundesrepublik Deutschland - Aus internationalprivatrechtlicher Sicht -, Diss. Univ. München 1991

Derleder, Peter: Vermögenskonflikte zwischen Lebensgefährten bei Auflösung ihrer Gemeinschaft, NJW 1980, 545

De Winter, L.I.: Nationality or Domicile, Rec. des Cours 128 (1969 III), 347ff.

Dicey & Morris: Conflict of Laws, Volume I, 13 ed., London 2000

Dienst-Rohloff, Sigrid: Die Entwicklung des „Rechts der nichtehelichen Lebensgemeinschaft" in New South Wales/Australien, Frankfurt 1989

Dietlein, Johannes: Der Schutz der nichtehelichen Lebensgemeinschaften in den Verfassungsentwürfen der neuen Länder, DtZ 1993, 136

Dimski, Andrea: Gleichberechtigung für homosexuelle Eltern, ZEuP 1995, 465

Dopffel, Peter/Siehr, Kurt: Thesen zur Reform des Internationalen Privat- und Verfahrensrechts, RabelsZ 44(1980), 344

Dupuis, Martin D.: The Impact of Culture, Society, and History on the Legal Process: An Analysis of the Legal Status of Same-Sex Relationships in the United States and Denmark, 9 Int'l J.L. & Family 86 (1995)

Dyuzheva, Olga A: Marriage and Divorce Regulation and Recognition in Russia, 29 Fam. L.Q. 645

Erler, Michael: Nichteheliche Lebensgemeinschaften zwischen Alternative und „Normalität", FuR 1996, 10

Erman, Walter(Hrsg.): Handkommentar zum Bürgerlichen Gesetzbuch, 2. Band IPR, 9.Aufl. Münster 1993 (zit.: Erman-*Bearbeiter*)

Ferid, Murad/Sonnenberger, Hans Jürgen: Das französische Zivilrecht, Band 3: Familienrecht, Erbrecht, 2. Auflage, Heidelberg 1987

Ferrari, Franco: Eheähnliche Lebensgemeinschaft und Nachfolge in den Mietvertrag - Ein Beispiel für Rechtsvereinheitlichung durch Richterrecht, ZEuP 1994, 151

Firsching, Karl: Das neue jugoslawische IPR-Gesetz, IPRax 1982, 1

Frank, Richard/Girsberger, Andreas/Vogt, Nedim P./Walder-Bohner, Hans Ulrich/Weber, Rolf H: Die eheähnliche Gemeinschaft (Konkubinat) im schweizerischen Recht, Zürich 1984

Freeman: M.D.A., 29 Fam. L.Q. 549

Furkel, Francoise: Neuere Entwicklungen des französischen Familienrechts, FamRZ 1991, 36

Gamillscheg, Franz: Überlegungen zur Methode der Qualifikation, in: Festschrift für Karl Michaelis, Göttingen 1972, 79ff.
- Überlegungen zur Methode der Qualifikation, in: Beitzke, Günther (Hrsg.), Vorschläge und Gutachten zur Reform des deutschen internationalen Personen-, Familien- und Erbrechts, 245ff.

Gaudamet-Tallon, Hélène: La désunion de couple en droit international privé, Rec. de Cours la Haye (1991.I.), 1ff.

Gautier, Paul Yves: L'union libre en droit international privé (étude de droit positif et prospectif), thèse pour le Doctorat d'Etat, Université de Paris I, Panthéon, Sorbonne, Paris 1986
- Les couples internationaux de concubins, Rev. Crit. Dr. int. Pr. 80 (1991), 525

Geiser, Thomas: Gleichgeschlechtliche Lebensgemeinschaften in der Schweiz aus rechtlicher Sicht, in: Puff (Hrsg.), Lust, Angst und Provokation, Homosexualität in der Gesellschaft, Göttingen-Zürich 1993, 216ff.

Georgiou, Christina: Die nichteheliche Lebensgemeinschaft im Sozialrecht, Diss. Univ. Frankfurt 1996

Gernhuber, Joachim: Ehe und Familie als Begriffe des Rechts, FamRZ 1981, 721

Gernhuber, Joachim/Coester-Waltjen, Dagmar: Lehrbuch des Familienrechts,

4. Auflage, München 1994

Giesen, Dieter: Die vermögensrechtliche Auseinandersetzung nichtehelicher Lebensgemeinschaften im Recht der Vereinigten Staaten von Amerika, ZVglRWiss 79(1980), 169ff.
- Familienrecht, 2. Auflage, Tübingen 1997

Glendon, Mary Ann: Patterns of Contemporary Legal Response to the Social Phenomen of de facto Marriage, in: Festschrift für Murad Ferid 1978, 491ff.

Gollrad, Walter: Staatsangehörigkeit und gewöhnlicher Aufenthalt als funktionelle Anknüpfungspunkte im Bereich des internationalen Eherechts (Art. 13-17 EGBGB), Diss. Univ. München 1973

Graham-Siegenthaler, Barbara: International Marriage Divorce Regulation and Recognition in Switzerland, 29 Fam. L.Q. 685

Grib, Susanne: Die gleichgeschlechtliche Partnerschaft im nordischen und deutschen Recht, Diss. Univ. Kiel 1995

Grimm, Benno: Eheverbot für gleichgeschlechtliche Paare (zu Louven, ZRP 1993, 12), ZRP 1993, 232

Grüll, Stefan M.: Eheverbot für gleichgeschlechtliche Paare (zu Louven, ZRP 1993, 12), ZRP 1994, 40

Grziwotz, Herbert: Nichteheliche Lebensgemeinschaft, 3. Auflage, München 1999

Halstrick, Rudolf: Das nichteheliche Zusammenleben und seine Beendigung, Eine rechtsvergleichende Untersuchung zum Unterhalts- und Vermögensrecht in der Bundesrepublik Deutschland und in den Rechtsordnungen der USA, Diss. der Westfälischen Wilhelms-Universität 1983

Hansen, Mark: More Battles Ahead over Gay Marriage - Opponents Seek to Overturn Hawaii Ruling with a Constitutional Amendment, 83-FEB A.B.A.J. 24

Harrer, Friedrich/Zitta, Rudolf: Familie und Recht, Wien 1992

Hausmann, Rainer: Der Unterhaltsbegriff in Staatsverträgen des internationalen Privat- und Verfahrensrechts, IPRax 1990, 382
- Nichteheliche Lebensgemeinschaft und Vermögensausgleich, München 1989

Hausmann, Rainer/Hohloch, Gerhard: Das Recht der nichtehelichen Lebensgemeinschaft, Berlin 1999 (zit.: Hausmann/Hohloch-*Bearbeiter*)

Heini, Anton/Keller, Max/Siehr, Kurt/Vischer, Frank/Volken, Paul: IPRG-Kommentar, Zürich 1993

Henson, Deborah M.: A Comparative Analysis of Same-Sex Partnership Protections: Recommendations for American Reform, 7 Int'l J.L. & Family 282 (1993)

Henrich, Dieter: Familienrecht, 5. Auflage, Berlin-New York 1995
- Family Law Across Frontiers: Facts, Conflicts, Trends, in: Lowe, Nigel/Douglas, Gillia, Families across Frontiers, London 1996, 41ff.
- Internationales Familienrecht, Frankfurt 1989
- Kollisionsrechtliche Probleme bei der Auflösung eheähnlicher Gemeinschaften, in: Festschrift für Günther Beitzke, Berlin u.a. 1979, 507ff.
- Zur Qualifikation von Unterhaltsansprüchen gegen den Nachlaß, in: Festschrift für Joachim Gernhuber, Tübingen 1993, 667ff.

Heun, Stefanie: Gleichgeschlechtliche Ehen in rechtsvergleichender Sicht unter besonderer Berücksichtigung der Rechtslage in den USA, in Kanada und in Australien, Diss. Univ. Frankfurt 1998

Hohloch, Gerhardt: Anmerkung zu BGH v.14.12.94 - NJW 1995, 655 – „Geschiedenenunterhalt bei Zusammenleben mit gleichgeschlechtlicher Partnerin", JuS 1995, 458

Honsell, H./Vogt, N.P./Schnyder, A.K.: Kommentar zum schweizerischen Privatrecht - Internationales Privatrecht, Basel und Frankfurt am Main 1996

Huber, Christian: Der Erwerbsschaden des Partners einer nicht-ehelichen Lebensgemeinschaft wegen Behinderung in der Haushaltsführung - „amerikanische Verhältnisse" durch Zuerkennung eines Ersatzanspruchs?, in: Festschrift für Erich Steffen, Berlin-New York 1995, 193ff.

Huffmann, Johann-Friedrich/De Witt, Siegfried: Nichteheliche Lebensgemeinschaft, 2.Aufl., München 1986

Jagert, Uwe: Deliktsrechtliche Betrachtungen zur nichtehelichen Lebensgemeinschaft aus der Sicht des deutschen und italienischen Rechts, RabelsZ 53(1989), 718

Jarass, Hans O./Pieroth, Bodo: Grundgesetz für die Bundesrepublik Deutschland, 3. Aufl., München 1995

Jayme, Erik: Betrachtungen zur Reform des portugiesischen Ehegüterrechts, in: Festschrift für Imre Zaytaj, Tübingen 1982, 261ff.
- Dänisches Partnerschaftsgesetz und Internationales Privatrecht, IPRax 1990, 197
- Wandel des Unterhaltsbegriffs und Staatsverträge im internationalen Privatrecht, in: Festschrift v.Overbeck 1990, 529ff.

Jayme, Erik/Hausmann, Rainer: Internationales Privat- und Verfahrensrecht, Textausgabe, 10. Aufl., München 2000

Judels, Valerie: The law applicable to unmarried couples, in: Protokolle der XVII. Tagung der Haager Konferenz für Internationales Privatrecht vom 10. bis 29.5.1993, Annex II, 113, 125ff.

Juenger, Friedrich K.: Möglichkeiten einer Neuorientierung des internationalen Privatrechts, NJW 1973, 1521

Kartzke, Nihan: Nichteheliche Lebensgemeinschaften zwischen bzw. mit Türken in der Bundesrepublik Deutschland, Aachen 1995

Kaser, Max: Das Römische Privatrecht, Teil 1, München 1955

Keane, Thomas M.: Aloha, Marriage? Constitutional and Choise of Law Arguments for Recognition of Same-Sex Marriages, 47 Stan. L. Rev. 499

Kegel, Gerhard, Zur Reform des internationalen Rechts der persönlichen Ehewirkungen und des internationalen Scheidungsrechts, in: Beitzke, Günther (Hrsg.), Vorschläge und Gutachten zur Reform des deutschen Internationalen Personen-, Familien- und Erbrechts, 114ff.

Kegel, Gerhard, Internationales Privatrecht, 7. Auflage, München 1995

Kegel, Gerhard/Schurig, Klaus, Internationales Privatrecht, 8. Auflage, München 2000

Kingreen, Thorsten: Die verfassungsrechtliche Stellung der nichtehelichen Lebensgemeinschaft im Spannungsfeld zwischen Freiheits- und Gleichheitsrechten, Diss. Univ. Münster 1994/95

Kleinschmidt, Andrea: Eheverbot für gleichgeschlechtliche Paare (zu Louven, ZRP 1993, 12), ZRP 1993, 271

Kluth, Sandro: Die vermögensrechtliche Abwicklung einer beendeten nichtehelichen Lebensgemeinschaft im deutschen und italienischen Recht, Diss. Univ. Köln 1996

Knauer, Nancy J: Domestic Partnership and Same-Sex Relationships: A Marketplace Innovation and Less Than Perfect Institutional Choice, 7 Temp. Pol. & Civ.Rts. L. Rev. 337

Kramer, Larry: Same-Sex Marriages, Conflict of Laws, and the Unconstitutional Public Policy Exception, 106 Yale L.J. 1965

Kropholler, Jan: Internationales Privatrecht, 3. Auflage, Tübingen 1997

Kühne, Gunther: Die außerschuldvertragliche Parteiautonomie im neuen internationalen Privatrecht, IPRax 1987, 69

Kunz, Karl-Heinz: Internationales Privatrecht, 4. Auflage, Köln u.a. 1998

Lieb, Manfred: Verhandlungen des Siebenundfünfzigsten Deutschen Juristentages Mainz 1988, Band I Gutachten, München 1988

Lipp, Martin: Ausgleichsansprüche zwischen den ehemaligen Partnern einer nichtehelichen Lebensgemeinschaft - BGH, NJW 1981, 1502, JuS 1981, 17

- Die nichteheliche Lebensgemeinschaft und das bürgerliche Recht: eine dogmatisch-methodische Studie, AcP 180(1980), 537

Lødrup, Peter: Norway: The New Marriage Act, 31 J. Fam. L. 411 (1992/93)

Loeber, Dietrich: Das Eherecht der Sowjetunion und seine Anwendung im internationalen Privatrecht Deutschlands, Diss. Univ. Marburg 1950

Loewe, Roland: Die Empfehlung des Europarats zur Vereinheitlichung der Rechtsbegriffe „Wohnsitz" und „Aufenthalt", ÖJZ 1974, 144

Lorenzo, Sanchez: Las parejas no casadas ante el derecho international privado, XLI R.E.D.I. (1989), 2

Louven, Klaus: Eheverbot für gleichgeschlechtliche Paare, ZRP 1993, 12

Luckey, Andreas: Eheähnliche und sonstige Wohn- und Wirtschaftsgemeinschaften im Recht der Sozial- und Arbeitslosenhilfe, Diss. Univ. Bonn 1991

Lüderitz, Alexander: Internationales Privatrecht, 2. Auflage, Neuwied 1992

MacDougall, Donald, J.: Marriage resolution and recognition in Canada, 29 Fam. L.Q. 541

Mainhardt, Franz/Posch, Willibald: Internationales Privatrecht, Rechtsvergleichung, Einheitsprivatrecht (zit.: IPR), Wien-New York 1994

Mandell, Michael: Same Sex Marriages: Arizona Reacts to a Perceived Threat to Traditional Marriage, 29 Ariz. St. L.J. 623

Mannheimer, Sergio N./Scheuer, Gabriele: Das Erbrecht der Partner einer nichtehelichen Lebensgemeinschaft in Brasilien, FamRZ 1996, 466

Mayer, Pierre: Droit International Privé, 4e édition, Paris 1991

Meier, Walter H.: Die einfache Gesellschaft im Internationalen Privatrecht, Diss. Univ. Zürich 1980

Meissel, Franz-Stefan/Preslmayr, Martin: Die Abgeltung von Leistungen in der Lebensgemeinschaft, in: Harrer/Zitta, 515ff.

Melton, Rebecca L.: Legal Rights of Unmarried Heterosexual and Homosexual Couples and Evolving Definitions of „Family", 29 J. Fam. L. 497 (1990/91)

Meyer, Sibylle/Schulze, Eva: Nichteheliche Lebensgemeinschaften – Alternativen zur Ehe?, ZfSS 35(1983), 735ff.

Merschmeier, Andreas: Anmerkung zu BGH v. 13.1.1993, ZMR 1994, 13

Möschl, Edith: Die nichteheliche Lebensgemeinschaft, Wien 1998

Müller, Thomas: Eheähnliche Gemeinschaft=Wohn- und Wirtschaftsgemeinschaft, Diss. Univ. Marburg 1993

Müller-Freienfels, Wolfram: Cohabitation and Marriage Law - A Comparative Study, 1 Int'l J.L. & Family 259 (1987)
- Die „Naien"-Beziehung des japanischen Rechts - Zur Typologie nichtehelicher Gemeinschaften, in: Festschrift Kurt Rebmann, München 1989, 643ff.
- Rechtsfolgen nichtehelicher Gemeinschaften und Eheschließungsrecht, in: Festschrift für Joachim Gernhuber, Tübingen 1993, 737ff.

Müller-Lukoschek, Jutta: Auf dem Weg zu einem gesetzlichen Erbrecht des nichtehelichen Partners durch die Rechtsprechung zu § 569 a BGB?, RpflStud 1995, 25

Nielsen, Linda: Denmark: New Rules Regarding Marriage Contracts and Reform Considerations Concerning Children, 31 J. Fam. L. 309 (1992/93)
- Family Rights and the „Registered Partnership" in Denmark, 4 Int'l J.L. & Family 297 (1990)

Niemeyer, Gisela: Art. 6 auf dem Prüfstand, Ein Bericht zur Anhörung der Gemeinsamen Verfassungskommission, FuR 1993, 29

Nordhues, Hans-Günther: Ehe und Heterosexualität?, DRiZ 1991, 136

Oberto, Giacomo: Partnerverträge in rechtsvergleichender Sicht unter besonderer Berücksichtigung des italienischen Rechts, FamRZ 1993, 1

O'Hoski, John J.: The Legal Regognition of Domestic Contracts: The Experience of Ontario, in: Eekelaar, J.M./Katz, S.N.(Hrsg.), Marriage and Cohabitation, Toronto 1980, 227

Palandt: Bürgerliches Gesetzbuch, 59. Aufl. 2000 (zit.: Palandt-*Bearbeiter*)

Parry, Martin: The Law relating to Cohabitation, Third Edition, London 1993

Paust, Sebastian: Vermögensrechtliche Beziehungen der Partner einer nichtehelichen Lebensgemeinschaft, Baden-Baden 1992

Pedersen, Inger Margrete: Danish Law relating to non- marital relationships, 28 Int'l & Comp. L.Q. 117(1979)

Pedersen, Marianne Hojgaard: Denmark: Homosexual Marriage and New Rules Regarding Separation and Divorce, 30 J. Fam. L. 289 (1991/92)

Pielmaier, Andrea-Maria: Die nichteheliche Lebensgemeinschaft im Staate New York, Diss. Univ. Regensburg 1996

Pirrung, Jörg: Die XV. Tagung der Haager Konferenz für internationales Privatrecht - Trustübereinkommen vom Juli 1985, IPRax 1987, 52

Plate, Nicole: Neue Rechtsprechung zum nichtehelichen Zusammenleben, Teil 1 FuR 1995, 212, Teil 2 FuR 1995, 273

Poll, Jens: Die vermögensrechtliche Auseinandersetzung der nichtehelichen Lebensgemeinschaft, FamRZ 1993, 266

Povh, Zofija: Unterhaltsrecht in der SFR Jugoslawien, FamRZ 1991, 132

Raape, Leo/Sturm, Fritz: Internationales Privatrecht, Band I: Allgemeine Lehren, 6. Auflage, München 1977

Radau, Ulrike: Aktuelle Regelungen zur nichtehelichen Lebensgemeinschaft in Schweden, MDR 1989, 703

Raiser, Günther: Risiken der Kommerzialisierung der Haushaltsführung in nichtehelichen Lebensgemeinschaften, NJW 1994, 2672

Rauscher, Thomas: Internationales Privatrecht, Heidelberg 1999

Rebmann, Kurt(Redakteur): Münchener Kommentar zum Bürgerlichen Gesetzbuch, Band 7: Familienrecht I, 3. Auflage, München 1993 (zit.: Münch-Komm-*Bearbeiter*)

Reinhart, Gert: Zur Parteiautonomie im künftigen deutschen internationalen Privatrecht auf den Gebieten des Familien- und des Erbrechts, ZVglRWiss 80(1981), 150ff.

Reiß, Stefan: Öffnung der Ehe für Lesben und Schwule?, KJ 1994, 98

v. Renesse, Margot: Ein rechtliches Dach für Wohn- und Lebensgemeinschaften!, ZRP 1996, 212

Reng, Ingo: Unterhaltsansprüche aufgrund nichtehelicher Lebensgemeinschaft, Diss. Univ. Regensburg 1992

Riering, Wolfgang, IPR-Gesetze in Europa, München 1997

Rubellin-Devichi, Jaqueline: Des Éléments constitutifs du Concubinage, Revue trimestrielle de droit civil 1990, 53ff.

Rüthers, Bernd: Die Verbindlichkeit des Unverbindlichen, NJW 1992, 879

Rummel, Peter(Hrsg.): Kommentar zum Allgemeinen bürgerlichen Gesetzbuch, 2. Band §§ 1175 bis 1502 ABGB; Nebengesetze, Wien 1992 (zit.: Rummel-*Bearbeiter*)

Rwezaura, B. A: The Legal Status of Woman-to-Woman Marriages in Tanzania, 6-7 Eastern African Law Review(1973/74), 319

Sánchez-Cordero, A.: Cohabitation Without Marriage in Mexiko, 29 Am. J. Comp. L. 279 (1981)

Sarcevic, Petar: Cohabitation without Formal Marriage in Yugoslav Law, in: Eekelar, J.M./Katz, S.N.(Hrsg.), Marriage and Cohabitation, Toronto 1980, 293ff.
- Cohabitation Without Marriage: The Yugoslavian Experience, 29 Am. J. Comp. L. 315 (1981)
- Zur nichtehelichen Lebensgemeinschaft im Internationalen Privatrecht - unter besonderer Berücksichtigung der jugoslawischen Teilrechte-, StAZ 1981, 176

Schatte, Gisela: Die Rechtslage der nichtehelichen Lebensgemeinschaft im kanadischen Familien- und Sozialrecht, Diss. FU Berlin 1990
- Die Rechtslage der nichtehelichen Lebensgemeinschaften in Australien, FamRZ 1987, 14

Schimmel, Roland: Das Bundesverfassungsgericht zur Eheschließung gleichgeschlechtlicher Partner, FuR 1993, 347

Schimmel, Roland/Meier, Christian: Gleichgeschlechtliche Ehen schon nach geltendem Recht?, StAZ 1993, 210

Schlüter, Wilfried/Belling, Detlev W.: Die nichteheliche Lebensgemeinschaft und ihre vermögensrechtliche Abwicklung, FamRZ 1986, 405

Schreiber, Christiane: Die nichteheliche Lebensgemeinschaft, 1995

Schulin, Bertram: Grundmuster von Ehe und Familie, in: Der Wandel familiärer Lebensmuster und das Sozialrecht, Wiesbaden 1985

Schumacher, Klaus: Zum gesetzlichen Regelungsbedarf für nichteheliche Lebensgemeinschaften, FamRZ 1994, 857

Schwab, Dieter: Eheschließungsrecht und nichteheliche Lebensgemeinschaft - Eine rechtsgeschichtliche Skizze -, FamRZ 1981, 1151
- Zivilrecht und nichteheliche Lebensgemeinschaft, in: Landwehr(Hrsg.), Die nichteheliche Lebensgemeinschaft, Göttingen 1978, 61ff.

Schwander, Ivo: Das Internationale Familienrecht der Schweiz, Band II, St. Gallen 1985
- Lausanner Kolloquium über den deutschen und den schweizerischen Gesetzesentwurf zur Neuregelung des Internationalen Privatrechts 1983, Zürich 1984, 83ff.

Schwimann, Michael: Zur nichtehelichen Lebensgemeinschaft im österreichischen Zivilrecht, StAZ 1987, 309

Schwind, Fritz: „Hochzeit" nach serbischem Brauch, IPRax 1984, 45
- Internationales Privatrecht, Wien 1990

Scoles, Eugene F./Hay, Peter: Conflict of Laws, 3[d] ed. 2000

Seseke, Christoph: Der Einfluß der nichtehelichen Lebensgemeinschaft auf den Ehegattenunterhalt. Ein Vergleich zwischen Frankreich und Deutschland, Diss. Univ. Freiburg 1995

Siegenthaler, Barbara: Marriage and Divorce Regulation and Recognition in Switzerland, 29 Fam. L.Q. 685

Simerman, Anne E.: The Right of a Cohabitant to Recover in Tort: Wrongful Death, Negligent Infliction of Emotional Distress and Loss of Consortium, 32 U.Louisville J. Fam. L. 531

Skolnick, Arlene: The Social Context of Cohabitation, 29 Am. J. Comp. L. 339 (1981)

Sloane, Craig A.: A Rose By Any Other Name: Marriage and the Danish Registered Partnership Act, 5 Cardozo J. Int'l & Comp. L. 189

Snodgrass, Gwendolyn L.: Creating Family without Marriage: The Advantages and Disadvantages of Adult Adoption among Gay and Lesbian Partners, 26 Brandeis J. Fam. L. 75

Soergel(Hrsg.): Bürgerliches Gesetzbuch, Band 10 Einführungsgesetz, 12. Auflage, Stuttgart u.a. 1996 (zit.: Soergel-*Bearbeiter*)

Sonnenberger, Hans Jürgen(Redakteur): Münchener Kommentar zum Bürgerlichen Gesetzbuch, Band 10: Internationales Privatrecht, 3. Auflage, München 1998 (zit.: MünchKomm-*Bearbeiter)*

Spindler, Christoph: Aktuelle Regelungen des Rechts der nichtehelichen Lebensgemeinschaften in Schweden, FamRZ 1988, 913

Stamps, Ron-Christopher: Domestic Partnership Legislation: Recognizing Non-Traditional Families, 19 S.U. L. Rev. 441

Statistisches Bundesamt(Hrsg.), Statistisches Jahrbuch für die Bundesrepublik Deutschland 1999

Staudinger(Hrsg.), Kommentar zum Bürgerlichen Gesetzbuch mit Einführungs-

gesetz und Nebengesetzen, Internationales Eherecht (Art.13-18), 13. Auflage, Berlin 1996 (zit.: Staudinger-*Bearbeiter*)
- Internationales Eherecht (Art.13-17), 12. Auflage, Berlin 1992 (zit.: Staudinger-*Bearbeiter*, 12. Aufl.)
- Internationales Gesellschaftsrecht, 13. Auflage, Berlin 1993 (zit.: Staudinger-*Großfeld*)
- Internationales Sachenrecht, 13. Auflage, Berlin 1996 (zit.: Staudinger-*Stoll*)

Steffen, Thomas: Nichteheliche Lebensgemeinschaften in England und Deutschland: Rechtsprobleme während ihres Bestehens, Diss. Univ. Mainz 1991

Steinmeister, Ingrid: „Eingetragene gleichgeschlechtliche Lebensgemeinschaft" - Eine Hülle ohne Rechte, ZRP 1996, 214

Stintzing, Heike: Nichteheliche Lebensgemeinschaft und rechtliche Regelung – ein Widerspruch?, Diss. Univ. Konstanz 1991/92

Stoll, Hans: Reform des internationalen Eheschließungsrechts, in: Beitzke, Günther (Hrsg.), Vorschläge und Gutachten zur Reform des deutschen internationalen Personen-, Familien- und Erbrechts, 94ff.

Stoll, Veit: Die Rechtswahl im Namens-, Ehe- und Erbrecht, Diss. Univ. München 1990

Strätz, Hans-Wolfgang: Ein italienischer Gesetzesvorschlag zur Regelung des nichtehelichen Zusammenlebens, FamRZ 1988, 897

Strasser, Mark: Judicial Good Faith and the Baehr Essentials: On Giving Credit where it's Due, 28 Rutgers L.J. 313

Striewe, Peter: Ausländisches und Internationales Privatrecht der nichtehelichen Lebensgemeinschaft, Köln u.a. 1986
- Zum Internationalen Privatrecht der nichtehelichen Lebensgemeinschaft, IPRax 1983, 248

Sturm, Fritz: Parteiautonomie als bestimmender Faktor im internationalen Familien- und Erbrecht, in: Festschrift für Ernst Wolf 1985, 637ff.

Theimer, Clemens: Die finanziellen Folgen der nichtehelichen Lebensgemeinmeinschaft, Diss. Univ. Frankfurt 1993
- Hausratsaufteilung zwischen nichtehelichen Partnern in Mittel- und Nordeuropa, ZRP 1995, 266

Thofern, Heiner: Die nichteheliche Lebensgemeinschaft im deutschen und italienischen Mietrecht, Diss. Univ. Bonn 1992/93

Thomas, Hans-Friedrich C.: Formlose Ehen, Schriften zum deutschen und europäischen Zivil-, Handels-, und Prozeßrecht Band 77, Bielefeld 1973

Timoteo, Dottoressa Maria: Italy: Some Recent Judicial Interpretations of Family Law, 33 U.Louisville J. Fam. L. 409

Trimbach, Herbert/El Alami, Assem: Die nichteheliche Lebensgemeinschaft - eine Herausforderung für den Gesetzgeber, NJ 1996, 57

Tzschaschel, Hans-Ulrich: Vereinbarungen bei nichtehelichen Lebensgemeinschaften, Heidelberg 1991

Vaz Ferreira, Eduardo/Mané de Tanzer, Mercedes Ramos: Gesetzliche Regelung der „wilden Ehe" in Lateinamerika, in: Festschrift für Imre Zajtay, Tübingen 1982, 509ff.

Verschraegen, Bea: Gleichgeschlechtliche „Ehen", Wien 1994
- „Neues" Familienrecht?, StAZ 1995, 225
- „Samenleven Buiten Huwelijk", „Cohabitation" oder die „nichteheliche Lebensgemeinschaft" in niederländischer, englischer und österreichischer Theorie und Praxis, ZfRV 1983, 85

v. Bar, Christian: Internationales Privatrecht, Erster Band Allgemeine Lehren, München 1987 (zit.: v.Bar, Internationales Privatrecht I)
- Internationales Privatrecht, Zweiter Band Besonderer Teil, München 1991 (zit.: v.Bar, Internationales Privatrecht II)

Von Hoffmann, Bernd: Internationales Privatrecht, 6. Aufl., München 2000

von Münch, Ingo/Kunig, Philip: Grundgesetz-Kommentar, Band I, 3. Aufl., München 1992

von Sachsen-Gessaphe, Karl August: Das Konkubinat in den mexikanischen Zivilrechtsordnungen, Tübingen 1990

Voß, Sabine: Ein Gesetzesvorschlag für die vermögens- und unterhaltsrechtliche Auseinandersetzung nichtehelicher Lebensgemeinschaften in Deutschland, Diss. Univ. Münster 1993

Waaldijk, Kees: The Legal Situation in the Member States, in: Waaldijk, Kees/Clapham, Andrew, Homosexuality: A European Community Issue. Essays on Lesbian and Gay Rights in European Law and Policy, 1993, 95

Wacke, Andreas: Die Registrierung homosexueller Partnerschaften in Dänmark, FamRZ 1990, 347

Wagner, Rolf: Der Regierungsentwurf eines Gesetzes zum Internationalen Privatrecht für außervertragliche Schuldverhältnisse und für Sachen, IPRax 1998, 429

Wardle, Lynn D.: Special Symposium on International Marriage and Divorce Regulation and Recognition, 29 Fam. L.Q. 495

Wegner, Jörn: Familiennachzug und Ausweisung von nichtehelichen Lebenspartnern, FamRZ 1996, 587

Wengler, Wilhelm: Kollisionsnormen für vertragliche Regelungen über nichteheliches Zusammenleben, IPRax 1991, 72

Wha-Sook, Lee: Marriage and Divorce Regulation and Recognition in Korea, 29 Fam. L.Q. 603

Willutzki, Siegfried: Die Zulässigkeit der gleichgeschlechtlichen Eheschließung, MDR 1993, 116

Zuck, Rüdiger: Die schwule Braut, NJW 1995, 175

Zupancic, Karel: Die Bestimmungen familienrechtlicher Natur in der Verfassung der Republik Slowenien, FamRZ 1993, 761

Einleitung

I. Nichteheliches Zusammenleben und Ehe

Die vorliegende Arbeit stellt die im internationalen Raum existierenden nichtehelichen Lebensgemeinschaften vor und ordnet sie im deutschen internationalen Privatrecht ein. Für diese Verbindungen wurden vielfältige Begriffe herausgearbeitet, die allein im deutschen Recht von „nichteheliche Lebensgemeinschaft" über „wilde Ehe", „freie Ehe", „faktische Ehe", „Ehe ohne Trauschein", „Konkubinat" bis „eheähnliche Lebensgemeinschaft" reichen[1]. Aus ausländischen Rechten sind Bezeichnungen wie „concubinage", „l'union libre", „union de hecho", „cohabitants" und „unmarried couples" bekannt. All diese Bezeichnungen machen eins deutlich: das grundlegende Merkmal dieser Partnerschaften ist das „Unverheiratetsein". Daraus folgt, daß die nichteheliche Lebensgemeinschaft ein wandelbarer Sachverhalt ist und im internationalen Bereich nicht einheitlich bestimmt werden kann. Es hängt vom Eherecht jedes einzelnen Staates ab, welche Partnerschaften in Abgrenzung zur Ehe erfaßt werden. Positiv ist den in die Betrachtung einbezogenen Paaren lediglich gemeinsam, daß sie zwar nicht die Ehe als umfassend gesetzlich geregeltes familienrechtliches Rechtsinstitut eingegangen sind. Sie wollen aber trotzdem geleitet von emotionalen Beweggründen ihr Leben auf unbestimmte Zeit aufeinander abstimmen. Im Mittelpunkt der Betrachtung dieser Phänomene steht folglich der Wille der Partner zum Zusammenleben. Dieser bestimmt die verschiedenen Ausgestaltungsformen. Demgegenüber können äußere Merkmale wie eine gemeinsame Wohnung nicht Abgrenzungskriterium sondern lediglich Typisierungsmerkmal einer bestimmten nichtehelichen Verbindung sein.

Nichteheliche Partnerschaftsformen sind keineswegs nur moderne Entwicklungen. Sie waren immer weltweit eine gesellschaftliche Realität, traten in allen Epochen gleichzeitig mit der Ehe auf[2]. In Abhängigkeit von den jeweils anerkannten Eheformen waren andere Partnerschaften verboten, wurden geduldet oder waren ebenfalls rechtlich anerkannt[3]. Die Abgrenzung zur Ehe ist nicht

---

[1] Ähnliche Zusammenstellung bei *Müller-Freienfels*, Rechtsfolgen nichtehelicher Lebensgemeinschaften und Eheschließungsrecht, Festschrift Gernhuber, 737.

[2] Eine übersichtliche Darstellung des Zusammenspiels von jeweils geltendem Eheschließungsrecht und der Existenz von Konkubinaten im Spiegel der Zeit findet sich bei *Schwab*, FamRZ 1981, 1151ff. Zur rechtsgeschichtlichen Entwicklung von Ehe und Konkubinat auch *Schreiber*, Die nichteheliche Lebensgemeinschaft, 1ff. Ein guter internationaler Überblick über die Existenz gleichgeschlechtliche Partnerschaften in der Rechtsgeschichte findet sich bei *Sloane*, A Rose By Any Other Name: Marriage and the Danish Registered Partnership Act, 5 Cardozo J. Int'l & Comp. L. 189, 194ff.

[3] *Becker*, in: Landwehr, Die nichteheliche Lebensgemeinschaft, 14; dort eine sehr ausführliche und übersichtliche Darstellung des Konkubinats in der Rechtsgeschichte. Zur ständigen Wechselwirkung zwischen Eherecht und nichtehelichem Zusammenleben, wenn auch schwerpunktmäßig für das österreichische Recht: *Möschl*, Die nichteheliche Lebensgemeinschaft, 3ff.

immer einfach zu treffen. Sie setzt zweierlei voraus. Die Gesellschaft muß eine Interesse haben, zwischen diesen Formen zu unterscheiden[4]. Außerdem muß es ein plausibles Differenzierungsmerkmal geben[5]. Heute hat sich zwar in den meisten Staaten wie in Deutschland die förmliche Eheschließung eines Mannes und einer Frau vor dem Standesbeamten nahezu durchgesetzt[6]. Es existieren aber noch immer faktische Eheformen und auch die Zivilehe ist nicht überall obligatorisch[7]. Sie kann daher im internationalen Bereich nicht als einheitliches Abgrenzungsmerkmal herangezogen werden.

Es wird im folgenden der Begriff nichteheliche Lebensgemeinschaften verwendet, da damit nicht notwendig eine Eingrenzung auf heterosexuelle Paare verbunden ist[8]. Die Bezeichnungen „eheähnlich“, „wilde Ehe“, „faktische Ehen“ etc. setzen dagegen schon ihrem Wortlaut nach eine Verbindung eines Mannes und einer Frau voraus. Ehen sind in allen Rechtsordnungen nur zwischen Mann und Frau möglich[9]. Gerade im Hinblick auf die Anerkennung und Verrechtlichung gleichgeschlechtliche Paare ist in den letzten Jahren im internationalen Raum jedoch eine rasante Entwicklung zu verzeichnen[10], der sich das internationale Privatrecht aufgrund der möglichen grenzüberschreitenden Rechtswirkungen zu stellen hat. Diese Paare und ihre kollisionsrechtliche Einordnung sollen daher Teil dieser Arbeit sein.

Der hier verwendete Begriff der nichtehelichen Lebensgemeinschaft ist folglich ein sehr weiter. Es bleibt dem verwiesenen Recht überlassen zu

---

[4] Eine solches fehlt beispielsweise auch heute noch in vielen latein- und südamerikanischen Ländern; vgl. unten A) IV. 1. b) bb) (1).

[5] Auch dieses war und ist nicht immer einfach nachzuweisen. So sah das römische Recht z.B. die Ehe nicht als Rechtsverhältnis sondern als Faktum an, welches ausschließlich durch den Willen des Paares existierte (*Kaser*, Das römische Privatrecht I, 328). Der Unterschied zum zeitweilig verbotenen Konkubinat bestand hier nur darin, daß bei letzterem ein nicht standesgemäßes Paar den Entschluß zum Zusammenleben gefaßt hatte. Ebenso war im germanischen Recht nicht der Entstehungsvorgang sondern das Resultat des öffentlichen Zusammenlebens von Mann und Frau entscheidend (*Schwab*, FamRZ 1981, 1151, 1152). Die Abgrenzung war nicht leicht zu treffen. Erst als mit dem Dekret TAMETSI des Konzil von Trient im Jahre 1563 der Ehewille an die Mitwirkung eines öffentlichen Amtsträgers und Zeugen gebunden wurde (*Schwab*, a.a.O., 1153), wurden nichteheliche Lebensgemeinschaften eindeutig abgrenzbar. In Ländern, in denen auch heute noch eine formlose Eheschließung möglich ist, vgl. unten B) III. 4. a) bb) (1) (a), fällt die Abgrenzung dagegen immer noch schwer.

[6] Ausgangspunkt u.a. das UN-Übereinkommen über die Erklärung des Ehewillens, das Heiratsmindestalter und die Registrierung von Eheschließungen vom 7.11.1962; 1969 von der Bundesrepublik ratifiziert; BGBl. II 161.

[7] *Giesen*, Familienrecht, 60.

[8] A.A. *Schreiber*, Die nichteheliche Lebensgemeinschaft, 40.

[9] Siehe unten A) IV. 2. d).

[10] Siehe A) IV. 2. c), d) und e).

bestimmen, ob eine Verbindung vorliegt, die den auf nichteheliche Lebensgemeinschaften anwendbaren nationalen Regeln unterliegt[11].

II. Die nichteheliche Lebensgemeinschaft als grenzüberschreitendes Phänomen; Zahlenangaben

Exaktes Zahlenmaterial über die Verbreitung nichtehelicher Beziehungen in Deutschland zu finden, ist aufgrund fehlender Registrierung problematisch[12]. Hier können nur Schätzungen aufgrund eines Vergleichs zwischen Personen im heiratsfähigen Alter und der Anzahl der Eheschließungen sowie bestehender Haushalte durchgeführt werden. So soll die Anzahl nichtehelicher Lebensgemeinschaften in Deutschland von 963.000 im Jahr 1990 auf 1.982.000 im April 1998 angestiegen sein[13].

Unmöglich ist es, verläßliche Angaben über die Anzahl nichtehelicher Verbindungen mit Auslandsbezug zu machen. Die zunehmende Mobilität der Menschen über Ländergrenzen hinweg und die überall auf der Welt zu beobachtende Zunahme nichtehelichen Zusammenlebens bedingt aber, daß nichteheliche Partnerschaften gleich Ehen nicht nur zwischen Personen gleicher Nationalität in ihrem gemeinsamen Heimatstaat existieren. Deutsche Paare verlegen zunehmend ihren Wohnsitz ins Ausland. Zum Teil ist einer der Partner beruflich gezwungen, auf Zeit in einem anderen Land zu leben. Deutschland selbst ist ein Migrantenland. 7,32 Millionen Ausländer lebten schon Ende 1998 hier[14]. 1997 gab es in Deutschland 42.650 Eheschließungen unter Beteiligung eines ausländischen Mannes, 43.639 unter Beteiligung einer ausländischen Frau[15]. Es ist folglich anzunehmen, daß ebenfalls eine Vielzahl gemischtnationaler nichtehelicher Partnerschaften in der Bundesrepublik bestehen sowie Verbindungen, welche nach ihrem gemeinsamen Heimatrecht mit dem deutschen Recht unbekannten Rechtswirkungen ausgestattet sind. Hinzuweisen ist nur beispielhaft auf die hohe Zahl aus den jugoslawischen Nachfolgestaaten stammender Bürger[16]. Es ist

---

[11] Nach Ansicht der Verfasserin ist diese unselbständige Anknüpfung der Vorfrage die einzig mögliche Lösung für diese so verschiedenartigen Phänomene; vgl. ausführlich unten B) III. 4. b) bb) (3).

[12] Einige statistische Angaben finden sich bei *Erler*, Nichteheliche Lebensgemeinschaften zwischen Alternative und „Normalität", FuR 1996, 10. Ein weiterer Versuch, empirische Befunde über nichteheliches Zusammenleben im internationalen Raum zusammenzutragen, findet sich bei *Meyer/Schulze*, Nichteheliche Lebensgemeinschaften - Alternativen zur Ehe?, ZfSS 35 (1983), 735ff.; mittlerweile jedoch veraltet, da gerade in den letzten Jahren diese Paare zahlenmäßig zunahmen.

[13] Statistisches Jahrbuch für die Bundesrepublik Deutschland, 1999, 64.

[14] Statistisches Jahrbuch für die Bundesrepublik Deutschland, 1999, 65.

[15] Statistisches Jahrbuch für die Bundesrepublik Deutschland, 1999, 69.

[16] Angaben aus dem Statistischen Jahrbuch für die Bundesrepublik Deutschland 1999, 65, für 1998: 719.000 aus Jugoslawien, 208.900 aus Kroatien, 190.100 aus Bosnien-Herzegowina.

nicht auszuschließen, daß einige in nach ihren Heimatrechten gesetzlich geregelten nichtehelichen Verbindungen[17] leben.

Auch hinsichtlich der in einigen Staaten[18] möglichen registrierten Partnerschaften liegt leider nur wenig Zahlenmaterial vor. So sollen sich in den ersten zweieinhalb Jahren in Dänemark 492 Frauen und 808 Männer registriert lassen haben[19]. Ob darunter auch Deutsche waren oder ob diese Paare in irgendeiner Weise mit Deutschland in Verbindung traten, ist nicht bekannt. Ebensowenig liegen aktuellere Zahlenangaben vor. Dasselbe gilt für andere Staaten, die eine Registrierungsmöglichkeit eröffnet haben. Es ist aber zumindest denkbar, daß eines dieser Paare in Zukunft seinen Wohnsitz nach Deutschland verlagert und hier die ihm nach dem Recht am Eingehungsort zugesprochenen Rechte anerkannt haben möchte bzw. daß ein Deutscher eine solche Verbindung eingehen möchte. Das deutsche Kollisionsrecht hat folglich auch für diese Paare eine Kollisionsregel bereitzustellen.

III. Die Bedeutung einer kollisionsrechtlichen Lösung

Ist die Beschreibung einer nichtehelichen Lebensgemeinschaft nur für jeden einzelnen Staat in Abgrenzung zur Ehe möglich, kann es sich weltweit um vielfältige Phänomene handeln[20]. Je nachdem, inwieweit eine Rechtsordnung sich bereit zeigt, diese Partnerschaften gegenüber dem Rechtsinstitut der Ehe aufzuwerten, geht damit eine Verrechtlichung der alternativen Lebensformen einher[21]. Umfang und Zielsetzungen unterscheiden sich wesentlich. Stoßen in einem Fall mit Auslandsberührung zwei unterschiedliche Regelungssysteme auseinander, hat das Kollisionsrecht zu entscheiden, mit welcher Rechtsordnung diese Verbindung am engsten verbunden ist, so daß die Anwendung deren Rechtssätze gerechtfertigt erscheint. Diese Frage ist insbesondere für den vorliegenden Sachverhalt von großer Bedeutung, für den die weltweit existierenden sachrechtlichen Regelungen so unterschiedlich sind.

Ziel der vorliegenden Arbeit ist es nicht nur, einen Lösungsvorschlag für den deutschen Richter in einem Fall mit Auslandsberührung zu entwickeln. Das deutsche Kollisionsrecht wird zwar als Ausgangspunkt für die verschiedenen Anknüpfungsalternativen und die Suche nach einem neuen Lösungsweg herangezogen. Es wird sich aber zeigen, daß die vorhandenen Kollisionsregeln keine sachgerechte Lösung bieten. Daher geht es darüber hinaus darum, eine funktio-

---

[17] Siehe dazu unten A) IV. 1. b) aa) (2).

[18] Siehe unten A) IV. 2. c) und e).

[19] Aus: *Waaldijk*, The Legal Situation in the Member States, in: Homosexuality: A European Community Issue. Essays on Lesbian and Gay Rights in European Law and Policy, Waaldijk/Clapham(Hrsg.), 1993, 97. Eine weitere Angabe fand sich im Internet unter Fakta fran RFSL. Danach lagen von 1989 bis 1992 1276 Registrierungen vor.

[20] Ohne überhaupt auf das Merkmal einer Lebensgemeinschaft in Abgrenzung zu einer bloßen Zweckverbindung auf Zeit einzugehen.

[21] Siehe dazu schon *Schwab*, in: Landwehr, Die nichteheliche Lebensgemeinschaft, 66.

nale Untersuchung durchzuführen, welche Anknüpfungsmomente für diese Verbindungen über die Auswahl eines Rechts unter mehreren möglichen entscheiden sollten. Es wird gezeigt, daß trotz gravierender Unterschiede in der materiellrechtlichen Erfassung nichtehelichen Zusammenlebens auf der kollisionsrechtlichen Ebene die Bildung einer einheitlichen Kollisionsnorm möglich erscheint. Damit versucht die Arbeit, auch einen Beitrag auf dem Wege zur internationalen Rechtsangleichung zu leisten.

Die Frage der kollisionsrechtlichen Einordnung nichtehelicher Lebensgemeinschaften war schon wiederholt Tagesordnungspunkt der Haager Konferenz für Internationales Privatrecht und wurde als eine zu klärende Rechtsfrage beibehalten[22]. Bislang hat man sich aufgrund der unterschiedlichen materiellen Behandlung aber nicht zu einem Regelungsvorschlag durchringen können[23]. Die vorliegende Bearbeitung möchte einen Lösungsvorschlag für Deutschland vorstellen, welcher vielleicht auch in anderen Ländern Zustimmung finden könnte.

IV. Gang der weiteren Bearbeitung

Im Teil A) der Arbeit wird dargestellt, welche Formen partnerschaftlichen Zusammenlebens weltweit neben der Ehe existieren. Ausgegangen wird von den unterschiedlichen Motiven, die Partner zu nichtehelichem Zusammenleben bewegen. Es wird gezeigt, wie die Rechtsordnungen diese Verbindungen und die aus ihnen erwachsenen rechtlichen Probleme einordnen. Für die nachfolgende kollisionsrechtliche Einordnung - die den Schwerpunkt der Bearbeitung bilden soll - kommt es auf Funktionen, Ziele und Rechtswirkungen dieser Verbindungen an. Diese gilt es daher in diesem Grundlagenteil herauszuarbeiten.

Teil B) widmet sich der kollisionsrechtlichen Einordnung nichtehelicher Personenverbindungen. Die verschiedenen Anknüpfungsalternativen werden vorgestellt und ausgewertet. Am Ende wird der Entwurf einer Kollisionsnorm herausgearbeitet und anhand verschiedener Sachverhaltskonstellationen seine Praktikabilität geprüft.

---

[22] Siehe Schlußakte der XVIII. Tagung der Haager Konferenz für Internationales Privatrecht vom 30. 9. bis 19. 10. 1996, 21 B.4. c.: „The Eighteenth Session, ...Decides to retain or include in the Agenda of the Conference, but without priority - jurisdiction, applicable law, and recognition and enforcement of judgments in respect of unmarried couples".

[23] Das Permanent Bureau traf diese Entscheidung, nachdem es eine Studie existierender materiellrechtlicher Regelungen durch eine Praktikantin hat durchführen lassen; vgl. *Judels, Valerie*, The law applicable to unmarried couples, abgedr. in: Protokolle der XVII. Tagung der Haager Konferenz für Internationales Privatrecht vom 10. bis 29.5.1993, Annex II, 113. Siehe auch Protokolle der XVII. Tagung der Haager Konferenz 109, 111: „The Permanent Bureau considers that the problem of the law applicable to unmarried couples should not be ignored by the Conference, even though it does not require urgent consideration at this time.".

Teil A) Nichteheliches Zusammenleben im internationalen Raum

I. Bedeutung dieses Grundlagenteils

Nichteheliche Lebensgemeinschaften sind verschiedenartige Sachverhalte, deren Ausgestaltung hauptsächlich davon abhängt, welche Motive der Partner dem Zusammenleben zugrunde liegen. Daraus resultieren unterschiedliche Interessen der Partner selbst und auch der Staaten, mit denen sie in Kontakt treten[24], an umfassender rechtlicher Erfassung. Es wird gezeigt, wie die Rechtsordnungen darauf und auf mögliche Interessenkollisionen bislang reagierten und welche Gründe die unterschiedliche rechtliche Erfassung hat.

Im Teil B) der Arbeit steht man vor der Aufgabe, funktionell das beste Anknüpfungsmoment für ein international nicht einheitlich bestimmbares Phänomen herauszuarbeiten. Um dies überhaupt zu ermöglichen, ist es notwendig, im Teil A) die tatsächliche Erfassung in den verschiedenen Staaten bestimmten Gruppen zuzuteilen, die sich hinsichtlich des Regelungsumfangs und der Regelungsziele ähneln[25]. Die Darstellung beginnt mit der deutschen und vergleichbaren sachrechtlichen Ansichten zu nichtehelichem Zusammenleben, denn in erster Linie wird nach einer kollisionsrechtlichen Lösung für den deutschen Richter gesucht. Wegen der grundsätzlichen Qualifikation eines kollisionsrechtlichen Rechtsbegriffs nach der *lex fori* entscheidet die sachrechtliche Einordnung einer Rechtsfrage grundsätzlich auch über deren kollisionsrechtliche Anknüpfung[26]. Dies kann hier aber lediglich als Ausgangspunkt dienen. Der anschließende Vergleich mit anderen Rechtsordnungen zeigt schnell, wie sehr die Rechtsansichten zu nichtehelichem Zusammenleben im internationalen Raum auseinandergehen[27]. Es ist daher unmöglich, eigene sachrechtliche Anschauungen unbesehen ins Kollisionsrecht zu übernehmen. Eine Kollisionsregel muß offen sein für alle international existierenden nichtehelichen Paare. Fremde ausländische Regelungen werden in ihren historischen und funktionalen Bezügen vorgestellt,

---

[24] Dazu gehören regelmäßig die Heimatländer der Partner, das Land, in dem sie ihre Beziehung eingehen und das Land, in dem sie eine bestimmte Rechtswirkung geltend machen, welches in der Mehrzahl der Fälle der neue Aufenthaltsstaat sein wird.

[25] Zur hilfreichen Bildung von Fallgruppen bei diesem so vielgestaltigen sozialen Phänomen siehe *Grziwotz*, 24, 25.

[26] Siehe dazu etwa *Gamillscheg*, Überlegungen zur Methode der Qualifikation, in: Festschrift Michaelis, 79ff.

[27] Alle Regelungen bezüglich nichtehelicher Lebensgemeinschaften vorzustellen, würde den Rahmen dieser Arbeit, die sich im Hauptteil der kollisionsrechtlichen Anknüpfung widmen soll, sprengen. Daher soll die folgende materiellrechtliche Darstellung dem Leser lediglich anhand einiger Beispiele vor Augen führen, welche unterschiedliche rechtliche Erfassung nichteheliche Verbindungen im internationalen Raum bislang erfuhren und welche Bedeutung daher der Bestimmung des anwendbaren Rechts zukommt. Ein ausführlicher Überblick über die im internationalen Raum existierenden Regelungen findet sich bei *Striewe*, Ausländisches und Internationales Privatrecht der nichtehelichen Lebensgemeinschaft, 1986. Diese Darstellung ist allerdings in einigen Teilen mittlerweile überholt.

um im Hauptteil der Arbeit eine kollisionsrechtliche Entscheidung auch für diese Phänomene treffen zu können.

II. Die unterschiedlichen Motive nichtehelichen Zusammenlebens

Die nichtehelichem Zusammenleben zugrunde liegenden Motive lassen sich grundsätzlich in vier Gruppen aufteilen[28].

In die erste Gruppe fallen die Paare, die das Zusammenleben für eine in der Zukunft als durchaus möglich angesehene Ehe erproben wollen. Hier stellt das nichteheliche Zusammenleben eine Art Durchgangsstadium dar, tritt nicht in direkte Konkurrenz zur Ehe.

Daneben gibt es Paare, die die Eingehung der Ehe gerade ablehnen, um den damit verbundenen rechtlichen Verpflichtungen zu entgehen bzw. Vergünstigungen, die ihnen als Einzelpersonen zustehen, nicht zu verlieren[29]. Dieses Verbindungen treten damit in direkte Konkurrenz zur Ehe. Sie stellen eine Zusammenlebensform dar, die bewußt alternativ gewählt wird.

In die dritte Gruppe gehören die Paare, die eine rechtlich geregelte familienrechtliche Verbindung eingehen möchten. Sie haben sich aber nicht für die am stärksten anerkannte Institution - die Ehe - entschieden, sondern eine ihnen nach ausländischem Recht mögliche alternative Institution gewählt. Auch hier handelt es sich um eine bewußt alternativ gewählte Form partnerschaftlichen Zusammenlebens neben der Ehe.

In die letzte Gruppe fallen die Paare, denen die Eingehung einer Ehe von Gesetzes wegen nicht möglich ist. Sie möchten ihrer Partnerschaft aber trotzdem Rechtsverbindlichkeit verleihen. Hierzu zählen nach gegenwärtiger Rechtslage insbesondere gleichgeschlechtliche Partnerschaften aber auch Paare, deren Eheschließung ein anderes Ehehindernis entgegensteht. Es handelt sich ebenfalls um eine neben der Ehe gewählte Zusammenlebensform. Im Unterschied zu den drei anderen Konstellationen ist eine solche Partnerschaft jedoch, so sie in der Rechtsordnung möglich ist, die einzige Möglichkeit für diese Paare, ihrer Part-

---

[28] Derartige Aufteilungen sind naturgemäß subjektiv und am Ziel der Untersuchung orientiert. Sie sind damit nicht ohne weiteres auf andere Untersuchungen nichtehelichen Zusammenlebens übertragbar. Vgl. etwa *Giesen*, Familienrecht, 238; *Beitzke/Lüderitz*, 33; die nur eine Dreiteilung vornehmen sowie *Skolnick*, 29 Am. J. Comp. L.(1981), 339, 343, die eine Einteilung in fünf Gruppen vornimmt. Siehe auch *Grziwotz*, 30ff. Die hier vorgenommene Differenzierung ist darauf ausgerichtet, das vielfältige Phänomen nichtehelichen Zusammenlebens kollisionsrechtlich handhabbar zu machen. Sie stellt im Hinblick auf den zumindest tatsächlich unstreitig personenrechtlichen Charakter dieser Verbindungen die Parteiinteressen im internationalen Bereich in den Vordergrund.

[29] Bekanntestes Beispiel sind hier die Verbindungen älterer Personen, welche aus erbrechtlichen Gründen eine erneute Ehe nicht eingehen möchten. Es ist empirisch u.U. sehr schwierig, diese Paare von der ersten Gruppe zu trennen, da die Unterscheidung nur anhand des Parteiwillens erfolgt, der sich später durchaus ändern kann; vgl. dazu etwa *Meyer/Schulze*, ZfSS 35(1983), 735.

nerschaft rechtliche Verbindlichkeit zu verleihen. Die Ehe als Alternative steht ihnen nicht offen.

III. Interesse an umfassender gesetzlicher Erfassung

1. Das Regelungsinteresse des Paares

Das Interesse eines Paares an umfassender gesetzlicher Regelung seiner Beziehung richtet sich nach dem der Partnerschaft zugrunde liegenden Motiv.

a) Wunsch des Paares nach rechtlicher Unverbindlichkeit

Lebt ein Paar lediglich auf Probe zusammen, so wird es regelmäßig kein Interesse an der Herbeiführung umfangreicher Rechtswirkungen haben. Ganz im Gegenteil wird man bestrebt sein, jede Rechtsbindung über rein schuldrechtliche Beziehungen hinaus zu vermeiden. Diese Paare gehen eine solche Verbindung gerade ein, um das Zusammenleben zu testen, bevor sie sich umfassenden Rechtsbindungen aussetzen.

Ebenso stellt sich die Situation dar, wenn sich ein Paar bewußt gegen die Ehe entscheidet, um den damit verbundenen Rechtsbindungen zu entgehen. Die Anwendung besonderer Vorschriften ähnlich oder gleich denen des Eherechts würde hier dem ausdrücklichen Willen der Partner nach rechtlicher Ungebundenheit widersprechen. Solange diese beiden Typen nichtehelicher Gemeinschaften bestehen und aus ihnen auch keine gemeinsamen Kinder hervorgegangen sind, bestehen zwischen den Partnern keine besonderen regelungsbedürftigen Fragen. Konflikte werden entweder einvernehmlich gelöst oder die Gemeinschaft löst sich ebenso formlos auf, wie sie geschaffen wurde[30].

b) Wunsch nach rechtlicher Institutionalisierung neben der Ehe

Anders ist die Lage jedoch dann, wenn dem Paar die Eingehung der Ehe verwehrt wird und es trotzdem eine rechtsverbindliche Partnerschaft eingehen möchte oder wenn es eine alternative rechtlich anerkannte Partnerschaftsform gewählt hat. Die Partner sind in diesen beiden Situationen daran interessiert, sowohl eheliche bzw. eheähnliche Schutzvorschriften auf ihre Partnerschaft angewendet zu wissen als auch gegenseitige Verpflichtungen einzugehen.

2. Die Regelungsinteressen der beteiligten Staaten

Auch das Interesse der Staaten, für nichteheliche Paare rechtliche Regelungen ähnlich denen einer Ehe bereitzustellen, ist von den unterschiedlichen Motiven nichtehelichen Zusammenlebens abhängig. Hier kommt man nicht umhin,

[30] *Beitzke/Lüderitz*, 33.

als erstes kurz herauszustellen, warum ein Staat an umfassender gesetzlicher Regelung der Ehe überhaupt interessiert ist[31]. Im Anschluß wird geprüft, inwieweit sich diese Gründe auf die verschiedenen Arten nichtehelicher Paare übertragen lassen.

a) Funktionen umfangreicher gesetzlicher Vorschriften für die Ehe

Von größtem Gewicht ist sicherlich - und das gilt für alle Rechtsordnungen - das staatliche Interesse an Schutz und Förderung familienrechtlicher Beziehungen und damit am Schutz der Ehe als umfassend anerkanntem familienrechtlichen Rechtsinstitut[32]. Unter diesem Aspekt werden der Ehe bestimmte rechtliche Vorteile zugesprochen, die man Einzelpersonen verwehrt[33]. Das Interesse eines Staates an einer Ausdehnung dieser Vergünstigungen auch auf nichteheliche Paare setzt voraus, daß man diese ebenfalls als familienrechtliche Institutionen anerkennt. Diese sieht man durch zwei Hauptmerkmale gekennzeichnet an. Zum einen sind familienrechtliche Bande geprägt durch gegenseitige Gefühle füreinander. Diese führen zu einem „Für-Einander-Einstehen", ohne eigene wirtschaftliche Interessen in den Vordergrund zu stellen. Dies macht die Familie zu einer stabilen Gemeinschaft innerhalb der Gesellschaft[34]. Des weiteren gilt die Ehe auch als Hort der Fortpflanzung und Kindererziehung.

Neben diesen Schutz der Ehe als Institution tritt der der einzelnen Partner. Vermögensdispositionen in einer Ehe sind nicht nur von wirtschaftlichen Eigeninteressen geprägt, sondern werden zumindest auch durch die besondere emotionale Bindung beeinflußt. Daher sind die Staaten bemüht, den schwächeren Partner einer solchen Verbindung vor Übervorteilung zu schützen. Ihnen kommt hier in Bezug auf die wirtschaftlichen Verhältnisse der Partner eine Obhutsaufgabe zu. Dies führt dazu, die Privatautonomie der Partner in bestimmten Bereichen einzuschränken[35]. Hier fließt auch die Überlegung ein, daß durch gegenseitige Unterhaltspflichten öffentliche Belastungen vermieden werden und damit die öffentliche Kasse entlastet wird.

Die besonderen Verhältnisse in einer Ehe, in der es regelmäßig zu Vermischungen der einzelnen Vermögensmassen kommt, führen auch dazu, daß dritten Personen, die mit einem Ehepartner rechtsgeschäftlich zu tun haben, der

[31] Es ist schwierig, hier länderübergreifend eine solche Feststellung vorzunehmen. Die folgende Analyse wird daher hauptsächlich am deutschen Recht ausgerichtet. Dies bietet sich auch an, um eine Vorlage für die Qualifikation dieser Gemeinschaften im deutschen Kollisionsrecht zu haben.

[32] In Deutschland durch Art. 6 Abs. 1 GG verfassungsrechtlich gewährleistet; siehe etwa BVerwGE 91, 130, 134: Ehe und Familie als „geschlossener, gegen den Staat abgeschirmter und die Vielfalt rechtsstaatlicher Freiheit schützender Autonomie- und Lebensbereich".

[33] Z. B. im Steuerrecht, Erbrecht, Mietrecht, im Bereich der Arbeits- und Sozialhilfe.

[34] Siehe etwa *Hendrix v. General Motors Corp.*, 193 Cal.Rptr. 922, 924 (Cal. Ct. App. 1983): Ehe als „the basic unit of social order".

[35] Zu denken ist hier an gesonderte Vermögensausgleichsansprüche bei Trennung der Partner oder gesetzliche Unterhaltsregelungen.

Zugriff auf einzelne Vermögenswerte ihres Schuldners erschwert wird. Hier hat der Staat ein Interesse daran, zum Schutz dieser Personen einzugreifen[36]. Stellt sich das Zusammenleben eines nichtehelichen Paares nach außen für Dritte vermögensrechtlich ebenso wie das eines Ehepaares dar, ist eine analoge Anwendung dieser zu Gunsten Dritter wirkenden Schutzvorschriften in Betracht zu ziehen[37].

In den Ländern, in denen die Ehe das einzige anerkannte familienrechtliche Rechtsinstitut ist, hat der Staat überdies ein - zumeist verfassungsrechtlich verankertes - Interesse daran, dieses vor einer Entwertung zu schützen. Diese könnte eintreten, wenn er anderen Partnerschaftsformen ebenfalls umfangreiche Rechtswirkungen verleiht.

b) Das Regelungsinteresse hinsichtlich nichtehelicher Partnerschaften

Alle soeben genannten Hintergründe umfangreicher Ehevorschriften sind je nach den Motiven nichtehelichen Zusammenlebens unterschiedlich stark auf diese Paare ausdehnbar.

Lebt das Paar im Hinblick auf eine spätere Ehe probeweise zusammen, so werden die einer Ehe eigenen Funktionen in der Regel nicht ausgeübt und es besteht kein Anlaß, aus diesem Grund fördernd einzugreifen. Da der Zustand kein andauernder ist, braucht der Staat auch besondere Normen zum Ausgleich von Vermögensverschiebungen oder zum Schutze des schwächeren Partners nicht bereitzustellen. Es ist dem Paar zuzumuten, für den Ausgleich unbeabsichtigter Vermögensverschiebungen vertraglich Vorsorge zu treffen. Dem Gesetzgeber kommt keine besondere Schutzfunktion zu. Dies gilt auch gegenüber dritten Personen, da es nicht zu umfangreichen Vermögensvermischungen kommt. Der Staat hat auch regelmäßig keine Veranlassung, einer Umgehung der gesetzlichen Ehevorschriften vorzubeugen. Die Gefahr einer solchen besteht auf Dauer nicht[38].

Anders stellt sich die Situation jedoch dar, wenn sich ein Paar bewußt gegen die Ehe entscheidet, obwohl sie ihnen zur Verfügung stehen würde. Möchten sie sich hiermit den Rechtsbindungen einer Ehe entziehen, so erscheint es aus staatlicher Sicht gerechtfertigt, ihnen auch staatlichen Schutz und Förderung nicht zukommen zu lassen. Regelmäßig lautet die Entscheidung des deutschen Ge-

---

[36] Zu denken ist hier an besondere Eigentumsvermutungen zum Schutz der Gläubiger eines der Ehegatten ähnlich § 1362 BGB oder an die Mitverpflichtung des Ehegatten aus Geschäften des täglichen Lebens ähnlich dem § 1357 Abs. 1 Satz 2 BGB.

[37] Dazu auch *Gernhuber/Coester-Waltjen*, Familienrecht, 652: „Voraussetzung für die analoge Anwendung ist jeweils eine der ehelichen Lebensgemeinschaft entsprechende Vermischungs- und Verschiebungsgefahr für Vermögensstücke...“.

[38] Verwiesen sei hier z.B. auf die unten unter A) IV. 1. a) aa) (3) erörterte deutsche Rechtsprechung zum Ausschluß des Geschiedenenunterhalts bei Zusammenleben in nichtehelicher Gemeinschaft, welche das nur auf bestimmte Zeit oder zur Probe angelegte Zusammenleben ausdrücklich ausschließt.

setzgebers hinsichtlich einer Obhutsstellung daher, daß dann, wenn die Paare sich außerhalb gesetzlicher Regelungen aufhalten möchten, ihnen auch der Schutz dieser nicht zuteil werden sollte[39]. Es ist jedoch fraglich, ob der Gesetzgeber allein aus diesem Grund eine Regelung verweigern kann. Diese auf Dauer angelegten Partnerschaften sind mittlerweile eine zweite bedeutende Form familiären Lebens geworden. Sie erfüllen im Hinblick auf die Erziehung gemeinsamer Kinder[40] und die Schaffung eines familiären Zusammenhalts im Sinne eines „Für-Einander-Einstehens" zum Teil dieselben Funktionen wie eine Ehe. Es wäre daher durchaus angebracht, hier bestimmte Schutzbestimmungen für das Auseinanderbrechen dieser Beziehungen zu schaffen. Dem könnte jedoch das Anliegen eines Staates, die Ehe als familienrechtliches Rechtsinstitut zu schützen und daneben kein weiteres zuzulassen, entgegenstehen. Die rechtliche Einordnung hängt mithin entscheidend davon ab, inwieweit man neben der Ehe andere Formen partnerschaftlichen Zusammenlebens aufwerten möchte. Dies läßt sich nicht abstrakt für alle Staaten bestimmen.

Möchte ein Paar eine alternative, jedoch rechtlich geregelte familienrechtliche Verbindung eingehen, so stehen die Staaten ebenfalls vor der Frage, ob sie ein zweites familienrechtliches Rechtsinstitut neben der Ehe zulassen sollen, welches ähnlichen staatlichen Schutz und Förderung genießt. Diese Frage beantworten die Staaten unterschiedlich. Dafür sind von einander abweichende historisch und religiös bedingte Begriffe von Ehe und Familie ausschlaggebend. Die weitere Darstellung wird zeigen, daß es einigen Staaten sogar verfassungsrechtlich verwehrt scheint, hier umfassende Regelungssysteme zur Verfügung zu stellen. Unter den Aspekten Schutz und Förderung familienrechtlicher Bindungen und Schutz der Partner untereinander vor ungerechtfertigten Vermögensverschiebungen könnte ein Staat an rechtlicher Regelung interessiert sein. Angesichts der unterschiedlichen Ansichten zur Ehe und alternativen Lebensformen kann ein Interesse an gesetzlicher Regelung für diese Gruppe nichtehelicher Verbindungen aber ebenfalls nicht vorab abstrakt bestimmt werden.

Ebensowenig ist es möglich, einheitlich zu bestimmen, ob ein Staat ein Interesse daran hat, gesetzliche Regelungen für Paare, denen die Eingehung einer Ehe nach eigenen Vorschriften nicht möglich ist, zur Verfügung zu stellen. Grundsätzlich wird man diese Paare bewußt aus den eherechtlichen Vorschriften ausgeschlossen haben, um bestimmte Rechtswirkungen zu vermeiden. Folglich könnte man ein besonderes Regelungsinteresse verneinen. Dies gilt jedoch nicht für alle Paare. Es ist vielmehr nach dem Zweck der Ehehindernisse zu unterscheiden. Hinsichtlich homosexueller Verbindungen stellt sich so die Frage, ob historisch-religiöse Gründe der Ablehnung der Ehe auch gegen die Schaffung eines alternativen Rechtsinstituts sprechen. Hier haben die Staaten zu entscheiden, inwieweit man diesen Verbindungen familiäre Funktionen zuerkennt und

---

[39] Siehe etwa *Beitzke/Lüderitz*, 36.

[40] So gab es im Jahr 1998 in Deutschland 557.000 nichteheliche Lebensgemeinschaften mit Kindern; aus: Statistisches Jahrbuch für die Bundesrepublik Deutschland 1999, 64.

sie daher als schützenswert ansieht. Grundlegende Voraussetzung einer solchen Anerkennung ist, daß man gleichgeschlechtliche Verbindungen überhaupt als gleichberechtigte Lebensform akzeptiert. Der Schutz und die Förderung der Ehe spielen als Argument bei diesen Verbindungen dagegen nicht die Rolle wie bei den vorab genannten alternativen Partnerschaftsformen. Denn auch wenn man diesen Paaren die Eingehung einer rechtsverbindlichen Partnerschaft verweigert, heißt dies nicht, daß sie alternativ eine Ehe mit einem verschiedengeschlechtlichen Partner eingehen würden.

3. Zusammenfassung

Ausgehend von den unterschiedlichen Motiven nichtehelichen Zusammenlebens bestehen verschieden starke Interessen des Paares an gesetzlicher Erfassung. Diese entsprechen denen der beteiligten Rechtsordnungen nur dann, wenn es sich um eine zeitlich begrenzte, auf „Probe" eingegangene Partnerschaft handelt. Hier wollen weder die Partner noch der Staat eine gesetzliche Erfassung über schuldrechtliche Regelungen hinaus. Bei den anderen drei Typen können sich die Regelungsinteressen dagegen widersprechen. Dies ist dann der Fall, wenn ein Paar Rechtsbindungen gerade entgehen will, der Staat dies jedoch nicht zulassen möchte, da ihm Schutzgesichtspunkte besonders wichtig sind. Auch zwischen verschiedenen beteiligten Staaten kann es in diesem Fall zu einem Interessenkonflikt kommen, wenn ein Staat dem Parteiwillen nach rechtlicher Ungebundenheit entsprechen möchte, der andere jedoch nicht. Des weiteren widersprechen sich die Regelungsinteressen dann, wenn ein Paar eine rechtlich geregelte alternative Partnerschaftsform eingehen möchte, der Staat jedoch daran festhält, nur die Ehe als familienrechtliches Rechtsinstitut zur Verfügung zu stellen und dies auch nur für heterosexuelle Paare. Stellt ein anderer beteiligter Staat ein solches alternatives familienrechtlichen Rechtsinstitut zur Verfügung, stehen sich auch hier die Staatsinteressen diametral gegenüber.

Staatliche Regelungsinteressen hinsichtlich nichtehelicher Partnerschaften lassen sich mit Ausnahme der Verbindungen „auf Probe" nicht abstrakt für alle Staaten bestimmen. In allen anderen Konstellationen wird die Nichtehelichkeit durch die Partner bewußt alternativ zur Ehe gewählt. Ihre gesetzliche Anerkennung hängt neben verfassungsrechtlichen Vorgaben von historischen, religiösen und moralischen Erwägungen ab. Diese sind weltweit unterschiedlich. Die Anerkennung alternativer familiärer Rechtsinstitute ist ein Prozeß, der sich in den Staaten unterschiedlich schnell vollzieht. Er ist u.a. davon abhängig, inwieweit in einer gesetzlichen Aufwertung noch immer eine unerwünschte Gefahr der zahlenmäßigen Zunahme dieser Verbindungen gesehen wird. Bei homosexuellen Verbindungen kommt noch hinzu, daß man das „Für-Einander-Einstehen" der Partner als das kennzeichnende Merkmal einer Partnerschaft ansieht und die Verantwortung für ein gemeinsames Kind demgegenüber in den Hintergrund rückt. Auch dies geschieht nicht einheitlich.

Es kann mithin nicht für alle nichtehelichen Paare aus einheitlichen sachrechtlichen Regelungsinteressen auf kollisionsrechtliche Interessen an Weitergeltung bestimmter Regelungen über Ländergrenzen hinaus geschlossen werden. Man kommt nicht umhin, zusätzlich darzustellen, wie die Rechtsordnungen bislang auf diese Phänomene reagierten. Daher werden im folgenden im Überblick die weltweit existierenden Erfassungen vorgestellt. Diese Analyse ist aus zwei Gründen für die im Anschluß folgende kollisionsrechtliche Betrachtung von Bedeutung. Es lassen sich einerseits daraus Schlüsse ziehen, ob ein Paar daran interessiert ist, einmal errungenen Rechtswirkungen Bestand zu verleihen bzw. nicht außerhalb des Heimatlandes in ungewollte rechtliche Bindungen zu geraten. Außerdem zeigt sich, inwieweit solches Vertrauen im Hinblick auf existierende gesetzliche Regelungen gerechtfertigt erscheint. Des weiteren wird ersichtlich, ob und inwieweit ein Staat ein Interesse daran hat, den in ihm geschlossenen Verbindungen auch Rechtswirkungen über Ländergrenzen hinaus zu verleihen bzw. im Ausland wirksam eingegangenen Verbindungen auch auf eigenem Staatsgebiet die Anerkennung nicht zu versagen.

IV. Tatsächliche Erfassung nichtehelichen Zusammenlebens im internationalen Raum

1. Wunsch des Paares nach rechtlicher Unverbindlichkeit

Nach vorab Gesagtem wünschen nichteheliche Lebenspartner dann keine besondere rechtliche Bindung, wenn sie entweder bewußt diese unverbindliche Zusammenlebensform neben der Ehe wählten oder das Zusammenleben vor Eingehung einer Ehe „proben" möchten. Hier gibt es regelmäßig keinen förmlichen Akt der Eingehung. Das Paar entscheidet vielmehr frei untereinander, aufgrund emotionaler Bindung zusammenzuleben.

a) Gesetzliche Ignorierung dieser Partnerschaften in Deutschland und anderen modernen Industrieländern

Einige Rechtsordnungen[41] scheinen den Wunsch der Partner nach rechtlicher Unverbindlichkeit zu akzeptieren und erfassen sie gesetzlich nicht gesondert.

---

[41] Dazu gehören neben Deutschland beispielsweise Österreich, die Schweiz, Frankreich, Italien, und die USA. Zu einem italienischen Gesetzesvorschlag zur Regelung nichtehelichen Zusammenlebens, der sich letztendlich jedoch nicht durchsetzen konnte: *Strätz*, FamRZ 1988, 897. Rechtsprechungsbeispiele und Literaturnachweise aus diesen Ländern wurden für die folgende Darstellung ausgewertet. Die Bearbeitung erhebt hierbei keinen Anspruch auf Vollständigkeit. Dies würde den Rahmen dieses Grundlagenteils, der lediglich dazu dienen soll, anhand beispielhafter rechtlicher Erfassungen nichtehelicher Lebensgemeinschaften im internationalen Raum ihre Qualifikation zu ermöglichen, weit überschreiten. Aus diesem Grund

Dabei handelt es sich um die Mehrzahl der modernen Industriestaaten. Auch die deutsche Rechtsordnung gehört dazu. Obwohl diese Form des Zusammenlebens zahlenmäßig immer mehr zunimmt und die soziale Akzeptanz steigt, übt man große Zurückhaltung, wenn es darum geht, diese Partnerschaften und ihre Rechtswirkungen eheähnlich gesetzlich zu erfassen. Lediglich in besonderen Härtefällen hat die Rechtsprechung hier für ausgewählte Verhältnisse einzelne eheähnliche Wirkungen zugesprochen bzw. versucht, auf schuldrechtlichem Wege zu ähnlichen Ergebnissen zu gelangen[42].

In Deutschland war die Frage der Notwendigkeit der gesetzlichen Regelung der Probleme nichtehelichen Zusammenleben schon 1988 Tagesordnungspunkt des 57. Deutschen Juristentages in Mainz. Das hierzu erstellte Gutachten von *Dr. Lieb*[43] kam jedoch zu dem Ergebnis, daß eine umfassende Regelung der nichtehelichen Lebensgemeinschaft und eine daraus erwachsene Institutionalisierung dieser Partnerschaften abzulehnen sei[44]. Im Hinblick auf die tatsächlich personenrechtliche Prägung wird eine zumindest analoge Anwendung eherechtlicher Vorschriften oder die Schaffung vergleichbarer Normen im Schrifttum jedoch immer wieder diskutiert[45]. Zu einer gesetzlichen Regelung konnte man

---

war es auch nicht möglich, für jede einzelne sachliche Regelung einen Nachweis aus allen Ländern beizufügen. Die aufgeführten Regelungen sind stets als Beispiele anzusehen.

[42] Siehe Überblick für **Italien**: *Timoteo*, 33 U.Louisville J. Fam. L. 409; **Österreich**: *Schwimann*, Zur nichtehelichen Lebensgemeinschaft im österreichischen Zivilrecht, StAZ 1987, 309; *Deixel-Hübner*, Scheidung, Ehe und Lebensgemeinschaft, 129ff.; *Meissel/Preslmayr*, in: Harrer/Zitta, Familie und Recht, 515ff.; **Schweiz**: *Geiser*, Gleichgeschlechtliche Lebensgemeinschaften in der Schweiz aus rechtlicher Sicht, in: Puff(Hrsg.), Lust, Angst und Provokation, Homosexualität in der Gesellschaft, 216ff.; **USA**: *Melton*, Legal Rights of Unmarried Heterosexual and Homosexual Couples and Evolving Definitions of „Family", 29 J. Fam. L. 497 (1990/91); **Frankreich**: *Ferid/Sonnenberger*, 107ff.; *Furkel*, Neuere Entwicklungen des französischen Familienrechts, FamRZ 1991, 36, 37. Zu der Möglichkeit, in Frankreich einen bindenden Partnerschaftsvertrag zu schließen, und dessen Rechtsfolgen siehe unten A) IV. 2. e) aa).

[43] Verhandlungen des Siebenundfünfzigsten Deutschen Juristentages Mainz 1988, Band I, Gutachten, München 1988, A 1 bis A 114.

[44] *Lieb*, Verhandlungen des Siebenundfünfzigsten Deutschen Juristentages Mainz 1988, Band I, Gutachten, München 1988, A 8.

[45] Aus der nicht mehr überschaubaren deutschen Literatur zum Für und Wider einer rechtlichen Regelung für nichteheliche Paare der letzten Jahre vgl. nur *Grziwotz*, Nichteheliche Lebensgemeinschaft, 1999; *Hausmann*, Nichteheliche Lebensgemeinschaft und Vermögensausgleich, 1989; *ders./Hohloch*, Das Recht der nichtehelichen Lebensgemeinschaft, 1999; *Battes*, Nichteheliches Zusammenleben im Zivilrecht, 1983; *ders.*, Die rechtliche Behandlung der nichtehelichen Lebensgemeinschaft in der Bundesrepublik Deutschland, in: Blaurock (Hrsg.), Entwicklungen im Recht der Familie und der außerehelichen Lebensgemeinschaften, 1989, 21ff.; *Coester-Waltjen*, Die Lebensgemeinschaft - Strapazierung des Parteiwillens oder staatliche Bevormundung?, NJW 1988, 2085; *Schwab*, Zivilrecht und nichteheliche Lebensgemeinschaft, in: Landwehr(Hrsg.), Die nichteheliche Lebensgemeinschaft, 1978, 61ff.; *Müller-Freienfels*, Rechtsfolgen nichtehelicher Gemeinschaften und Eheschließungsrecht, Festschrift Gernhuber 1993, 737ff.; *Kingreen*, Die verfassungsrechtliche Stellung der nichtehelichen Lebensgemeinschaft im Spannungsfeld zwischen Freiheits- und Gleichheitsrechten, Diss.

sich bislang nicht durchringen. Verschiedene Gesetzesvorschläge von Bündnis 90/Die Grünen[46] sowie der PDS[47] blieben erfolglos. Hinsichtlich homosexueller Paare tritt mit dem Gesetz über die eingetragene Partnerschaft nunmehr eine Wende ein[48]. Umfangreiche Regelungen für heterosexuelle Paare existieren jedoch weiterhin nicht.

aa) Rechtliche Behandlung

Nichteheliche Partnerschaften werden in diesen Rechtsordnungen jedoch nicht völlig ignoriert.

(1) Ablehnung staatlicher Vergünstigungen

Staatliche Vergünstigungen werden diesen nichtehelichen Verbindungen grundsätzlich weder gesetzlich noch durch die Rechtsprechung in analoger Anwendung eherechtlicher Vorschriften zugesprochen[49]. In Deutschland finden sie

---

1994/95; *Müller*, Eheähnliche Gemeinschaft= Wohn- und Wirtschaftsgemeinschaft, Diss. 1993; *Schreiber*, Die nichteheliche Lebensgemeinschaft, 1995; *Theimer*, Die finanziellen Folgen der nichtehelichen Lebensgemeinschaft, Diss. 1993; *Börgers/Reihlen*, Marvin v. Marvin: Neubewertung im Lichte einer aktuellen Fragestellung, ZVglRWiss 91(1992), 203ff. Auf entsprechende Lösungsvorschläge in anderen Rechtsordnungen basieren die Darstellungen von *Paust*, Vermögensrechtliche Beziehungen der Partner einer nichtehelichen Lebensgemeinschaft, 1992; *Bluttner*, Das Recht der nichtehelichen Lebensgemeinschaft in Panama und anderen lateinamerikanischen Staaten, Diss. 1990; *Stintzing*, Nichteheliche Lebensgemeinschaft und rechtliche Regelung - ein Widerspruch?, Diss. 1991/92; *Voß*, Ein Gesetzesvorschlag für die vermögens- und unterhaltsrechtliche Auseinandersetzung nichtehelicher Lebensgemeinschaften in Deutschland, Diss. 1993; *Dienst-Rohloff*, Die Entwicklung des „Rechts der nichtehelichen Lebensgemeinschaft" in New South Wales/Australien, 1989; *Kluth*, Die vermögensrechtliche Abwicklung einer beendeten nichtehelichen Lebensgemeinschaft im deutschen und italienischen Recht, Diss. 1996; *Halstrick*, Das nichteheliche Zusammenleben und seine Beendigung, Eine rechtsvergleichende Untersuchung zum Unterhalts- und Vermögensrecht in der Bundesrepublik Deutschland und in den Rechtsordnungen der USA, Diss. 1983; *Steffen*, Nichteheliche Lebensgemeinschaften in England und Deutschland: Rechtsprobleme während ihres Bestehens, Diss. 1991; *Thofern*, Die nichteheliche Lebensgemeinschaft im deutschen und italienischen Mietrecht, Diss. 1992/93; *Möschl*, Die nichteheliche Lebensgemeinschaft, 1998. Mit homosexuellen Partnerschaften beschäftigen sich die Arbeiten von *Verschraegen*, Gleichgeschlechtliche „Ehen", 1994; *Grib*, Die gleichgeschlechtliche Partnerschaft im nordischen und deutschen Recht, Diss. 1995; *Heun*, Gleichgeschlechtliche Ehen in rechtsvergleichender Sicht unter besonderer Berücksichtigung der Rechtslage in den USA, in Kanada und in Australien, Diss. 1998.

[46] Z.B. BT-Drucks. 11/1834 mit Anwort der Bundesregierung in BT-Drucks. 11/2044; BT-Drucks. 11/7197; 12/7885; 13/71; 13/847; 13/2728; 13/7228; 13/9961.

[47] BT-Drucks. 13/ 2355.

[48] BT-Drucks. 14/3751, 14/4545; siehe dazu unten B) IV. 2. a) bb).

[49] Siehe für **Deutschland:** Überblick bei *Schreiber*, 64ff.; aus der Rechtsprechung zum Ausschluß vom ehelichen Splittingtarif im Steuerrecht: *HessFG*, EFG 1996, 1038; *BFH*, NJW 1990, 734, 735; *BVerfG*, NJW 1983, 271; zur Nichtanwendung der Witwenrente des § 41 AVG: *BSG*, NJW 1995, 3270; zur Ablehnung der Anwendung von § 8 Abs. 2 WoBauG 2:

lediglich zu ihren Ungunsten Erwähnung in § 122 S. 1 BSHG und § 137 Abs. 2a AFG[50]. Diese Regelungen dienen der Förderung der Ehe als Institution und sollen Anreiz verschaffen, eine solche einzugehen. Aus diesem Grund schließt man nichteheliche Verbindungen ausdrücklich von den dort genannten Vergünstigungen aus. Auch in den anderen untersuchten Staaten mit Ausnahme Frankreichs[51] übt man große Zurückhaltung, staatliche Vergünstigungen der Ehe auf nichteheliche Paare auszudehnen. Dies resultiert daraus, daß man ausgehend vom Zweck der Regelungen nicht bereit ist, derartige familienfördernde und familienunterstützende Leistungen der öffentlichen Hand auf nichteheliche Lebensgemeinschaften auszudehnen. Damit verbunden wäre notwendigerweise die

---

BVerwG, Buchholz 454.4 § 8 II. WoBauG Nr 1; zur Anerkennung der doppelten Haushaltsführung aufgrund des Erfordernisses des Schutzes der Familie in Art. 6 Abs. 1 GG nur bei Vorhandensein eines gemeinsamen Kindes: *BFH*, NJW 1990, 1319 im Vergleich zu BFHE 155, 518; zur Ablehnung des Ortszuschlags bei gleichgeschlechtlicher Partnerschaft: BAGE 375; zur Verfassungskonformität der Ablehnung von Sonderurlaub bei Niederkunft der Lebensgefährtin: *BVerfG*, FamRZ 1998, 606; zur Ablehnung erbschaftssteuerlicher Vorteile: *BVerfG*, FamRZ 1990, 364, 365; *BFH* v. 2.7.1997 (nichtveröffentlicht); zur Nichtanwendbarkeit von § 10 e Abs. 5 Satz 2 EStG: *BFH* v. 18.12.1997 (nichtveröffentlicht). Siehe aber auch *LG Saarbrücken*, VersR 1995, 158 zur Anwendung des Familienprivilegs des § 67 Abs. 2 VVG sowie zur Nichtanrechnung des Einkommens eines nichtehelichen Lebensgefährten bei Vergabe eines Promotionsstipendiums im Gegensatz zu Ehegatten: *HessVGH*, FamRZ 1996, 1443. Außerhalb des Sozialrechts zur analogen Anwendung von § 3 Abs. 1 Nr. 2 AnfG auf den Partner einer nichtehelichen Lebensgemeinschaft: *OLG München*, OLG-Rp München 1997, 183.

[50] Zu § 122 Abs. 1 BSHG: BVerwGE 98, 195; *BVerwG*, NJW 95, 2882; *VGH Mannheim*, VBlBW 1998, 31. Zu Art. 137 Abs. 2a AFG *BFH*, BFHE 175, 127. Zur Verfassungsmäßigkeit des Art. 137 Abs. 2a AFG siehe *BVerfG*, FamRZ 1993, 164. Diese Norm soll allerdings gleichgeschlechtliche Verbindungen nicht umfassen, vgl. *BVerfG*, aaO, 168. Eine ausführliche Betrachtung der nichtehelichen Lebensgemeinschaft in der Kranken-, Renten- und Unfallversicherung beinhaltet die Dissertation von *Georgiou*, Die nichteheliche Lebensgemeinschaft in der Sozialversicherung, Frankfurt 1996. Die Bemessung von Arbeitslosengeld nach Leistungsgruppen ist auch hinsichtlich gleichgeschlechtlicher Lebenspartner verfassungsgemäß, *BSG*, NJW 1997, 2620.

[51] Für nichteheliche Verbindungen wird hier beispielsweise Familienhilfe gezahlt und sie haben wie Ehegatten Vorteile innerhalb der Sozialversicherung; *Ferid/Sonnenberger*, Das Französische Zivilrecht, Band 3: Familienrecht, Erbrecht, 112. Die Regelungen gelten hier ausdrücklich nur für verschiedengeschlechtliche Paare; vgl. *Cour de Cassation* v. 13.6.1989; *Rubellin-Devichi*, Des Éléments constitutifs du Concubinage, Revue trimestrielle de droit civil 1990, 53; *Battes/Korenke*, FuR 1995, 192. Auch andere Regelungen außerhalb des eigentlichen Sozialrechts werden in Frankreich zugunsten dieser Verbindungen unter sozialen Schutzgesichtspunkten getroffen. So billigt man der jahrelangen Lebensgefährtin einen Schadensersatzanspruch gegen den früheren Partner zu, sofern er sie mittellos im Stich läßt, nachdem ihre wirtschaftliche Lage durch die lange Partnerschaft nachhaltig beeinflußt wurde; vgl. dazu *Ferid/Sonnenberger*, Das französische Zivilrecht, Band 3: Familienrecht, Erbrecht, 109; *Battes*, Festschrift Pleyer, 467, 479.

Anerkennung eines familiären Gesamtgefüges[52] auch einer solchen Partnerschaft. Dazu ist man hauptsächlich unter dem Aspekt, die Eingehung der Ehe zu fördern, nicht bereit.

(2) Indirekte Anerkennung einzelner familiärer Funktionen

Vereinzelte Regelungen nichtehelichen Zusammenlebens zeigen jedoch, daß man indirekt anerkennt, daß diese nichtehelichen Lebensgemeinschaften in bestimmten Konstellationen die der Ehe eigenen und als schutzwürdig empfundenen Funktionen übernehmen können.

Dazu gehört die Anerkennung eines gemeinsamen Sorgerechts für Kinder nichtehelicher Lebenspartner. Schon frühzeitig hat die französische Rechtsprechung hier Art. 347 Abs. 2 Code Civil a.F. auf nichteheliche Lebenspartner ausgedehnt[53]. Ein gemeinsames Sorgerecht ist nunmehr dort gesetzlich ausdrücklich fixiert[54]. Die Möglichkeit eines gemeinsamen Sorgerechts existiert seit dem 1.7.1998 auch in Deutschland[55]. Diese Regelungen gelten aber lediglich für heterosexuelle Paare[56].

Mit Rücksicht auf die engen Bindungen zwischen den Partnern und die zunehmende Anerkennung eines „Familienheims" werden in allen genannten Rechtsordnungen mietrechtliche Sonderregelungen für Ehegatten auf nichteheliche Lebenspartner entsprechend angewendet[57]. So wird auch in Deutschland durch die Rechtsprechung für nichteheliche Lebenspartner ein Eintrittsrecht in den Mietvertrag nach dem Tod des Partners in analoger Anwendung des § 569 a Abs. 2 BGB regelmäßig bejaht[58]. Ebenso wird der Wunsch des Alleinmieters,

---

[52] Unter Erfüllung der bedeutenden familiären Funktionen der generativen Reproduktion, der Sozialisation und der regenerativen Daseinsvorsorge; vgl. *Schulin*, Grundmuster von Ehe und Familie, 19.

[53] *Ferid/Sonnenberger*, Das französische Zivilrecht, Band 3: Familienrecht, Erbrecht, 110, 389.

[54] Art. 372 Code Civil; eingeführt durch Gesetz Nr. 93-22.

[55] Vgl. § 1626 a Abs. 1 BGB n.F. ; KindRG v. 16.12.1997, BGBl. I, 2942.

[56] Rechtsvergleichend zur Rechtslage für homosexuelle Paare *Dimski*, ZEuP 1995, 465.

[57] Siehe zum Eintrittsrecht des Partners in den Mietvertrag bei Tod des Partners aus dem **französischen Recht:** Art. 14 des Gesetzes v. 6.7.1989; dazu *Ferid/Sonnenberger*, Das französische Zivilrecht, Band 3: Familienrecht, Erbrecht, 111; zum **schweizerischen Recht:** *Weber* in: Frank/Girsberger/Vogt/Walder-Bohner/Weber, Die eheähnliche Gemeinschaft (Konkubinat) im schweizerischen Recht, S. 77 § 7 Rdnr. 20; aus dem **italienischen** Recht: *Const. Court* v. 7.4.1988, Nr.404, Foro Italiano, 1988, I, c. 2515; rechtsvergleichend zum deutschen Recht *Thofern*, 1, 60, und *Ferrari*, ZeuP 1994, 151. In **Österreich:** § 14 Abs. 3 des österreichischen MRG, BGBl. 1981/520; dazu *Schwimann*, StAZ 1987, 309. In den **USA:** *Zimmerman v. Burton*, 102 Mis. 2d 401, 434 N. Y. S. 2d 127 (Civ. Ct. 1980).

[58] *BGH*, NJW 1993, 999=BGHZ 121, 116 m.Anm. *Merschmeier*, ZMR 1994, 13; *BVerfG*, BVerfGE 82, 6; FamRZ 1990, 727. Besonders kritisch betrachtet von *Bosch*, FamRZ 1991, 1ff.; auch *OLG Saarbrücken*, FamRZ 1991, 1182; *LG Berlin*, Grundeigentum 1994, 1125; Grundeigentum 1997, 1581; a.A. *BayObLG*, FamRZ 1992, 1423. Ausführliche Auseinander-

mit seinem nichtehelichen Partner zusammenzuziehen, im Mietrecht als berechtigt angesehen[59]. Der *BGH* schließt gleichgeschlechtliche Verbindungen aber ausdrücklich aus der analogen Anwendung des § 569 a Abs. 2 BGB aus[60]. Auch in den anderen Staaten mit Ausnahme der USA sind homosexuelle Paare regelmäßig aus diesen mietrechtlichen Regelungen ausgeschlossen[61]. In den USA trat mit der Entscheidung *Braschi v. Stahl Associates*[62] ein Wendepunkt in der Behandlung homosexueller Partnerschaften ein. Das höchste Gericht des Staates New York hat den Partner einer solchen Verbindung als Familienmitglied angesehen und ihn dem Schutzbereich des New Yorker Mietpreisbindungsgesetzes unterfallen lassen. Damit wurden im amerikanischen Rechtskreis erstmals durch ein oberstes Gericht familientypische Bindungen auch innerhalb einer homosexuellen Beziehung anerkannt[63]. Im Gegenzug ist aber darauf hinzuweisen, daß in demselben Bundesstaat einer Partnerin einer homosexuellen Verbindung Besuchsrechte hinsichtlich des Kindes der Partnerin verweigert wurden. Man subsumierte sie nicht unter den Begriff „Elternteil"[64]. Dies entspricht wiederum den Entscheidungen der anderen Rechtsordnungen, homosexuellen Verbindungen elterngleiche Rechte abzusprechen.

(3) Indirekte Anerkennung tatsächlicher Unterhaltsleistungen

Weitere gesetzliche Vorschriften oder Gerichtsentscheidungen zeigen, daß aus staatlicher Sicht tatsächliche Unterhaltsleistungen zwischen nichtehelichen Lebenspartnern für möglich gehalten werden. So werden mit Ausnahme Deutschlands und der Mehrzahl der amerikanischen Bundesstaaten im Deliktsrecht nach Tötung eines nichtehelichen Lebenspartners dem Hinterbliebenen Schadensersatzansprüche gegen den Schädiger zugesprochen[65]. Dies geschieht

---

setzung mit dieser Thematik bei *Müller-Lukoschek*, RpflStud 1995, 25ff. Siehe auch Gesetzesentwurf der PDS, BT-Drucks. 13/2355, Bündnis 90/Die Grünen, BT-Drucks. 13/847.

[59] *OLG Hamm*, NJW 1982, 2876 und FamRZ 1992, 308; etwas anderes kann aber dann gelten, wenn der Vermieter eine kirchliche Einrichtung ist, vgl. *LG Aachen*, NJW 1992, 2897; a.A. *OLG Hamm*, FamRZ 1992, 308. Das gilt auch für den Inhaber eines Wohnungsrechts i.S.v. § 1093 BGB, *BGH*, FamRZ 1982, 774. Dies soll auch für homosexuelle Partner gelten, *OLG Hamm*, FamRZ 1983, 273.

[60] BGHZ 121, 116, 124; a.A. *LG Hannover*, FamRZ 1993, 547; *AG Wedding*, NJW-RR 1994, 524. Gegen eine analoge Anwendung auf gleichgeschlechtliche Verbindungen auch *LG Kiel*, NZM 1998, 327.

[61] Siehe Nachweise in FN 57.

[62] 543 N.E.2d 49 (N.Y. 1989). Dazu auch *Melton*, 29 J. Fam. L. 497(1990/91)

[63] Siehe in diesem Zusammenhang auch *Smith v. Fair Employment and Housing Commission*, 12 Cal. 4th 1143, 913 P.2d 909, 51 Cal. Rptr. 2d 700 (Verpflichtung zur Vermietung auch an nichteheliche Partnerschaften).

[64] Obwohl sie während des sechsjährigen Zusammenlebens das Kind stets mit betreute. Siehe *Alison D. v. Virginia M.*, 572 N.E.2d 27 (N.Y. 1991).

[65] Siehe zum **französischen** Recht: Code Civil Art. 1382; *Cour de Cassation*, JCP 1970 Nr. 16305; *Tribunal de Grande Instance Belfort* v. 25.7.1995, ZEuP 1997, 1123 (auch für ein homosexuelles Paar) m. Anm. *Ferrari*, ZEuP 1997, 1124ff.; *Battes*, Festschrift Pleyer, 471;

zum Teil auch für den hinterbliebenen Partner einer homosexuellen Verbindung[66]. Die Anerkennung eines solchen Schadensersatzanspruchs setzt voraus, daß man Unterhaltsleistungen zwischen den Lebensgefährten anerkennt. Die Weigerung im deutschen Recht, einen solchen Anspruch in analoger Anwendung des § 844 Abs. 2 BGB zuzusprechen, resultiert aus der strikten Befolgung des Gesetzeswortlauts. Dieser setzt das Bestehen einer gesetzlichen Unterhaltspflicht voraus. Eine solche ist zwischen nichtehelichen Partnern nach derzeitiger Gesetzeslage nicht gegeben[67]. Die sonst vergleichbaren deliktischen Anspruchsgrundlagen in anderen Rechtsordnungen sind nicht derart beschränkt. Man stellt vielmehr auf das tatsächliche Abhängigkeitsverhältnis ab[68]. Damit war eine erweiterte Auslegung dieser Normen eher möglich.

Die Nichtanwendung des § 844 Abs. 2 BGB besagt aber nicht, daß in Deutschland die Anerkennung tatsächlicher Unterhaltsleistungen zwischen den Partnern abgelehnt wird. Für eine derartige Anerkennung spricht, daß man Unterhaltsansprüche gegen den früheren Ehepartner bei Zusammenleben in nichtehelicher Lebensgemeinschaft mit einem anderen Partner wie bei erneuter Eheschließung ablehnt[69]. Auch hier wird zwar nach einhelliger Ansicht in Literatur

---

Ferid/Sonnenberger, Das Französische Zivilrecht, Band 3: Familienrecht, Erbrecht, 111, 112; zum **italienischen** Recht: Codice Civile Art. 2069 hinsichtlich des immateriellen Schadens und Codice Civile Art. 2043 hinsichtlich nunmehr ausbleibender finanzieller Zuwendungen des nichtehelichen Lebenspartners; *Corte di Cassazione Rom* v. 28.3.1994, ZEuP 1997, 1123 m. Anm. *Ferrari*, ZEuP 1997, 1124ff.; dazu auch *Thofern*, 60; *Timoteo*, 33 U.Louisville J. Fam. L. 409, 411; *Oberto*, FamRZ 1993, 1, 5; in der **Schweiz**: Art. 45 Abs. 3 OR, dazu (insbesondere auch zur Anwendung auf homosexuelle Paare) *Geiser*, Gleichgeschlechtliche Lebensgemeinschaften in der Schweiz aus rechtlicher Sicht, in: Puff (Hrsg.), Lust, Angst und Provokation, Homosexualität in der Gesellschaft, 216, 229 m.w.N. in FN 45 und 46. Abgelehnt wie in Deutschland überwiegend auch im **amerikanischen Recht**, da man nichteheliche Lebenspartner nicht unter den Begriff eines Familienangehörigen subsumiert; vgl. nur *Raum v. Restaurant Associates, Inc.*, 675 N.Y.S. 2d 343 (N.Y.A.D. 1 Dept. 1998); dazu auch *Simerman*, 32 U.Louisville J. Fam. L. 531 unter Verweis auf nur zwei entgegenstehende Entscheidungen, nämlich *Bulloch v. United States*, 487 F.Supp. 1078 (D.N.J. 1987) und *Butcher v. Superior Court of Orange County*, 188 Cal. Rptr. 503 (Ct.App. 1983), overruled by *Elden v. Sheldon*, 758 P.2d 582 (Cal. 1988). Rechtsvergleichend zum deutschen und italienischen Recht *Jagert*, RabelsZ 53(1989), 718.

[66] Siehe Nachweise in FN 65.

[67] Dazu gehören lediglich die gem. §§ 1360ff., 1570ff., 1601ff., 1615a ff., 1754, 1755 BGB zu Unterhalt Berechtigten; Palandt-*Thomas*, § 844 Rdnr. 5. Ähnlich zurückhaltend ist man in der Anerkennung eines Haushaltsführungsschadens i.S.v. § 843 Abs. 1 BGB; vgl. *OLG Köln*, ZfS 1984, 132; *OLG Düsseldorf*, VersR 1992, 1418; a.A. lediglich *LG Zweibrücken* v. 15.6.1993, NJW 1993, 3207; dazu *Raiser*, NJW 1994, 2672f.; *Huber*, Festschrift für Erich Steffen, 193ff. Siehe aber Anerkennung eines Haushaltsführungsschadens über stillschweigenden Vertragsschluß durch das *AG Bad Säckingen*, ZfS 1996, 370.

[68] *Battes*, Festschrift Pleyer, 467, 472; vgl. dazu auch die Darstellung zum italienischen Recht von *Jagert*, RabelsZ 53(1989), 718ff.

[69] Beispielhaft: *OLG Hamm*, FamRZ 1996, 1079. Zum Vergleich der deutschen und französischen Regelung in Art. 283, 285 Code Civil *Seseke*, Der Einfluß der nichtehelichen Lebensgemeinschaft auf den Ehegattenunterhalt, Diss. 1995. Zur Rechtslage im deutschen Recht

und Rechtsprechung § 1586 Abs. 1 BGB[70] nicht analog angewendet, da kein gesetzlicher Unterhaltsanspruch besteht[71]. Das Zusammenleben soll auch allein keine Herabsetzung oder Versagung des Unterhaltsanspruchs nach § 1579 Nr. 7 BGB wegen grober Unbilligkeit rechtfertigen[72]. Der *BGH* hat aber Fallgruppen herausgearbeitet, in denen es dem Unterhaltspflichtigen nicht zugemutet werden kann, weiter zu zahlen[73]. So stellt er etwa auf das Erscheinen nichtehelichen Zusammenlebens in der Öffentlichkeit als „feste soziale Verbindung" ab[74]. Wann eine solche vorliegt, dafür gibt es allerdings keine einheitlichen Kriterien. Eine bestimmte Dauer der Verbindung, die nicht unter zwei bis drei Jahren liegt, wird allerdings vorausgesetzt. Damit werden Paare, die nur „probeweise" zusammenleben, ohne eine solche gefestigte Verbindung bewußt auf Dauer gewählt zu haben, ausgeschlossen[75]. In seiner Entscheidung vom 21.12.1988[76] spricht der BGH überdies die Fallgruppe der „Unterhaltsgemeinschaft" an. Abgestellt wird hier auf „ehegleiche ökonomische Solidarität"[77]. Unklar bleibt, wo der Unterschied zwischen beiden Fallgruppen liegt. Es wird anhand dieser Rechtsprechung aber deutlich, daß die Geltendmachung von Scheidungsunterhalt bei Zusammenleben mit einem neuen Partner als unbillig angesehen wird, wenn zwischen den neuen Partnern tatsächlich Unterhaltsleistungen erfolgen. Damit bringt der *BGH* zum Ausdruck, daß nach seiner Ansicht unter besonderen Umständen auch zwischen Partnern einer nichtehelichen Lebensgemeinschaft ein familiäres „Für-Einander-Einstehen" existieren kann[78]. Diese Rechtsprechung

---

auch *Büttner*, FamRZ 1996, 136. Anerkennung tatsächlicher Unterhaltsleistungen auch durch den *BFH* in FamRZ 1994, 571.

[70] „Der Unterhaltsanspruch erlischt mit der Wiederheirat oder dem Tod des Berechtigten."

[71] *BGH*, NJW 1980, 124. Anders lediglich *Bosch*, FamRZ 1977, 569, 577. Auch im französischen Recht erlischt der Scheidungsunterhaltsanspruch nicht allein wegen des Vorliegens einer nichtehelichen Lebensgemeinschaft; vgl. *Cour de Cassation* v. 18.3.1992, JCP 1992 IV, Nr. 1497.

[72] *BGH*, NJW 1989, 1083, 1085; *ders.*, NJW-RR 1994, 1154.

[73] Siehe die Aufzählung in *BGH*, NJW 1989, 1083; dazu ausführlich *Seseke*, 47ff.

[74] *BGH*, NJW 1983, 1548; 1984, 2692; 1987, 3129; 1989, 1083, 1086; FamRZ 1991, 542, 543. Dem sind auch die Untergerichte weitestgehend gefolgt; z.B. *OLG Düsseldorf*, FamRZ 1992, 955 und FamRZ 1994, 176; *OLG Karlsruhe*, FamRZ 1994, 174, 175; *OLG Hamm*, FamRZ 1997, 374; anders aber *OLG Nürnberg*, FamRZ 1985, 396, 397, wo die Empfängnis eines nichtehelichen Kindes allein maßgeblich war.

[75] Nach Ansicht des *BGH* kommt es darauf an, daß die Paare auf Dauer in einer gefestigten Gemeinschaft leben und nach dem Erscheinungsbild in der Öffentlichkeit diese Lebensform bewußt, auch für ihre weitere Zukunft gewählt haben; NJW 1989, 1083, 1086 und FamRZ 1997, 671, 672; auch *OLG Schleswig*, OLG-Rp Schleswig 1997, 336.

[76] *BGH*, NJW 1989, 1083, 1086.

[77] So schon *BGH*, NJW 1983, 1548; auch NJW-RR 1994, 1154; *Büttner*, FamRZ 1996, 136ff., auch zur analogen Anwendung auf homosexuelle Partnerschaften.

[78] Siehe auch *Seseke*, 54. Entscheidend soll nicht sein, ob zwischen den Partnern eine Wirtschaftsgemeinschaft existiert oder beide eine gemeinsame Wohnung haben (*BGH*, NJW 1989, 1083, 1086; *OLG Hamm*, FamRZ 1988, 730f. und NJW-RR 1996, 1474). Abgestellt wird verstärkt auf das Erscheinungsbild in der Öffentlichkeit, ob beide beispielsweise für einen Dritten ein Paar darstellen, vgl. *OLG Bamberg*, FamRZ 1987, 1153, oder sich häufig gemein-

wurde bislang aber nicht auf homosexuelle Paare ausgedehnt[79].

(4) Keine Anwendung eherechtlicher Normen
(a) Allgemeine Ehewirkungen

Die analoge Anwendung der allgemeinen Ehewirkungen auf nichteheliches Zusammenleben wird einheitlich abgelehnt[80]. Anders als für die Ehe wer-

---

sam in einer Wohnung aufhalten, vgl. *OLG Koblenz*, FamRZ 1988, 295. Beides kann Indiz für eine gefestigte Partnerschaft sein (*OLG Düsseldorf*, FamRZ 1987, 1267, 1268; *OLG Koblenz*, FamRZ 1987, 1269, 1270.), ebenso wie ein gemeinsames Kind (*OLG Nürnberg*, FamRZ 1985, 396, 397; *OLG Hamm*, FamRZ 1988, 730f.), eine Schwangerschaft (OLG Stuttgart, FamRZ 1987, 479, 481) oder das Zusammenleben mit Kindern „wie in einer richtigen Familie" (*OLG Düsseldorf*, FamRZ 1987, 1267, 1268.) Das verstärkte Abstellen auf das Erscheinungsbild der Partnerschaft in der Öffentlichkeit bedingt, daß es sich nicht notwendigerweise um eine Geschlechtsgemeinschaft handeln muß (*OLG Hamm*, FamRZ 1986, 1219, 1220). Um allerdings eine Abgrenzung zu bloßen Wohn- oder anderen Zweckgemeinschaften vornehmen zu können, muß ein besonderer Wille, eine Lebensgemeinschaft auf Dauer führen zu wollen, nachgewiesen werden. Dann sollen auch sog. „Wochenendbeziehungen" ausreichen (*OLG Zweibrücken*, NJW 1993, 1660; *OLG Hamm*, FamRZ 1994, 1591; ähnlich in FamRZ 1997, 374.) . Auch das *OVG Schleswig* hat in seiner Entscheidung vom 1.8.1991 eine „sittliche" Verpflichtung nach einjährigem Zusammenleben angenommen (und damit höheren Ortszuschlag gewährt); vgl. *OVG Schleswig*, NJW 1992, 258 mit kritischer Anm. *Rüthers*, NJW 1992, 879.

[79] *BGH* v. 14.12.1994, NJW 1995, 655; dazu *Hohloch*, JuS 1995, 458f.

[80] Rechtsvergleichend *Battes/Korenke*, FuR 1996, 200; auch *Battes*, Festschrift Pleyer 1986, 467; für **Österreich** *Deixel-Hübner*, 129, 130; *OGH*, EvBL 1984/12, indirekt auch *OGH* ZfRV 1996, 169; *Meissel/Preslmayr*, in: Harrer/Zitta, 518ff.; *Schwimann*, StAZ 1987, 309; für die **Schweiz** *Frank, Richard*, in: Frank/Girsberger/Vogt/Walder-Bohner/Weber, Die eheähnliche Gemeinschaft (Konkubinat) im schweizerischen Recht, 88 § 8 Rdnr. 4; für die Verpflichtung aus Rechtsgeschäften mit Dritten gilt so beispielsweise allgemeines Stellvertretungsrecht, *Weber, Rolf H.*, in: Frank/Girsberger/Vogt/Walder-Bohner/Weber, Die eheähnliche Gemeinschaft (Konkubinat) im schweizerischen Recht, 62 § 6 Rdnr. 26; *Geiser*, Gleichgeschlechtliche Lebensgemeinschaften in der Schweiz aus rechtlicher Sicht, in: Puff(Hrsg.), Lust, Angst und Provokation, Homosexualität in der Gesellschaft, 216, 224; für **Italien** Cass. 26.1.1980, Nr. 651, Massimario del Foro Italiano, 1980 (Ablehnung besonderer Vermögensauseinandersetzungs- und Unterhaltsansprüche); Const. Court v. 26.5.1989, Nr. 310, Giustizia Civile, 1989, 1, P.1782. 8 Cass. (kein gesetzliches Erbrecht); allgemein dazu *Timoteo*, 33 U.Louisville J. Fam. L. 409; für **Deutschland** zur analogen Anwendung von § 1359 BGB: *BGH*, FamRZ 1991, 923; *OLG Karlsruhe*, FamRZ 1992, 940; *OLG Celle*, FamRZ 1992, 941; zu § 1006 BGB: *OLG Düsseldorf*, NJW 1992, 1706; zu § 1362 BGB: *OLG Köln*, FamRZ 1990, 623; zur Ablehnung einer gesetzlichen Unterhaltspflicht während der Beziehung wie auch nach Auflösung: *BGH*, NJW 1980, 124; *OLG Hamm*, FamRZ 1983, 273; *BayObLG*, FamRZ 1983, 1226; *OLG Frankfurt*, NJW-RR 1995, 265; zum gesetzlichen Erbrecht und einer analogen Anwendung des § 1931 BGB: *FG München*, UVR 1995, 116; *LG Berlin*, FamRZ 1979, 503; *OLG Saarbrücken*, FamRZ 1979, 796. Auch in anderen erbrechtlichen Vorschriften werden nichteheliche Lebenspartner nicht wie Ehegatten oder Verlobte behandelt. So hat das *BVerfG* 1989 entschieden, daß die Nichtanwendung der Vorschriften über gemeinschaftliche Testamente (§§ 2265ff. BGB) bei Nichtehegatten verfassungsgemäß sei, NJW 1989, 1986; dazu auch *OLG Hamm*, NJW-RR 1996, 1290. Auch die sich aus § 2325

den folglich gesetzliche Unterhaltsansprüche während der Partnerschaft bzw. nach deren Auflösung nicht zugesprochen. Es besteht kein besonderer Güterstand. Die Partnerschaft selbst zieht damit auch keine besonderen Vermögensauseinandersetzungsansprüche bei Trennung des Paares nach sich. Nichteheliche Partner haben kein gesetzliches Erbrecht und die analoge Anwendung besonderer Eigentumsvermutungen, Verpflichtungsermächtigungen und Stellvertretungsregeln für Ehegatten wird abgelehnt.

(b) Die Vermögensauseinandersetzung nach Trennung des Paares im besonderen

Die meisten Gerichtsentscheidungen im Zusammenhang mit nichtehelichen Paaren betreffen die Problematik einer besonderen Vermögensauseinandersetzung nach Trennung oder Tod eines der Partner. Im Ausgangspunkt sind sich die untersuchten Rechtsordnungen einig. Es werden keine umfassenden, von der tatsächlichen sachrechtlichen Rechtslage abweichenden güterrechtlichen Ausgleichsansprüche zuerkannt. Im Grundsatz geht man davon aus, daß die in nichtehelicher Lebensgemeinschaft lebenden Partner ihre Leistungen bewußt ohne rechtliche Absicherung erbracht haben und damit jeder das gegeben hat, was er auch geben wollte[81]. Für einen nachträglichen Vermögensausgleich ist daher kein Platz. Dies gilt insbesondere hinsichtlich erbrachter Beiträge zum gemeinsamen Haushalt und im weiteren zur Aufrechterhaltung der Lebensgemeinschaft. Die persönlichen Beziehungen stehen derart im Vordergrund, daß sie das die Gemeinschaft betreffende vermögensmäßige Handeln der Partner

---

2325 Abs. 3 2. Halbsatz BGB ergebende unterschiedliche Behandlung von Ehegatten- und Drittschenkungen im Rahmen der Pflichtteilsergänzung ist verfassungsgemäß, *BVerfG*, FamRZ 1990, 729. Hinsichtlich eines Vermögensausgleichs ist grundsätzlich davon auszugehen, daß Zuwendungen ersatzlos von dem erbracht werden, der dazu in der Lage ist, dies gilt auch für im Interesse des Zusammenlebens eingegangene Schulden; *BGH*, FamRZ 1983, 1213. Für die **USA**: *Wilcox v. Trautz*, 427 Mass. 326, 693 N.E.2d 141 (1998); *Hewitt v. Hewitt*, 77 Ill.2d 65, 31 Ill.Dec. 827, 394 N.E.2d 1204 (keine gegenseitigen Vermögensauseinandersetzungsansprüche wegen der Gefahr der Wiedereinführung der common law marriage); *Ayala v. Fox*, 206 Ill.App.3d 538, 564 N.E.2d 920, 151 Ill.Dec. 465 (*Public Policy* hindert auch Vermögensauseinandersetzungen unter *Equity*-Erwägungen); *Watts v. Watts*, 137 Wis.2d 506, 405 N.W.2d 303 (S.Ct.Wis.1987)(nichteheliche Paare fallen nicht unter den Begriff „family within the statute of division of property"); *Peffley-Warner v. Bowen*, 113 Wash.2d 243, 778 P.2d 1022 (Wash.1989) (kein gesetzliches Erbrecht des überlebenden Partners einer nichtehelichen Lebensgemeinschaft); *Harris v. Kritzik*, 166 Wis.2d 689, 480 N.W.2d 514 (Erwartung testamentarischer Erbeinsetzung ist nicht berechtigt); *In re Estate of Hall*, 707 N.E.2d 201 (N.Y.Supr.Ct. App. 1998) (hinsichtlich homosexueller Paare kommt auch die Annahme einer „putative spouse" nicht in Betracht); dazu *Melton*, 29 J. Fam. L. 497, 506, 508 (1990/91).

[81] Vgl. statt aller für die **deutsche Rechtsprechung** BGHZ 77, 55. Für die **österreichische Rechtsprechung:** *OGH*, SZ 22/122; SZ 27/156; JBl. 1973, 159; EF-Slg. 43.574.

bestimmen würden. Es besteht weder in persönlicher noch in wirtschaftlicher Hinsicht eine Rechtsgemeinschaft[82].

Es wird jedoch in allen betrachteten Rechtsordnungen erkannt, daß es im Laufe des Zusammenlebens teilweise zu Vermögensverschiebungen kommt, die dem einen Partner ungerechtfertigterweise über das Ende der Partnerschaft hinaus zugute kommen. Hier anerkennt man zum Teil Ausgleichsansprüche nach allgemeinen schuldrechtlichen Regeln. Auseinandersetzungsansprüche nach Trennung der Partner werden so in den untersuchten Ländern des *Civil Law* etwa über Gesellschaftsrecht[83], Schenkungswiderruf[84] oder bereicherungsrechtliche Grundsätze geprüft[85]. Im deutschen Recht soll das Zusammenleben in nichtehelicher Lebensgemeinschaft allein jedoch bei Trennung der Partner keinen Auseinandersetzungsanspruch aus Gesamtschuld[86], Bürgschaftsrückgriff[87], ungerechtfertigter Bereicherung[88] oder Wegfall der Geschäftsgrundlage[89] begründen. Lediglich in Ausnahmefällen wird bei Hinzutreten besonderer Umstände ein Rückforderungsanspruch aus § 812 Abs. 1 Satz 2 Alt. 2 BGB bejaht[90], zum

[82] *BGH*, NJW 1997, 3371. Für ihren Vorschlag, die Konstruktion der *Common Law Marriage* für diese Paare zu nutzen, findet *Melton*, 29 J. Fam. L. 497, 507(1990/91), in der amerikanischen Rechtsliteratur nur wenig Zuspruch.

[83] So insbesondere die **Schweizer** Rechtsprechung, allerdings nur für heterosexuelle Paare, vgl. BGE 108 II 209; 109 II 230; 111 II 298; 110 V 4; in der Literatur wird eine analoge Anwendung auf homosexuelle Paare befürwortet, *Geiser*, Gleichgeschlechtliche Lebensgemeinschaften in der Schweiz aus rechtlicher Sicht, in: Puff (Hrsg.), Lust, Angst und Provokation, Homosexualität in der Gesellschaft, 216, 220ff. **Frankreich**: *Ferid/Sonnenberger*, Französisches Zivilrecht, Band 3: Familienrecht, Erbrecht, 108; *Müller-Freienfels*, Cohabitation and Marriage Law - A Comparative Study, 1 Int'l J.L. & Family (1987) 259, 280. **Österreich:** *OGH*, EvBl. 1984/12.

[84] **Österreich**: *Meissel/Preslmayr*, in: Harrer, Friedrich/Zitta, 515, 534ff.

[85] **Österreich**: *OGH*, SZ 26/246; SZ 53/20; EvBL. 1984/12. *Meissel/Preslmayr*, in: Harrer/Zitta, 515, 517ff., 535ff.; *Deixel-Hübner*, 146ff.; *Schwimann*, StAZ 1987, 309, 310 mit Rechtsprechungsnachweisen. Eine ausführliche und übersichtliche Darstellung der verschiedenen Alternativen im deutschen Recht findet sich bei *Giesen*, Familienrecht, 240ff.; auch *Henrich*, Familienrecht, 20ff.

[86] *OLG Köln*, NJW-RR 1995, 1282.

[87] *LG Bamberg*, NJW 1988, 1219.

[88] *OLG Saarbrücken*, FamRZ 1979, 796; *OLG Köln*, NJW-RR 1996, 518; *OLG Hamm*, OLG-Rp 1998, 248.

[89] So entfällt grundsätzlich nicht die Geschäftsgrundlage für eine vorab übernommene Bürgschaft, *OLG Köln*, NJW-RR 1997, 1067, MDR 1997, 650; siehe auch *BGH*, NJW 1996, 2727 für Lebensversicherung; *ders.*, NJW 1997, 3371 für Mitfinanzierung eines Eigenheims und *OLG Hamm*, OLG-Rp Hamm, 1998, 248 für Einräumung eines Wohnungsrechts.

[90] Bei Finanzierung eines im Alleineigentum des Partners stehenden Vermögensgegenstandes, *OLG Stuttgart*, NJW-RR 1993, 1475; bei unentgeltlicher Einräumung von Miteigentum, *OLG Karlsruhe*, NJW 94, 948; bei Leistungen an die Kinder des Lebenspartners, *OLG Hamm*, FamRZ 1994, 380; bei erfolglosem Versuch, den Partner zur Rückkehr und Wiederaufnahme der Lebensgemeinschaft zu bewegen, *OLG Brandenburg*, NJW-FER 1997, 35. Grundsätzlich wird die Partnerschaft aber als Rechtsgrund für die Vermögensverschiebungen angesehen, *OLG Saarbrücken*, FamRZ 1979, 796. Ausführliche rechtsdogmatische Studie von Auseinandersetzungsansprüchen nichtehelicher Partner bei *Lipp*, AcP 180, 537, 576ff.

Teil auch aus WGG[91] oder § 677, 683, 670 BGB[92], als Schenkungswiderruf[93] bzw. als unbenannte Zuwendung[94]. Die deutsche Rechtsprechung bejaht regelmäßig eine Auseinandersetzung nach gesellschaftsrechtlichen Grundsätzen bei Zurverfügungstellen erheblicher finanzieller Mittel zur Anschaffung eines gemeinschaftlichen Wertes[95]. Voraussetzung hierfür ist jedoch ein nachweisbarer Gesellschaftszweck, der über die Führung der Lebensgemeinschaft allein hinausgehen muß[96]. Von der deutschen Literatur wurde allerdings schon im Jahre 1988 auf dem 57. Deutschen Juristentag eine Regelung etwaiger Ausgleichsansprüche nach Beendigung der Beziehung empfohlen[97], da die schuldrechtlichen

---

[91] Bei Übernahme von Altschulden des Partners, *OLG Karlsruhe*, FamRZ 1994, 377. Die Partner dürfen hier aber das Risiko nicht bewußt in Kauf genommen haben. Voraussehbare Entwicklungen rechtfertigen einen Ausschluß dieses Anspruchs aber nicht, *BGH*, NJW 1991, 830. Dazu auch *Lipp*, AcP 180, 537, 597ff.

[92] Wenn der eine Partner über den Trennungszeitpunkt hinaus aus einem Kredit verpflichtet ist, den er zur Ablösung vorgemeinschaftlicher Schulden des Partners aufnahm, *OLG Frankfurt a.M.*, NJW 1985, 810, bzw. wenn der damit erworbene Vermögensgegenstand nach der Trennung allein dem anderen Partner zugute kommt, *BGH*, NJW 1981, 1502; *OLG Saarbrücken*, MDR 1997, 944; *OLG Düsseldorf*, OLG-Rp 1998, 221.

[93] *BGH*, NJ 1991, 87=BGHZ 112, 259; *ders.*, WM IV 1990, 1790; abgelehnt vom *OLG Köln* in NJW 1995, 2232.

[94] *OLG Düsseldorf*, FamRZ 1997, 1110; dazu auch *OLG Köln*, FamRZ 1997, 1113. Zur Qualifikation der einzelnen Ausgleichsansprüche ausführlich unten bei Prüfung der einzelnen Kollisionsnormen.

[95] *BGH*, NJW 1997, 3371; *ders.*, NJW-RR 1996, 1473; NJW- RR 1993, 774; WM 1992, 610; NJW-RR 1991, 898; BGHZ 77, 55; *OLG Köln*, FamRZ 1995, 1142 und FamRZ 1993, 432; *OLG Braunschweig*, OLG-Rp 1998, 206. Neuerdings auch angedacht Vermutung einer Darlehensgewährung bei kurzer Partnerschaft: *OLG Koblenz*, MDR 1998, 540. Eine Übersicht der deutschen Rechtsprechung, wenn auch mittlerweile in Teilen überaltert, findet sich bei *Plate*, FuR 1995, 212, 273.

[96] Die Partner müssen die Absicht gehabt haben, „einen Vermögenswert schaffen zu wollen, der ihnen gemeinsam zukommen sollte und über die gewöhnlichen Beiträge zum Haushalt hinausgeht", BGHZ 77, 55; *BGH*, FamRZ 1993, 939. Von seiner alten Rechtsprechung, daß diese Absicht immer formal dinglich verlange, daß beide Miteigentümer wurden, so daß eine Gesellschaft immer schon ausschied, wenn einer der Partner Alleineigentümer des jeweiligen Objektes wurde, ist der *BGH* mittlerweile abgerückt. Nunmehr wird anerkannt, daß im Rahmen einer Gesamtwürdigung auch bei Alleineigentum eines der Partner dieser Vermögensgegenstand ein „Objekt gemeinsamer Wertschöpfung" darstellen kann, *BGH*, NJW-RR 1996, 1473; NJW 1996, 2727; NJW 1992, 906; NJW-RR 1993, 774; a.A. *OLG Stuttgart*, NJW-RR 1993, 1475. Gerade in den Fällen gemeinsamen Hauskaufs/-baus wird in der Rechtsprechung nunmehr regelmäßig bei Auseinanderbrechen der Beziehung eine Auseinandersetzung nach gesellschaftsrechtlichen Normen, §§ 730ff. BGB, befürwortet; statt aller *OLG Köln*, FamRZ 1995, 1142. Etwas anders die **schweizerische** Rechtsprechung, die allein das gemeinsame Wirtschaften ausreichen läßt, BGE 108 II 204=FamRZ 1983, 486.

[97] Aus dem schon oben angesprochenen Gutachten von *Manfred Lieb* ist ersichtlich, daß eine Vermögensausgleichsregelung, sofern der eine Partner während des Zusammenlebens das Vermögen des anderen in ungerechtfertigter Weise mehrte oder man einen wirtschaftlich gemeinsamen Wert schuf, der über die gemeinsame Lebensführung hinaus reicht, sowie gesetzliche Unterhaltsansprüche nach Auflösung der Verbindung empfohlen werden; Verhandlun-

Ausgleichsmechanismen nicht zu befriedigenden Ergebnissen führen. Dem sind allerdings bislang weder Gesetzgebung noch Rechtsprechung nachgekommen.

Im amerikanischen Rechtskreis haben sich in zunehmendem Maße Auseinandersetzungsansprüche nach Trennung des Paares über vertragsrechtliche und quasi- vertragsrechtliche Instrumentarien durchgesetzt[98]. Es werden auch bei nicht nachweisbarem ausdrücklichen Vertragsschluß *equity*- Ansprüche aus *implied contract*[99], *constructive or resulting trust*[100] oder *unjust enrichment*[101] zuerkannt[102]. Das Zusammenleben allein ist jedoch auch hier in der Regel nicht

---

gen des Siebenundfünfzigsten Deutschen Juristentages Mainz 1988, Band I, Gutachten, München 1988, A 108, A 109, A 111, A 112; siehe auch *Schlüter/Belling*, StAZ 1986, 405.

[98] Dazu schon *Sarcevic*, StAZ 1981, 176, 179; *Bruch*, 29 Am. J. Comp. L.(1981), 217, 219; *Snodgrass*, 26 Brandeis J. Fam. L. 75, 77; *Melton*, 29 J. Fam. L. 497, 507ff.; *Bowman/Cornish*, 92 Colum. L. Rev. 1164, 1173. In der Rechtsprechung „palimony" genannt. Diese Ausgleichsmechanismen werden in einigen Staates auch auf erbrechtliche Sachverhalte ausgedehnt; *In re Estate of Ericksen*, 337 N.W.2d 671 (Minn. 1983; contribution and resulting trust); *In re Estate of Thornton*, 81 Wash.2d 72, 499 P.2d 864 (1972; partnership principles). Zur Rechtslage in den USA im Überblick *Giesen*, ZVglRWiss 79(1980), 169ff. Rechtsvergleichend zum deutschen und amerikanischen Recht *Poll*, FamRZ 1993, 266. Zum Vergleich die Rechtslage in anderen common law Ländern: **Australien:** *Henson*, 7 Int'l J.L. & Family (1993) 282, 293; in **England** ist man diesen Equity- Erwägungen nicht gefolgt, vgl. *Windeler v. Whitehall*, [1990] 2 FLR 505.

[99] Grundlegend *Marvin v. Marvin*, 18 Cal.3d 660, 134 Cal. Rptr. 815, 557 P.2d 106 (1976); dazu *Börgers/Reihlen*, ZVglRWiss 91(1992), 203ff.; in *Whorton v. Dillingham*, 202 Cal.App.3d 447, 248 Cal. Rptr, 405 (1988) auf homosexuelle Paare ausgedehnt; auch *Bright v. Kuehl*, 650 N.E.2d 311 (Ct.App.Indiana 1995; *implied contract* oder *unjust enrichment* als Basis für Ausgleichsansprüche); *Watts v. Watts*, 152 Wis.2d 370, 448 N.W.2d 292 (Wis.1989; *unjust enrichment, implied contract and partition*); *Levar v. Elkins*, 604 P.2d 602 (Alaska 1980); *Beal v. Beal*, 282 Or. 115, 577 P.2d 507 (1978).

[100] Siehe nur *Collins v. Davis*, 68 N.C.App. 588, 315 S.E.2d 759 (*resuting trust, unjust enrichment* oder *contract law* als Grundlage eines Ausgleichsanspruchs denkbar).

[101] Wohl die am weitesten verbreitete Rechtsgrundlage für Auseinandersetzungsansprüche nach Auflösung einer nichtehelichen Partnerschaft im amerikanischen Recht. Siehe etwa für **Wisconsin:** *Lawlis v. Thompson*, 137 Wis.2d 490, 405 N.W.2d 317 (S.Ct. 1987); *Walsh v. Ray*, 173 Wis.2d 304, 498 N.W.2d 912, 1992 WL 464075 (App.); *Waage v. Borer*, 188 Wis.2d 324, 525 N.W.2d 96 (Ct.App. 1994); *Ward v. Jahnke*, 1998 WL 301095 (App.); *Schultz v. Kelly*, 581 N.W.2d 594, 1998 WL 157036 (App.; wenn auch hier im Ergebnis abgelehnt); **Connecticut:** *Castaldo v. Castaldo*, 1995 WL 466798 (Conn.Super.); **Illinois:** *Spafford v. Coats*, 118 Ill.App.3d 566, 455 N.E.2d 241, 74 Ill.Dec. 211 (1983); **D.C.:** *Mason v. Rostad*, 476 A.2d 662 (Ct.App. 1992 – wenn auch die Grundlage hier nicht exakt genannt wurde, wurden Ausgleichsansprüche anerkannt). A.A. aber z. B. **Iowa**, vgl. *Slocum v. Hammond*, 346 N.W.2d 485 (Iowa 1984-für Vermögensverschiebungen, die die Partnerschaft betreffen, abgelehnt), *Shold v. Goro*, 449 N.W.2d 372 (Iowa 1989-für Darlehen, welches sichtlich einen mit der Partnerschaft nicht in unmittelbarem Zusammenhang stehenden Zweck betraf, dagegen angenommen) sowie **Minnesota**: *Mechura v. McQuillan*, 419 N.W.2d 855 (Ct.App.Minn. 1988) basierend auf Minn. Stat. §§ 513. 075 und 513.076 (1996), welches zur Durchsetzbarkeit eines Vermögensausgleichsanspruchs bei Trennung eines nichtehelichen Paares einen schriftlichen Vertrag verlangt, der beider Unterschriften enthält.

[102] Voraussetzung ist hier in der Regel ein tatsächliches Zusammenleben des Paares; *Bergen v. Wood*, 14 Cal.App. 4th 854, 18 Cal. Rptr. 2d 75 (1993); a.A. etwa *Milian v. De Leon*, 181

ausreichend für eventuelle Ausgleichsansprüche[103]. Uneinheitlich wird die Anwendung dieser *equity*- Rechtsprechung auf homosexuelle Partnerschaften gehandhabt[104]. In einigen US-Bundesstaaten werden nach Trennung eines nichtehelichen Paares umfangreiche Vermögensauseinandersetzungsansprüche generell wegen Verstoßes gegen *„public policy"* abgelehnt[105].

(5) Zunehmende Anerkennung der emotionalen Beeinflussung vermögensrechtlicher Transaktionen innerhalb einer nichtehelichen Partnerschaft in Deutschland

Neuere Entwicklungen in der deutschen Rechtsprechung zeigen, daß man die emotionalen und vermögensrechtlichen Verflechtungen innerhalb einer nichtehelichen Partnerschaft zunehmend ausdrücklich anzuerkennen beginnt. So sollen nach der neuen Rechtsprechung des *BGH* die Grundsätze der Sittenwidrigkeit von Bürgschaften finanziell überforderter Ehegatten auf eine auf Dauer ausgerichtete eheähnliche Lebensgemeinschaft entsprechend anzuwenden sein[106]. In den Urteilsgründen[107] heißt es:

„Die Gefahr, hauptsächlich aus emotionaler Bindung an den Hauptschuldner eine über die eigene wirtschaftliche Leistungsfähigkeit hinausgehende Verpflichtung zu übernehmen, kann für den ne. Lebenspartner in gleicher Weise wie für den Ehegatten entstehen."

Der *BGH* erkennt damit an, daß diese Gemeinschaften einer gesonderten Betrachtung über autonome schuldrechtliche Verbindungen hinaus bedürfen. Diese Rechtsprechung ist im Hinblick darauf, daß man sich ansonsten standhaft scheut, diesen Verbindungen ausdrücklich familienrechtliches Gepräge zu verleihen und auf schuldrechtliche Hilfsmechanismen ausweicht, beachtlich. Sie tritt damit neben die unter A) IV. 1. a) aa) (2) angesprochenen indirekten Anerkennungen einzelner familiärer Funktionen.

bb) Auswertung

Cal.App.3d 1185, 226 Cal. Rptr. 831 (stärker auf tatsächliche Leistungen für die Gemeinschaft abstellend). Dazu schon *Glendon*, Festschrift Ferid, 491, 498.

[103] Z.B. *Aehegma v. Aehegma*, 8 Haw.App. 215, 797 P.2d 74 (1990).

[104] In *Seward v. Mentrup*, 87 Ohio App.3d 601, 622 N.E.2d 756, wurde eine Vermögensauseinandersetzung auf rechtlicher sowie *equity*-Grundlage sowie ein Anspruch aus *unjust enrichment* abgelehnt; in *Whorton* (FN 99) jedoch als möglich angesehen. Zu diesem Komplex auch *Anderson*, 26 J. Fam. L. 357.

[105] Siehe als Beispiel für die Nichtanerkennung dieser sog. „palimony" in Mississippi: *The Estate of Reaves v. Owen*, 1999 WL 58982 (Miss.App. 1999).

[106] *BGH*, FamRZ 1997, 481 sowie FamRZ 1999, 151 und auch schon in BGHZ 128, 230=FamRZ 1995, 469. Begründet wird dies mit der Übereinstimmung der Beweggründe für die Unterstützung des Hauptschuldners sowie der Interessen des Kreditinstituts an dieser Bürgschaft. Dieser Rechtsprechung folgend *OLG Zweibrücken*, NJW-RR 1995, 433; *FG Frankenthal*, VuR 1996, 51.

[107] Vgl. *BGH*, FamRZ 1997, 481.

Nichteheliche Partner ohne besonderen Rechtsbindungswillen werden in vielen modernen Industrieländern einschließlich Deutschlands gesetzlich nicht als familienrechtliche Rechtsinstitute anerkannt und nicht mit umfassenden Rechtswirkungen ausgestattet. Die Rechtsprechungsbeispiele zeigen jedoch, daß man sehr wohl erkannt hat, daß die tatsächlichen Verhältnisse innerhalb dieser Verbindungen denen einer Ehe entsprechen können und die Partnerschaften Familienfunktionen übernehmen können[108]. Einzelne Ehevorschriften werden daher analog angewendet. Das gilt zunehmend auch für homosexuelle Paare[109]. Man ist in der Zuerkennung eheähnlicher Rechtswirkungen an diese Paare jedoch noch zurückhaltender als bei heterosexuellen Paaren. Dies gilt sowohl zu Lasten[110] als auch zugunsten[111] dieser Paare. Es ist besonders auffallend, daß ihnen Elternrechte noch immer verweigert werden, sofern es sich nicht um das eigene Kind handelt, während man diese heterosexuellen Paaren mittlerweile in weitem Umfang zuspricht.

In der Zuerkennung eheähnlicher Rechtswirkungen an nichteheliche Partnerschaften ist eine sich in allen Ländern ähnelnde Abstufung zu verzeichnen. Es werden Vorschriften der Ehe dort analog angewendet, wo es sich um Wirkungen der Partnerschaft nach außen auf bestehende schuldrechtliche Verhältnisse zu Dritten handelt[112]. Diese Normen dienen generell dem Schutz vertraulicher Beziehungen und werden daher nicht der Ehe vorbehalten. Sie sind keine speziellen Rechtswirkungen, die nur aus diesem umfassenden familienrechtlichen Rechtsinstitut ergeben. Sie stellen vielmehr einen Eingriff in die Privatautonomie des Vertragspartners aus Schutzgesichtspunkten dar. Eine analoge Anwendung dieser Vorschriften auf nichteheliche Paare zieht folglich nicht notwendigerweise eine familienrechtliche Institutionalisierung nach sich. Auf der anderen Seite wird vermieden, im personenrechtlichen Bereich zwischen den

---

[108] Die im deutschen Schrifttum noch vor wenigen Jahren anzutreffende Ansicht, daß es schon im Erscheinungstatbestand an jeder Vergleichbarkeit von nichtehelichen Lebensgemeinschaften und Ehen fehle, ist damit überholt; siehe etwa *Gernhuber*, FamRZ 1981, 724.

[109] Vgl. etwa zum **deutschen** Recht: *Giesen*, Familienrecht, Rdnr. 455; *Schumacher*, FamRZ 1994, 857; *Trimbach/El Alami*, NJ 1996, 57, 61; zum **Schweizer** Recht: *Geiser,*Gleichgeschlechtliche Lebensgemeinschaften in der Schweiz aus rechtlicher Sicht, in: Puff(Hrsg.), Lust, Angst und Provokation, Homosexualität in der Gesellschaft, 216ff.

[110] So lehnt der *BGH* in NJW 1993, 999 in den Urteilsgründen beispielsweise für den Partner einer homosexuellen Lebensgemeinschaft ein Eintrittsrecht in den Mietvertrag nach dem Tod des Partners in analoger Anwendung des § 569 a Abs. 2 BGB ab, während er es in dieser Entscheidung für eheähnliche heterosexuelle Verbindungen bejaht; a.A. *LG Hannover*, NJW-RR 1993, 1103 sowie *AG Wedding*, NJW-RR 1994, 524.

[111] So wird das Zusammenleben mit einem homosexuellen Partner generell nicht als den Geschiedenenunterhalt gem. §§ 1579 Nr. 7 oder 1573 Abs. 2 BGB mindernd oder ausschließend angesehen; *BGH*, JuS 1995, 458 mit Anm. *Hohloch*.

[112] Dazu gehören die besprochenen deliktischen Schadensersatzansprüche, die mietrechtlichen Regelungen, die Rechtsprechung zum Einfluß nichtehelichen Zusammenlebens auf den Scheidungsunterhalt sowie auch die neue *BGH*-Rechtsprechung zur Sittenwidrigkeit von Bürgschaften.

Partnern besondere Rechtswirkungen zuzusprechen[113]. Lediglich in grob unbilligen Fallkonstellationen versucht man, eheähnliche Ergebnisse über die Anwendung allgemeiner schuldrechtlicher Regeln zu erreichen. Hinsichtlich der angesprochenen Außenwirkungen fällt überdies auf, daß je nach Problemstellung den verschiedenen konstitutiven Elementen dieser Verbindungen unterschiedliches Gewicht beigelegt wird. Man will sichtlich keine einheitliche rechtliche Erfassung und damit neben der Ehe kein zweites familienrechtliches Rechtsinstitut zulassen. Die Ablehnung von staatlichen Vergünstigungen, wie sie für die Ehe als familienrechtliches Rechtsinstitut bestehen, ist dann nur folgerichtig. Die nichteheliche Partnerschaft wird in Gesetzgebung und Rechtsprechung noch immer als schuldrechtliche Verbindung behandelt. Daran führt auch die indirekte Anerkennung bestimmter Außenwirkungen ähnlich einer Ehe nicht vorbei.

Diese familienrechtliche Ignorierung in Gesetzgebung und Rechtsprechung hat verschiedene Gründe. Die untersuchten Staaten lehnen einerseits schon im Ausgangspunkt eine tatsächliche Vergleichbarkeit dieser Erscheinungen mit dem Rechtsinstitut der Ehe ab. Der Förmlichkeit der Eheschließung wird zur Wahrung der Rechtssicherheit höchstes Gewicht beigemessen. Die Formlosigkeit der Eingehung einer nichtehelichen Verbindung führt dagegen dazu, daß ihr Beginn oft schwer festzustellen ist. Ebenso kann sich die Auflösung als „Auseinanderleben“ hinziehen[114]. Diese Unsicherheit schon hinsichtlich des tatsächlichen Bestandes der Verbindung läßt den Gesetzgeber zurückschrecken, einer solchen Partnerschaft umfassende Rechtswirkungen zu verleihen[115].

Darüber hinaus steht z.B. in Deutschland aufgrund des Wortlautes von Art. 6 Abs. 1 GG die Ehe als Rechtsinstitut unter dem ausdrücklichen Schutz der staatlichen Ordnung[116]. Damit erscheint es verwehrt, daneben ein familienrechtliches Rechtsinstitut zuzulassen, welches ihre Bedeutung entwerten würde[117]. In der deutschen Rechtsliteratur hat man zwar mittlerweile herausgearbeitet, daß Art. 6 Abs. 1 GG den Gesetzgeber nicht hindert, für nichteheliche Paare über-

---

113 Siehe die Nachweise oben in FN 80. Die nichteheliche Partnerschaft soll in Deutschland nicht unter den verfassungsrechtlichen Begriff der Familie fallen; BVerfGE 24, 119, 135; 48, 327, 339.

114 *Beitzke/Lüderitz*, 33.

115 Auch ein Grund für die Rechtsprechung, Rechtsvorschriften der Ehe nicht analog anzuwenden; BGHZ 10, 257, 264.

116 Palandt-*Diederichsen*, Einl vor § 1297 Rdnr. 8. Die nichteheliche Lebensgemeinschaft fällt nicht unter den Schutz des Art. 6 GG. Aus der Rechtsprechung statt aller *FG München*, NJW 1987, 1575f; für gleichgeschlechtliche Verbindungen *BVerfG*, FamRZ 1993, 1419. Ähnliche Ausgangslage in der Schweiz, BGE 110 Ia 25; BGE 110 Ia 20, 23; dazu *Trimbach/El Alami*, NJ 1996, 57, 59.

117 Siehe auch *Müller-Freienfels*, Festschrift Gernhuber, 737, 739. Vgl. daher aus dem öffentlichen Recht die Entscheidung, daß die ausländerrechtlichen Regelungen zum Familiennachzug gem. §§ 17ff. AuslG einer erweiterten Auslegung zugunsten eheähnlicher Lebensgemeinschaften von Ausländern bzw. von Ausländern mit Deutschen nicht zugänglich sind: *VGH Kassel*, NVwZ-RR 1994, 55.

haupt gesetzliche Vorschriften zur Verfügung zu stellen[118]. Sie dürfen lediglich denen einer Ehe nicht gleichkommen[119]. Man scheut sich aber trotzdem, nichteheliche Partnerschaften mit gesetzlichen Regelungen zu versehen. Gefürchtet wird eine Störung des Zusammenspiels von Rechten und Pflichten des Eherechts. Da keine feste Grenzziehung möglich ist, ist nicht klar, ab wann eine Entwertung der Ehe zu befürchten ist. Ist man in anderen Ländern nicht derart verfassungsmäßig gebunden, steht jedoch auch hier regelmäßig das Rechtsinstitut der Ehe unter dem besonderen Schutz des Staates[120]. Man fürchtet ebenso die Abwertung dieses Instituts, wenn man anderen Verbindungen rechtliche Regelungen verleiht. Die Gründe, die zum Schutz der Ehe vorgebracht werden, ähneln daher denen des deutschen Rechts.

Das bedeutendste Argument gegen umfassende gesetzliche Regelungen dieser Paare ist jedoch, daß sie dem Willen des Paares nach rechtlicher Ungebundenheit entgegenstehen würden. Sie sind daher im Hinblick auf die verfassungsrechtlich gewährte Handlungsfreiheit bedenklich[121]. Den Paaren darf durch umfassende Regelungen keine Art „Zwangsehe" übergestülpt werden[122]. Die Staaten möchten dem Interesse dieser Paare an rechtlicher Unverbindlichkeit entsprechen. Paare, die nach oben vorgenommener Differenzierung keine rechtliche Bindung wünschen, werden in den untersuchten Rechtsordnungen, in denen nichteheliche Verbindungen eher moderne Zusammenlebensformen darstellen, auch die Mehrzahl der Paare sein. Für dauerhafte Verbindungen besteht allerdings ein Widerspruch zwischen der zunehmenden Anerkennung familiäre Funktionen, soweit es um Außenwirkungen der Gemeinschaft geht, und ihrer Ignorierung hinsichtlich besonderer Wirkungen zwischen den Partnern auch unter Schutzaspekten.

---

[118] *Gernhuber/Coester-Waltjen*, 649; *Giesen*, Familienrecht, 242; *Henrich*, Familienrecht, 6; *Wegner*, FamRZ 1996, 587, 588; *Bruns*, ZRP 1996, 6. Zum Schutz nichtehelicher Lebensgemeinschaften in einigen Landesverfassungen der neuen Bundesländer *Dietlein*, DtZ 1993, 136.

[119] *Von Münch, Eva Marie*, in: v. Münch/Kunig, Art. 6 Rdnr. 5; *Gernhuber/Coester-Waltjen*, 649; *Giesen*, Familienrecht, 242 m.w.N. in FN 29; *Henrich*, Familienrecht, 19; *v.Renesse*, ZRP 1996, 212, 214. Kritisch im Hinblick auf homosexuelle Paare *Bruns/Beck*, MDR 1991, 832.

[120] Siehe für das **amerikanische Recht** beispielsweise *Hewitt v. Hewitt*, 77 Ill.2d 65, 31 Ill. Dec. 827, 394 N.E.2d 1204; für **Frankreich** *Trimbach/El Alami*, NJ 1996, 57, 60; rechtsvergleichend *Henrich*, Familienrecht, 7.

[121] So etwa aus der **österreichischen** Literatur auf die grundsätzliche familienrechtliche Unverbindlichkeit nichtehelichen Zusammenlebens verweisend *Meissel/Preslmayr*, in: Harrer/Zitta, 515, 517. Zum **deutschen** Recht *Lieb*, Verhandlungen des Siebenundfünfzigsten Deutschen Juristentages Mainz 1988, Band I, Gutachten, München 1988, A 41 bis 43; *Henrich*, Familienrecht, 6; *ders.*, Internationales Familienrecht, 20; als Rechtsprechungsbeispiele siehe etwa *OLG Frankfurt*, FamRZ 1982, 265, 266 hinsichtlich der Rechte eines Partners am Vermögen des anderen oder Ausgleichsansprüchen im Fall der Beendigung der Partnerschaft, des weiteren *OLG Celle*, FamRZ 1982, 63; *BGH*, FamRZ 1983, 349, 1213, 1214.

[122] *Gernhuber/Coester-Waltjen*, 646, 650.

Die darüber noch hinausgehende zögerliche Regelung gleichgeschlechtliche Paare ist nur mit dem noch immer existierenden großen Widerwillen von Gesetzgebung und Rechtsprechung, homosexuelles Zusammenleben als gleichwertige Zusammenlebensform zu akzeptieren, zu erklären. Sonst gäbe es für eine Ungleichbehandlung dieser formlosen Partnerschaften gegenüber verschiedengeschlechtlichen Partnern keine Grundlage.

b) Ehewirkungen ohne Eheschließung

Neben den soeben vorgestellten Staaten, die unförmliches Zusammenleben grundsätzlich gesetzlich ungeregelt lassen, existieren Rechtsordnungen, die diesen Partnerschaften Rechtswirkungen wie der förmlichen Ehe zusprechen. Dies geschieht, ohne daß ein förmlicher Eingehungsakt vorausgesetzt wird, mittels dessen die Partner ihren Wunsch nach rechtlicher Verbindlichkeit demonstriert hätten. Dem Parteiinteresse an rechtlicher Unverbindlichkeit wird keine Bedeutung beigemessen. Eine kleine Auswahl dieser Regelungen soll im folgenden vorgestellt werden[123].

aa) Regelungsumfang
(1) Latein- und Südamerika

In vielen Staaten Latein- und Südamerikas existieren zu Rechtsinstituten erstarkte und mit gleichen[124] oder ähnlichen[125] Rechtswirkungen wie eine Ehe

---

[123] Es würde den Umfang dieses Grundlagenteils überschreiten, würde man hier alle weltweit existierenden Regelungen vorstellen wollen. Die hier getroffene Auswahl beruht auf dem Anliegen der Verfasserin zu zeigen, daß solche familienrechtlichen Rechtsinstitute neben der Ehe in einigen Ländern historischen Ursprungs sind, in anderen jedoch sehr moderne Entwicklungen darstellen, was natürlich Einfluß auch auf die kollisionsrechtlich relevanten Interessen der Parteien und beteiligten Rechtsordnungen hat. Historischen Ursprungs sind auch die sog. „Naien-Beziehungen" des japanischen Rechts, ebenfalls eine faktische Partnerschaftsform mit weitreichenden Rechtswirkungen, deren Darstellung hier jedoch aus Platzgründen vollständig unterlassen wurde. Ausführlich dazu: *Müller-Freienfels*, Die „Naien"-Beziehung des japanischen Rechts - Zur Typologie nichtehelicher Gemeinschaften, Festschrift Rebmann, 643ff.

[124] So in **Panama** (Art. 1 des Gesetzes über Lebensbündnisse vom 12.12.1956, abgedr. in: Bergmann/Ferid, Panama, 20, 21); **Bolivien** (Art. 158ff. Familiengesetzbuch 1972, abgedr.in: Bergmann/Ferid, Bolivien, 8ff.; dazu *Vaz Ferreira/de Tanzer*, Festschrift Zajtay, 509, 516) und **Ecuador** (Gesetz Nr. 115 v. 29.12.1982 über die Regelung der faktischen Ehe, abgedr.in: Bergmann/Ferid, Ecuador, 48, 49; dazu *Bluttner*, 294); in **Paraguay** nach Eintragung bei zehnjährigem Zusammenleben (Art. 86 des Gesetzes Nr. 1/1992 v. 25.6.1992, abgedr.in: Bergmann/Ferid, Paraguay, 7). Das gilt sowohl für vermögensrechtliche als auch persönliche Ehewirkungen.

[125] So in **Brasilien** (vor 1988 nur Vermögensausgleich von der Rechtsprechung anerkannt, nunmehr auch gesetzlich Unterhalt und Erbrecht zugesprochen, Art. 1, 2 des Gesetzes Nr. 8.971 v. 29.12.1994 und Art. 5, 7 Ausführungsgesetz zu Art. 226 § 3 der Bundesverfassung Nr. 9278 v. 10.5.1996; dazu *Mannheimer/Scheuer*, Das Erbrecht der Partner einer nichteheli-

ausgestattete formlose nichteheliche Lebensbündnisse. Es fällt hier sehr schwer, eine exakte Abgrenzung zwischen formlosen Eheformen[126] und den hier interessierenden nichtehelichen Verbindungen zu treffen. Ausführungen zur Rechtslage in Lateinamerika übergehen eine solche daher auch meist. Allein die Bezeichnung im Eingehungsland kann wohl nicht ausschlaggebend sein. Auszugehen ist davon, daß die Abgrenzung zwischen Ehe und nichtehelicher Verbindung je nach geltendem Eherecht nur jeder Staat für sich treffen kann. Entscheidend für die Betrachtung im internationalen Raum ist allein, daß es sich um Partnerschaften handelt, welche nach der Ansicht des Eingehungslandes neben der Ehe als rechtlich umfassend geregeltem Rechtsinstitut stehen und mit ehegleichen oder eheähnlichen Rechtswirkungen versehen werden[127]. Damit ist die formlose Eingehung nicht wie bei faktischen Ehen ein pures Ordnungselement ohne Auswirkungen auf den Umfang verliehener Rechtswirkungen, sondern Abgrenzungskriterium dafür, welche Rechtswirkungen verliehen werden. Diese sachrechtliche Einordnung zwischen unverbindlichem Zusammenleben und dem umfassend geregelten Rechtsinstitut der Ehe bedingt die Schwierigkeiten bei der kollisionsrechtlichen Anknüpfung.

Die Eingehung einer mit Rechtswirkungen versehenen nichtehelichen Partnerschaft ist hier an keine besonderen Formvorschriften gebunden. Eheähnliche Rechtswirkungen werden auf Antrag ex tunc zugesprochen. An ihre Zuerkennung werden unterschiedliche Voraussetzungen wie nachträgliche behördliche Anerkennung, Registrierung[128] oder Beweis des Zusammenlebens von bestimmter Dauer gestellt[129]. Damit werden flüchtige Gelegenheitsverhältnisse in der Regel aus der Betrachtung ausgeschlossen. Für die vorliegende Bearbeitung ist von Bedeutung, daß der Antrag auf Registrierung, gerichtliche Anerkennung und damit im Grunde die Entscheidung über die Zuerkennung eheähnlicher

---

chen Lebensgemeinschaft in Brasilien, FamRZ 1996, 466, 467 und Bergmann/Ferid, Brasilien, 22, 23); dem **Bundesdistrikt Mexiko** (Erbrecht des nichtehelichen Lebenspartners nach Art. 1635 CCCDF n.F.; ähnliche Regelungen auch anderen códigos; *von Sachsen- Gessaphe*, Das Konkubinat in den mexikanischen Zivilrechtsordnungen, Tübingen 1990, 32 FN 184, 33; außerdem Unterhaltsansprüche während des Bestehens der Beziehung), **Paraguay** nach vierjährigem Zusammenleben (Gesetz Nr. 1/1992 v. 25.6.1992, abgedr.in: Bergmann/Ferid, Paraguay, 7; Art. 84, 91: güterrechtliche Ansprüche; vgl. *Bluttner*, 293, allerdings zur alten Rechtslage vor 1992), **Venezuela** (Vermutung einer Gütergemeinschaft; *Bluttner*, 294; *Vaz Ferreira/de Tanzer*, Festschrift Zajtay, 521, 522) und **Kolumbien** (güterrechtliche Regelungen nach Gesetz Nr. 54/1990 über Lebensgemeinschaften und den Güterstand zwischen dauerhaft Zusammenlebenden, abgedr.in: Bergmann/Ferid, Kolumbien, 52).

[126] Für diese Einordnung im internationalen Eherecht nahezu unstrittig, siehe unten B) III. 4. a) bb) (1) (a).

[127] Insofern ist die ungeprüfte Einordnung der sog. faktischen Sowjetehen unter den Begriff „Ehe" im Kollisionsrecht bedenklich, da diese nicht alle Rechtswirkungen einer formellen Ehe auslöst, siehe unten FN 569.

[128] z.B. in **Panama**: Art. 2 Gesetz 1956.

[129] Wobei große Unterschiede bestehen. So ist in **Ecuador** ein zweijähriges Zusammenleben notwendig, vgl. Gesetz Nr. 115 (1982); in **Paraguay** 5 Jahre (Gesetz Nr. 236); in **Panama** 10 Jahre (Art. 3 Gesetz v. 12.12.1956).

Rechtswirkungen auch nur von einem der Partner gestellt werden kann[130]. Teilweise steht die Zuerkennung von Ehewirkungen im Ermessen des Richters[131]. Unterschiedlich wird es auch gehandhabt, ob diese Beziehungen trotz Ehehindernissen bestehen können[132].

Werden so pauschal die allgemeinen Ehewirkungen auf diese Paare ausgedehnt, bestehen in der Regel gegenseitige Unterhaltsansprüche[133], Vermögensausgleichsansprüche nach Trennung unabhängig von der konkreten Eigentumslage[134], gegenseitige Treue- und Beistandspflichten[135], Erbrechte[136] etc. Alle gesetzlichen Regelungen umfassen lediglich heterosexuelle Paare[137].

(2) Moderne Regelungen für formlos eingegangene nichteheliche Verbindungen

Daneben gibt es Länder, in denen gesetzlich umfassend geregelte nichteheliche Verbindungen eher moderne Formen neben der Ehe darstellen. Ohne förmlichen Eingehungsakt erzeugen nichteheliche Verbindungen auch hier bei Vorliegen besonderer Voraussetzungen eheähnliche Rechtswirkungen.

In **New South Wales** kam es durch den Erlaß des *De Facto Relationship Act 1984*[138] zu einer limitierten Gleichstellung von Ehe und nichtehelicher Le-

[130] Siehe etwa in **Panama** der Nachweis der Existenz der Beziehung anhand von 5 Zeugen nachdem ein Partner einen entsprechenden Antrag stellt.

[131] Vgl. dazu *Müller-Freienfels*, Festschrift Gernhuber, 737, 746.

[132] In den Ländern, in denen hier lediglich eine formlose Eheschließung ermöglicht wird, hindern Ehehindernisse natürlich die Verleihung von Rechtswirkungen; vgl. etwa **Kuba** Art. 18 I und **Guatemala** Art. 173. Siehe auch **Bolivien** Art. 158: die Partner müssen alle sachlichen Voraussetzungen für eine Eheschließung erfüllen. Vergleiche dagegen aber Art. 1368 V Código Civil des mexikanischen Einzelstaates **Guerrero**, welcher bei mehreren Lebensgefährtinnen den Unterhaltsanspruch gegen den Nachlaß anteilsmäßig teilt; dazu *Müller-Freienfels*, Festschrift Gernhuber, 737, 747.

[133] **Bolivien**: Art. 169; **Ecuador:** Art. 7.

[134] **Bolivien**: Art. 162, 168; **Ecuador**: Art. 1, 8: Vermutung des Güterstandes der Gütergemeinschaft wie in einer Ehe.

[135] **Bolivien**: Art. 161.

[136] **Ecuador**: Art. 10.

[137] *Bluttner*, 288.

[138] De Facto Relationship Act v. 10.12.1984, Nr. 147/1984; trat am 1.7.1985 in Kraft; abgedr. bei: Bergmann/Ferid, Australien New South Wales, 20ff. Ausführliche Darstellungen dieses Gesetzes nebst rechtvergleichenden Betrachtungen zum deutschen Recht finden sich in den Dissertationen von *Dienst-Rohloff*, Die Entwicklung des „Rechts der nichtehelichen Lebensgemeinschaft" in New South Wales/Australien, 1989; *Stintzing*, Nichteheliche Lebensgemeinschaft und rechtliche Regelung - ein Widerspruch?, 1992 sowie *Voß*, Ein Gesetzesvorschlag für die vermögens- und unterhaltsrechtliche Auseinandersetzung nichtehelicher Lebensgemeinschaften in Deutschland, 1993. Dazu auch *Bates*, Frank, 25 J. Fam. L.(1986/87), 3, 4; *Bartlett*, 59 The Australien Law Journal 191(1985); *Schatte*, Die Rechtslage der nichtehelichen Lebensgemeinschaften in Australien, FamRZ 1987, 14. Gefolgt wurde diese Regelung vom Property Law (Amendment) Act 1987 in **Victoria** (allerdings nur beschränkt auf eine Vermögensauseinandersetzung), dem De Facto Relationship Act 1991 im **Northern Territo-**

bensgemeinschaft im vermögensrechtlichen Bereich. Unter der Voraussetzung eines mindestens zweijährigen Zusammenlebens[139] wird einem Partner auf Antrag u.U. bei Auseinanderbrechen der Beziehung ein besonderer Vermögensauseinandersetzungsanspruch unabhängig von den tatsächlichen Eigentumsverhältnissen zugesprochen[140]. Es gibt keinen gesetzlichen Unterhaltsanspruch[141], aber unter besonderen Umständen auf Antrag die gerichtliche Feststellung einer Unterhaltsverpflichtung[142]. Für nichteheliche Lebenspartner besteht ein gesetzliches Erbrecht[143]. Vertragliche Vereinbarungen auf vermögensrechtlichem Gebiet sind grundsätzlich zulässig[144]. Das Gericht ist daran jedoch nicht gebunden[145]. Die Regelungen gelten nach ihrem ausdrücklichen Wortlaut nur für heterosexuelle Paare[146]. Wichtig für die kollisionsrechtliche Betrachtung ist, daß nach sec. 15 dieses Gesetz nur dann gilt, wenn wenigstens einer der Partner zum Zeitpunkt des Antrages seinen Aufenthalt in New South Wales hatte, beide einen wesentlichen Teil ihrer Beziehung[147] dort gelebt haben oder sich wesentliche Vermögensverschiebungen hier vollzogen.

In **Schweden** hat man mit dem *Lag om sambors gemensame hem*[148] 1987 ein Gesetz zur Regelung bestimmter vermögensrechtlicher Konfliktfelder nichtehelicher Verbindungen geschaffen[149], welches durch das *Lag om homosexuella*

---

ry und dem Domestic Relationship Act 1994 des **Australian Capitol Territory**; *Bailey-Harris*, 9 Int'l J.L. & Family 233, 242 (1995).

139 Sec. 17 I.

140 Ss. 20-25 schaffen eine Ermessensgrundlage für richterliche Entscheidung über die Vermögensaufteilung bei Trennung nach dem Vorbild der Regelung für Eheleute im Family Law Act 1975, die die formellen Eigentumsverhältnisse ignorieren kann; *Müller-Freienfels*, 1 Int'l J.L. & Family 259, 273 (1987).

141 Sec. 26.

142 Ss. 27-37, sofern die Bedürftigkeit auf der Lebensgemeinschaft beruht, wie etwa bei Kinderbetreuung oder negativer Beeinflussung der Erwerbstätigkeit durch das Zusammenleben; *Bailey-Harris*, 9 Int'l J.L. & Family 247(1995).

143 Ss. 61 B (3 A), (3 B), 32 G Wills, Probate and Administration (De Facto Relatonship) Amendment Act 1984. Trifft der Anspruch hier mit dem eines Ehegatten zusammen, so greift er nur, wenn die Lebensgemeinschaft vor dem Tod mindestens zwei Jahre bestand und der Verstorbene zu der Zeit keine Beziehungen zum Ehegatten mehr aufrechterhielt.

144 Ss. 44ff.; dazu auch *Schatte*, Die Rechtslage der nichtehelichen Lebensgemeinschaft in Australien, FamRZ 1987, 14, 16.

145 Sec. 45.

146 Siehe sec. 3 (1) De facto Relationship Act New South Wales. In **Queensland** hat die Law Reform Commission dagegen 1993 einen äußerst umstrittenen Gesetzesvorschlag zur Regelung nichtehelichen Zusammenlebens unterbreitet, der auch homosexuelle Paare umfassen sollte; dazu *Bartlett*, 59 The Australien Law Journal 193(1985); *Bailey-Harris*, 9 Int'l J.L. & Family 241, 252(1995). Ein solches Gesetz wurde dort jedoch nie erlassen.

147 Sec. 15 II: mind. 2/3.

148 *Lag om sambors gemensama hem 1987*, SFS 1987: 232, in Kraft seit dem 1.1.1988; damit wurde das Gesetz 1973:651 über die gemeinsame Wohnung unverheiratet Zusammenlebender abgelöst.

149 So steht dem nichtehelichen Lebenspartner im Fall der Auflösung der Gemeinschaft durch Trennung oder den Tod eines Partners ein auf das gemeinsame Heim beschränkter Anspruch

sambor[150] - einem reinen Verweisungsgesetz - auf homosexuelle Paare ausgedehnt wurde. Die Regelungen gelten nach mindestens sechsmonatigem Zusammenleben[151] und sind auf das gemeinsame Heim beschränkt[152]. Es ist für nichteheliche Paare darüber hinaus nicht möglich, alle mit der Ehe verbundenen vermögensrechtlichen Rechtsfolgen auf ihre Beziehung auszudehnen[153].

Vermögensrechtliche Regelungen nichtehelichen Zusammenlebens existieren auch in den früheren jugoslawischen Einzelstaaten[154]. Eine Sonderrolle nimmt **Slowenien** ein. Nichteheliche Lebensgemeinschaften längerer Dauer erzeugen dort gleiche Rechtswirkungen wie eine Ehe[155]. Dazu gehören neben vermögensrechtlichen auch persönliche Regelungen. Voraussetzung ist das Nichtbestehen von Ehehindernissen[156]. Folge der pauschalen Verweisung auf das Eherecht ist, daß zwischen den Partnern ein gesetzlicher Unterhaltsanspruch[157] und bei Auseinanderbrechen der Beziehung auch ein Anspruch auf Vermögensauseinander-

---

auf Gesamtauseinandersetzung (Wohnung und Hausrat) sowie Übernahme der Mietwohnung oder des Eigenheims ohne Rücksicht auf die tatsächlichen Eigentumsverhältnisse zu. Zur Sicherung dieses Anspruchs gelten Verfügungsbeschränkungen der Lebenspartner über Wohnung und Haushaltsgegenstände. Daneben werden einzelne Vorteile im Erbschafts- und Schenkungssteuerrecht gewährt. Siehe dazu *Theimer*, Die finanziellen Folgen der nichtehelichen Lebensgemeinschaft, 82; *ders.*, Hausratsaufteilung zwischen nichtehelichen Lebenspartnern in Nord- und Mitteleuropa, ZRP 1995, 266; *Spindler*, FamRZ 1988, 913; *Grib*, 280; *Fawett*, Fam. L.Q. 1990, 188; *Agell*, FamRZ 1990, 817.

[150] SFS 1987: 813 in der Fassung vom 1.7.1996, SFS 1996: 262.

[151] *Radau*, MDR 1989, 703, 704.

[152] Hinsichtlich einer Vermögensauseinandersetzung gelten sonst allgemeine schuldrechtliche und sachenrechtliche Ansprüche; *Theimer*, Die finanziellen Folgen der nichtehelichen Lebensgemeinschaft, 84ff.

[153] NJA 1985, 172; aus *Agell*, FamRZ 1990, 817 Rdnr.7.

[154] Art. 14, 246ff. EheFamG **Bosnien-Herzegowina** 1979 (dt. Übersetzung bei Bergmann/Ferid, Bosnien-Herzegowina-Jugoslawien, 62), Art. 7, 255-259, 299 EheFamG **Kroatien** 1989 (dt. Übersetzung bei Bergmann/Ferid, Kroatien, 33), Art. 261ff., 296 FamG **Montenegro** (dt. Übersetzung bei Bergmann/Ferid, Jugoslawien, 89), Art. 293, 338, 339 EheFamG **Serbien** 1990 (dt. Übersetzung bei Bergmann-Ferid, Jugoslawien, 41), Art. 279 Abs. 1, 324, 325 EheFamG **Kosovo** 1984 (dt. Übersetzung bei Bergmann/Ferid, Kosovo-Jugoslawien, 129); Art. 11 Abs. 1, 218 FamGB **Mazedonien** v. 22.12.1992 (Pos.1498 Nr.80/92; dt. Übersetzung bei Bergmann/Ferid, Mazedonien, 17, 28). Dazu *Povh*, FamRZ 1991, 132, 135; *Cigoj*, StAZ 1986, 34; *Sarcevic*, 29 Am. J. Comp. L.(1981), 315, 320ff.; *ders.*, StAZ 1981, 176ff. ; *ders.*, Cohabitation without Formal Marriage in Yugoslav Law, in: Eeekelar/ Katz, Marriage and Cohabitation, 1980, 293ff. Von einer Fortgeltung dieser Regelungen wird mangels anderweitiger Nachweise ausgegangen.

[155] Art. 12 EheFamG **Slowenien** v. 26.5.1976, Uradi list 1976 Nr. 15 Pos.644; dt. Übersetzung bei Bergmann/Ferid, Slowenien, 167.

[156] *Zupancic*, FamRZ 1993, 763.

[157] Art. 12 Abs. 1 i.V.m. Art. 81 EheFamG Slowenien 1976; vgl. auch *Povh*, FamRZ 1991, 132, 135.

setzung[158] besteht. Auch persönliche Ehewirkungen[159] gelten. Es besteht ein gesetzliches Erbrecht[160] und es gelten die Vorschriften über Eheverträge[161]. Auch diese Regelungen gelten nur für heterosexuelle Paare[162].

Auch in den spanischen Provinzen **Katalonien**[163] und **Aragón**[164] existieren nunmehr gesetzliche Regelungen für nichteheliche Paare[165]. Während die Vorschriften in Aragón für heterosexuelle und homosexuelle Paare gemeinsam gelten[166], wurde die Behandlung in Katalonien getrennt[167]. Auch hier entsprechen sich die Regelungen inhaltlich bis auf das Kindschaftsrecht aber weitgehend. Hauptziel dieser Gesetze war, nichtehelichen Paaren zu ermöglichen, ihre Partnerschaft vertraglich bindend auszugestalten und mit Außenwirkungen zu versehen[168]. Daneben ergeben sich aus den gesetzlichen Bestimmungen aber auch Auswirkungen auf Paare, die rechtlich unverbindlich zusammenleben möchten. Nach zweijährigem Bestehen[169] lösen nichteheliche Paare ohne förmlichen Registrierungsakt oder ausdrücklichen Partnerschaftsvertrag ebenfalls bestimmte Rechtswirkungen aus. In Katalonien gilt dies allerdings nur für heterosexuelle Paare[170]. Zu den gesetzlichen Rechtswirkungen gehören gegenseitige Unterhaltspflichten[171], eine gemeinsame Haftung aus Geschäften des täglichen Lebens[172], Betreuungsrechte für den Partner[173] und ein Vermögensausgleich bei Trennung, sofern ein Partner während der Gemeinschaft im Geschäft des anderen unentgeltlich tätig war oder im Haushalt arbeitete, und dadurch seine eige-

---

[158] Art. 12 Abs. 1 i.V.m. Art. 51ff. EheFamG Slowenien 1976.

[159] Wie Pflichten der gegenseitigen Achtung, des gegenseitigen Vertrauens, der gegenseitigen Hilfe und der gemeinsamen Entscheidung der die Gemeinschaft betreffenden Fragen, vgl. Art. 12 Abs. 1 i.V.m. 44, 48 EheFamG.

[160] Vgl. Art. 10 Abs. 2 des slowenischen Gesetzes über die Erbfolge 1976; Amtsblatt der SR Slowenien Nr. 15/76.

[161] Dazu *Cigoj*, StAZ 1986, 34, 37.

[162] Gleiches gilt für die anderen umfangreichen Regelungen in den früherer jugoslawischen Einzelstaaten, siehe oben FN 168. Für **Slowenien** im besonderen: *Zupancic*, FamRZ 1993, 761, 763 FN 6; *Sarcevic*, 29 Am. J. Comp. L. 315, 327(1981).

[163] Ley 15 Julio 1998, 10/1998; RCL 1999, N° 423.

[164] Ley 6/1999, de 26 de marzo, relativa a Parejas estables no casadas, BO de Aragón 1999, N° 39.

[165] Diese Vorschriften haben Rechtswirkungen auch im internationalen Bereich. Das Familien- und Erbrecht fällt in Spanien in die Länderkompetenz.

[166] Preambulo, Ley 6/1999, de 26 de marzo, relativa a Parejas estables no casadas.

[167] Art. 1-18 sowie 19-35 Ley 15 Julio 1998/Cataluña.

[168] Siehe unten A) IV. 2. e).

[169] Art. 1 I Ley 15 Julio 1998/Cataluña; Art. 3 II Ley relativa a Parejas estables no casadas/Aragón.

[170] Vgl. Art. 1 I im Vergleich zu Art. 19 Ley 15 Julio 1998/Cataluña.

[171] Art. 3 II, 8, 14, Ley 15 Julio 1998/Cataluña; Art. 5 III, 7 II Ley relativa a Parejas estables no casadas/Aragón.

[172] Art. 5, 4 I, Ley 15 Julio 1998/Cataluña; Art. 5 IV Ley relativa a Parejas estables no casadas/Aragón.

[173] Art. 7, Ley 15 Julio 1998/Cataluña; Art. 12 Ley relativa a Parejas estables no casadas/Aragón.

nen Erwerbsaussichten minderte[174]. Hinzu kommt für heterosexuelle Paare ein gemeinsames Adoptionsrecht[175]. In Katalonien bestehen darüber hinaus Verfügungsbeschränkungen hinsichtlich der gemeinsamen Wohnung und der Hausratsgegenstände[176]. In Aragón hat der überlebende Partner einen Anspruch auf die Haushaltsgegenstände[177] und die Partner können ein gemeinsames Testament errichten[178]. Voraussetzung aller Rechtswirkungen ist in Aragón aber, daß die Partnerschaft im nachhinein in ein öffentliches Register eingetragen wird[179]. Die Partnerschaften können sowohl durch übereinstimmende Willenserklärung als auch einseitige beglaubigte Erklärung oder tatsächliche Trennung von mehr als einem Jahr aufgelöst werden[180]. Für den internationalen Bereich ist bedeutsam, daß mindestens einer der Partner seinen Wohnsitz in Katalonien[181] bzw. Aragón[182] haben muß.

bb) Auswertung
(1) Latein- und Südamerika

Nichteheliche Paare werden mit umfassenden gesetzlichen Regelungen wie eine Ehe ausgestattet, ohne daß einem förmlichen Eingehungsakt beider Partner konstitutive Bedeutung beigemessen wird. Damit wird auf die unterschiedlichen Motive partnerschaftlichen Zusammenlebens keine Rücksicht genommen. Durch den Einbau zeitlicher Elemente in die gesetzlichen Regelungen fallen Verbindungen „auf Probe“ aber aus dem Anwendungsbereich heraus. Auf Dauer angelegte Verbindungen werden jedoch ohne Rücksicht auf einen etwaigen entgegenstehenden Parteiwillen den gesetzlichen Regelungen unterworfen. Möchte ein Paar rechtlich unverbindlich zusammenleben, wird diesem Wunsch in diesen Rechtsordnungen nicht nachgekommen. Es entscheidet allein das tatsächliche Zusammenleben. Die Privatautonomie wird zurückgedrängt. Das zeigt sich auch daran, daß das Bestehen der Partnerschaft im nachhinein geltend gemacht werden kann, ohne daß beide Partner mitwirken müssen.

Warum gerade in Latein- und Südamerika derartige umfassende Regelungssysteme existieren, läßt sich anhand historischer Gegebenheiten erklären. Das Zusammenleben in nichtehelicher Lebensgemeinschaft ist hier historischen Ur-

---

[174] Art. 13 Ley 15 Julio 1998/Cataluña; Art. 7 I Ley relativa a Parejas estables no casadas/Aragón.
[175] Art. 6 Ley 15 Julio 1998/Cataluña; Art. 10 Ley relativa a Parejas estables no casadas/Aragón.
[176] Art. 11 I, II, Ley 15 Julio 1998/Cataluña.
[177] Art. 9 Ley relativa a Parejas estables no casadas/Aragón.
[178] Art. 15 Ley relativa a Parejas estables no casadas/Aragón.
[179] Art. 2 Ley relativa a Parejas estables no casadas/Aragón.
[180] Art. 12 Ley 15 Julio 1998/Cataluña; Art. 6 I Ley relativa a Parejas estables no casadas/Aragón.
[181] Art. 1 I 2 Ley 15 Julio 1998/Cataluña.
[182] Art. 3 Decreto 2 Noviembre 1999, BO de Aragón 1999, N° 146.

sprungs[183]. Die Partner weichen der formalen Eheschließung aus finanziellen oder traditionellen Gründen aus, und nicht, um damit eine grundsätzliche Ablehnung dieses Instituts und seiner Rechtswirkungen auszudrücken[184]. Man möchte in der Mehrzahl der Fälle keine alternative rechtlich ungeregelte Partnerschaft eingehen. Das Paar will in der Regel auch keine „Ehe auf Probe" führen. Damit unterscheiden sich die Beweggründe des Zusammenlebens hier grundlegend von dem, was moderne Gesetzgeber in Europa zum Teil noch immer als das Charakteristikum für nichteheliches Zusammenleben ansehen - der Wille der Partner, ehelichen Verbindlichkeiten gerade zu entgehen[185]. Der Gesetzgeber hat folglich nur diese Gruppe in seine Betrachtungen einbezogen und daher ist die umfassende gesetzliche Erfassung auch gut nachvollziehbar. Der Staat zeigt durch eine solche Gesetzgebung sein grundsätzliches Interesse, ein Paar, welches die Ehe nicht förmlich eingeht, aber trotzdem wie ein Ehepaar zusammenlebt, nicht außerhalb familienrechtlicher Schutzvorschriften stehen zu lassen und es ihm auf der anderen Seite auch nicht zu erlauben, daß es seinen Pflichten zur gegenseitigen Unterstützung auf diese Weise entgeht[186]. Damit soll die Ehe als Rechtsinstitut vor Entwertung geschützt werden. Nichteheliche Partnerschaften werden „eingefangen" und zwingenden Regelungen unterstellt[187]. Aus diesem Grund ist die Abgrenzung zu formlosen Ehen auch nahezu unmöglich. Eine Entwertung der Ehe ist aus Sicht dieser Staaten nicht zu befürchten. Die förmliche Ehe ist dort gerade nicht die einzige Form familiären Zusammenlebens. Zum Teil stellen die Verfassungen nichteheliche Verbindungen sogar unter den ausdrücklichen Schutz des Staates[188]. Der historische Hintergrund der

---

[183] Insbesondere in den Ländern mit einem hohen Anteil Ureinwohnern oder neuen Völkern (Vermischung der verschiedenen Bevölkerungsgruppen) ist eine starke Verbreitung nichtehelicher Lebensgemeinschaften anzutreffen. Dort ist dann in der Regel auch die diese Gemeinschaften betreffende Gesetzgebung weit ausgeprägt. Eine übersichtliche Darstellung zur Verbreitung nichtehelicher Verbindungen in Lateinamerika basierend auf den verschiedenen Bevölkerungsstrukturen und der sich daraus ergebenen unterschiedlichen Regelungsintensität findet sich bei *Vaz Ferreira/de Tanzer*, Festschrift Zajtay, 509ff. Siehe auch *Baus*, RabelsZ 51(1987), 98, 99.

[184] Insofern erscheint die Darstellung dieser Regelungen an diesem Punkt vielleicht verfehlt, wäre eher unter A) IV. 2. angebracht. Sie soll trotzdem hier erfolgen, da es grundsätzlich auch in diesen Staaten Paare geben kann, die unverbindlich zusammenleben wollen. Dies ist ihnen durch diese umfassende Gesetzgebung kaum möglich.

[185] Zu dieser Unterscheidung auch *von Sachsen-Gesaphe*, 3.

[186] Ziel ist so, die Paare etwa den Geboten der Monogamie, der beiderseitigen elterlichen Sorge für gemeinsame Kinder, der gegenseitigen Solidarität im Unterhalts- und Erbrecht zu unterstellen; vgl. *Müller-Freienfels*, Festschrift Gernhuber, 737, 742. Gerade in Mittel- und Südamerika überwiegt zum Teil die Anzahl der „uniones de hecho" aus historischen Gründen die Anzahl förmlicher Ehen; vgl. *Müller-Freienfels*, Cohabitation and Marriage Law - A Comparative Study, 1 Int'l J.L. & Family 259, 262ff(1987).

[187] Die Absicht, eherechtliche Regelungen auszudehnen, beruht auch darauf, daß in diesen Staaten die katholische Religionsethik tief verwurzelt ist; *Paust*, 9.

[188] Siehe nur Art. 226 § 3 der **brasilianischen** Bundesverfassung v. 5.10.1988, der eine nichteheliche Verbindung als Familieneinheit unter staatlichen Schutz stellt (Bergmann/Ferid, Bra-

Regelungen bedingt zudem, daß homosexuelle Paare nicht in die rechtlichen Vorschriften eingeschlossen sind.

(2) Moderne Regelungen

Für die beispielhaft dargestellten modernen Regelungen waren zum Teil andere Gründe ausschlaggebend. Die gesetzlichen Normen für nichteheliche Paare wurden zum Schutz familiärer Beziehungen und des schwächeren Partners getroffen, ohne eine Angleichung an die Ehe erreichen zu wollen[189]. Es handelt sich vorwiegend um partielle Schutzregelungen unter Obhutsgesichtspunkten, beschränkt auf den vermögensrechtlichen Bereich. Durch besondere zeitliche Anforderungen werden Partnerschaften „auf Probe" auch hier aus den gesetzlichen Regelungen ausgeschlossen. Um eine Diskriminierung homosexueller Paare zu vermeiden, wurde die Regelungen in Schweden und Aragón auf diese Partnerschaften ausgedehnt. Die Gesetze dienen dazu, neben der Ehe alternative Lebensformen unter staatlichen Schutz zu stellen[190]. Lediglich in Slowenien wird die Partnerschaft nach längerer Dauer als familienrechtliches Institut anerkannt, das auch personenrechtliche Folgen auslöst. Dies beruht auf einer ähnlichen verfassungsrechtlichen Vorgabe wie in den zuletzt dargestellten Staaten. Art. 53 der slowenischen Verfassung von 1991 nennt ausdrücklich zwei Erscheinungsformen des Zusammenlebens von Mann und Frau: die Ehe und die nichteheliche Lebensgemeinschaft[191].

Diese rechtliche Aufwertung alternativer Rechtsinstitute neben der Ehe steht im Widerspruch zu den Zielen der unter A) IV. 1. a) dargestellten Rechtsordnungen. Für Deutschland wurde z.B. darauf verwiesen, daß man sich durch den verfassungsrechtlichen Schutz der Ehe als Rechtsinstitut und der allgemeinen Handlungsfreiheit der Lebenspartner gehindert sieht, ein zweites familienrechtliches Rechtsinstitut zu schaffen. In den Staaten hier sah man sich durch andere historische und verfassungsrechtliche Vorgaben sowie abweichende gesellschaftspolitischen Ansichten gerade zu einer solchen Regelung veranlaßt. Damit stellen sich diese Staaten allerdings in Widerspruch zum Interesse der Partner, die dauerhaft unverbindlich zusammenleben wollen und dies durch die Nichteingehung der Ehe gerade dokumentieren wollten. Man hat sich entschieden, unter sozialen Gesichtspunkten und auch zum Schutz Dritter die Parteiautono-

---

silien, 22); und Art. 51 der Verfassung von **Paraguay** v. 20.6.1992 (Bergmann/Ferid, Paraguay, 5, 6), der für nichteheliche Partnerschaften ehegleiche Wirkungen bestimmt. Vgl. auch **Kuba** Art. 43 Abs. 4; **Ecuador** Art. 25; **Honduras** Art. 112; **Guatemala** Art. 74 Abs. 2; **Panama** Art. 56.

[189] Siehe für **New South Wales**: *Müller-Freienfels*, Festschrift Gernhuber, 737, 765. Für **Schweden**: *Radau*, MDR 1989, 703, 704. Für **Katalonien:** Preambulo Ley 15 Julio 1998.

[190] Siehe etwa für **Aragón:** Preambulo Ley relativa a Parejas estables no casadas.

[191] Dazu *Zupancic*, FamRZ 1993, 761, 763. Eine verfassungsrechtliche Forderung nach der gesetzlichen Regelung nichtehelicher Verbindungen findet sich auch in Art. 40 Abs. 2 der Verfassung von Mazedonien; Bergmann/Ferid, Mazedonien, 17.

mie der Partner zumindest in Teilbereichen derart einzuschränken und es ihnen nicht zu gestatten, dauerhaft im rechtsfreien Raum zu leben.

c) *Punktuelle Regelungen*

Neben gänzlich fehlender gesetzlicher Regelung formlosen faktischen Zusammenlebens und umfassender Verleihung von Ehewirkungen bzw. eheähnlichen Rechtswirkungen auch an diese Paare existieren in einigen Ländern punktuell gesetzliche Regelungen.

aa) Regelungsbereiche und Ziele

Vielfältige Regelungen existieren hier wiederum in **Latein- und Südamerika**. Meist hat man hier dann, wenn man den nichtehelichen Paaren nicht alle oder fast alle Ehewirkungen zusprach, zumindest den gesetzlichen Ehegüterstand auf diese Paare ausgedehnt[192]. Zum Teil besteht ein gesetzliches Erbrecht nach Tod des Partners[193]. Auch gegenseitige Unterhaltsansprüche sind vereinzelt gesetzlich verankert[194]. Ziel war es, durch diese Regelungen, welche wiederum aus traditionellen Motiven nur für heterosexuelle Paare gelten, den schwächeren Teil - regelmäßig die Partnerin - vor finanzieller Benachteiligung zu schützen.

---

[192] So in **Peru** (Erwähnung in Art. 9 der Verfassung 1979; Art. 326 Código Civil 1984; Vermutung des Güterstandes der Errungenschaftsgemeinschaft, daneben besteht aber keine gegenseitige Unterhaltsverpflichtung und auch kein gesetzliches Erbrecht; Voraussetzung ist ein mindestens zweijähriges Zusammenleben; *Bluttner*, 236, 237); in **Paraguay** (Art. 217-224 Código Civil 1986; Vermutung des Güterstandes der Errungenschaftsgemeinschaft, zum Teil kann ein Unterhaltsanspruch der Lebensgefährtin bei Trennung bei Bedürftigkeit bestehen; es existiert aber kein gesetzliches Erbrecht; *Bluttner*, 209, 216; *Vaz Ferreira/de Tanzer*, Festschrift Zajtay, 521, 522); **Venezuela** (Art. 70 Código Civil 1982; Errungenschaftsgemeinschaft; *Bluttner*, 225); **Kolumbien** (Gesetz Nr. 54/1990 v. 28.12.1990 über Lebensgemeinschaften und den Güterstand zwischen dauerhaft Zusammenlebenden, abgedr.in: Bergmann/Ferid, Kolumbien, 52). Nichteheliche Lebensgemeinschaften werden in Latein- und Südamerika lediglich in **Chile, Argentinien, Costa Rica** und **Uruguay** gar nicht geregelt; dazu *Bluttner*, 295, 296.

[193] So im **Bundesdistrikt Mexiko,** Art. 1635 CCDF (Bundesdistrikt) n.F. nach fünfjährigem Zusammenleben. Für den Mann besteht diese Regelung erst seit 1984, vgl. Art. 1635 a.F. Dazu *Vaz Ferreira/de Tanzer*, Festschrift Zajtay, 518, 519; *Bluttner*, 194. Folge ist hier auch Schadensersatz bei Tötung durch unerlaubte Handlung, welcher grundsätzlich gem. Art. 1915 Código Civil General allen Erben zugesprochen wird, *Bluttner*, 199. Ähnliche Regelungen existieren auch in anderen códigos; dazu *von Sachsen-Gessaphe*, 32 FN 184, 33. Ein gesetzliches Erbrecht besteht seit 1994 auch in **Brasilien;** vgl. Art. 2, 3 des Gesetzes Nr. 8.971 (1994). Dazu *Mannheimer/Scheuer*, FamRZ 1996, 466, 467.

[194] So seit 1984 im mexikanischen Bundesdistrikt, *Bluttner*, 195. In Brasilien nach Art. 1 des Gesetzes Nr. 8. 971 (1994); *Mannheimer/Scheuer*, FamRZ 1996, 466, 467.

In vielen **kanadischen Provinzen** kennt man gesetzliche Unterhaltsansprüche zwischen den Partnern[195]. Auch diese gelten jedoch meist nur für heterosexuelle Paare[196]. Auch diese Gesetzgebung erfolgte in Reaktion auf die zunehmende Verbreitung nichtehelicher Beziehungen zum Schutz des finanziell schwächeren Partners. Voraussetzung ist stets eine gewisse Zusammenlebensdauer[197]. Ergänzt werden diese Regelungen meist durch einen Unterhaltsanspruch gegen den Nachlaß bei Versterben des Partners[198]. Es ist ebenfalls möglich, vermögensrechtliche Beziehungen vertraglich zu regeln[199].

In der **Provinz Neufundland** hat man in dem 1988 erlassenen *Act Respecting the Law of the Family*[200] ausdrücklich für nichteheliche Lebensgefährten die Möglichkeit verankert, mittels sog. *„cohabitation agreements"* gleich Ehegatten für die Dauer der Beziehung und nach Trennung vertragliche Vereinbarungen hinsichtlich güterrechtlicher Regelungen, gegenseitiger Unterhaltsverpflichtungen, der Erziehung gemeinsamer Kinder und anderer Interna zu treffen[201]. Dies geht inhaltlich weit über das hinaus, was nach deutschem Recht für diese Paare zulässig wäre[202].

In **England** besteht nach dem *Inheritance (Provision for Family and Dependents) Act 1975* auch für den überlebenden Partner einer nichtehelichen heterosexuellen Beziehung eine gewisse finanzielle Absicherung bei Versterben des Partners durch Zuerkennung eines Unterhaltsanspruchs gegen den Nachlaß[203].

---

195 Überblick bei *Striewe*, 144ff. In **Ontario** gem. Gesetz über das Familienrecht 1986, Statutes of Ontario 1986 Chapter 4, sec. 30 i.V.m. sec.29 (1)a) b) nach dreijährigem Zusammenleben (abgedr.in: Bergmann/Ferid, Kanada Ontario, 20); in **Nova Scotia** nach dem Gesetz über den Unterhalt von Frauen und Kindern, Revised Statutes of Nova Scotia 1967 Chapter 341, sec. 1 (1) d) nach längerem Zusammenleben (Bergmann/Ferid, Kanada Nova Scotia, 212 a); in **British Columbia** nach dem Gesetz über Familienbeziehungen 1978, Revised Statutes of British Columbia 1979, Chapter 121, nach zweijährigem Zusammenleben (abgedr.in: Bergmann/Ferid, Kanada British Columbia, 10); in **Manitoba** nach dem Gesetz über Familienunterhalt 1987, Revised Statutes of Manitoba 1987, Chapter F 20, sec. 4 (1), (3) nach mindestens fünfjährigem Zusammenleben (abgedr.in: Bergmann/Ferid, Kanada Manitoba, 28).

196 Eine familienrechtliche Einordnung homosexueller Verbindungen erfolgt nur zögernd; *Battes/Korenke*, FuR 1995, 189, 192; 1996, 196, 200.

197 Die sehr unterschiedlich gehandhabt wird, siehe Nachweise in FN 195.

198 Vgl. etwa sec. 10 (1) (h) Family Maintenance Act 1987 Manitoba; abgedr.in: Bergmann/Ferid, Kanada Manitoba, 30.

199 Dazu etwa auch *Sarcevic*, Zur nichtehelichen Lebensgemeinschaft im Internationalen Privatrecht - unter besonderer Berücksichtigung der jugoslawischen Teilrechte-, StAZ 1981, 176, 179.

200 Text der hier interessierenden sec. 61ff. bei *Wengler*, IPRax 1991, 73, 73.

201 Vgl. sec. 63 im Vergleich zu sec. 62 über Eheverträge. Für Vereinbarungen von Rechtswirkungen nach der Trennung siehe sec.64.

202 Siehe unten A) IV. 2. a) cc).

203 Die Regelung erfolgt innerhalb erbrechtlicher Vorschriften (vgl.: „Inheritance" Act). Voraussetzung in England ist faktische Unterhaltsleistung vor den Tod (Sec. 1 (1)(e) Family Provision Act). Siehe dazu *Dienst-Rohloff*, 5; *Verschraegen*, „Samenleven Buiten Huwelijk", „Cohabitation" oder die „nichteheliche Lebensgemeinschaft" in niederländischer, englischer

Auch **Portugal** kennt einen solchen Unterhaltsanspruch gegen den Nachlaß[204].

In **Israel** ist der überlebende Lebensgefährte mit dem gleichen gesetzlichen Erbteil bedacht wie eine Ehegatte[205].

bb) Auswertung

Den bestehenden Interessenkonflikt zwischen dem Wunsch der Partner nach rechtlicher Unverbindlichkeit und etwaigen Regelungsinteressen des Staates hat man in diesen Staaten derartig versucht zu lösen, daß man für besondere Situationen zum Schutz des bedürftigen Partners gesetzliche Einzelfallregelungen geschaffen hat. Auffallend ist, daß sie systematisch stets innerhalb der Regelungen zum Familienrecht getroffen wurden, in Analogie zu den für die Ehe geltenden Vorschriften. Anders als für die Ehe werden jedoch nur einzelne Regelungsbereiche erfaßt. Damit ziehen diese punktuellen Regelungen keine familienrechtliche Institutionalisierung der Verbindungen nach sich.

Diese Staaten haben erkannt, daß der tatsächliche familienrechtliche Charakter einer nichtehelichen Partnerschaft im Einzelfall die Anwendung von gesetzlichen Normen erfordert, die ursprünglich zum Schutz der Ehe entwickelt wurden. Sie gehen davon aus, daß die Paare mit der Eingehung einer nichtehelichen Partnerschaft anstatt der Ehe keine generelle Abwahl aller gesetzlicher Regelungen zum Ausdruck bringen wollen. Der Gesetzgeber sieht sich daher aufgerufen, auf besondere Schutzaspekte, die in diesen Näheverhältnissen auftreten, zu reagieren. Daraus folgt aber nicht, daß diese Partnerschaften generell als familienrechtliche Institutionen anerkannt und durch Vergünstigungen gefördert werden. Gesetzliche Regelungen erfolgten ausschließlich zum Schutz des finanziell abhängigen Partners. Damit scheinen diese Staaten den Konflikt zwischen dem Interesse der Parteien an rechtlicher Unverbindlichkeit und dem Obhutsinteresse des Staates auf den ersten Blick am besten zu bewältigen. Es stellt sich allerdings das Problem, daß durch derartige Einzelregelungen die Eingehung einer Ehe nicht gefördert wird. Deren System aus Rechten und Pflichten wird

---

und österreichischer Theorie und Praxis, ZfRV 1983, 85, 92. Eine besondere Vermögensauseinandersetzung unabhängig von der formalen Eigentümerstellung kennt man dagegen nicht; *Windeler v. Whitehall*, (1990) 2 FLR 504. Auch ein gesetzlicher Unterhaltsanspruch zwischen den Partnern besteht nicht; *Theimer*, 80. Zur sachrechtlichen Behandlung nichtehelicher Lebensgemeinschaften im englischen Recht allgemein *Parry*, The Law relating to Cohabitation; *Steffen*, Nichteheliche Lebensgemeinschaften in England und Deutschland: Rechtsprobleme während ihres Bestehens, Diss. 1991.

[204] Art. 2020 Código Civil Port.; dazu *Jayme*, Betrachtungen zur Reform des portugiesischen Ehegüterrechts, Festschrift Zaytaj, 261; *Henrich*, Zur Qualifikation von Unterhaltsansprüchen gegen den Nachlaß, Festschrift Gernhuber 1993, 667ff. Daneben werden wie auch im deutschen Recht durch die Rechtsprechung nur ganz vereinzelt familienrechtliche Rechtswirkungen zugesprochen; vgl. *Paust*, 75, 78, 80, 120.

[205] Sec. 55 Erbgesetz vom 10.2.1965, Nr. 5725- 1965. *BayObLG*, DAVorm 1983, 757.

durch eine Ausdehnung einzelner Rechte auch auf andere Partnerschaftsformen, ohne diese mit entsprechenden Pflichten zu versehen, erschüttert.

d) Zusammenfassung der wesentlichen Erkenntnisse für das Kollisionsrecht

Die Rechtsordnungen reagieren auf den Wunsch eines Paares, zusammenzuleben, ohne Rechtsverbindlichkeiten zwischen den Partnern oder gegenüber Dritten zu erzeugen, aufgrund unterschiedlicher historischer, verfassungsrechtlicher und moralischer Ausgangspositionen verschieden. Für die kollisionsrechtliche Einordnung sind insbesondere folgende Erkenntnisse bedeutsam:

1. Faktische Partnerschaften ohne förmlichen Eingehungsakt werden in Deutschland und anderen modernen Industriestaaten gesetzlich und durch die Rechtsprechung als schuldrechtliche Beziehungen angesehen. Dies widerspricht für dauerhafte Verbindungen der emotionalen Beeinflussung der innerhalb dieser Verbindungen ablaufenden Vermögenstransaktionen.

2. Auf den Wunsch eines Paares nach rechtlicher Unverbindlichkeit reagieren eine Vielzahl von Staaten anders als die deutsche Rechtsordnung aus Gründen des Schutzes des schwächeren Partners in einer solchen Beziehung und außenstehender Dritter ablehnend. Lediglich auf eine bestimmte Dauer angelegte Verbindungen „auf Probe“ sind aber auch dort von gesetzlicher Regelung ausgeschlossen. Man will vielmehr die Paare gesetzlich erfassen, die auf unbestimmte Zeit rechtlich unverbindlich zusammenleben möchten. Da kein förmlicher Eingehungsakt unter Mitwirkung beider Partner vorausgesetzt wird, können besondere Rechtswirkungen auch entgegen dem Parteiinteresse erzeugt werden.

3. Die gesetzliche Regelung unförmlichen Zusammenlebens in den latein- und südamerikanischen Staaten ist traditionell bedingt. Dies läßt auf ein geringes Interesse dieser Staaten schließen, auch ausländische Paare diesen Regeln zu unterwerfen oder eigene Staatsbürger über Ländergrenzen hinweg zu erfassen.

4. Bezwecken Staaten hingegen die Aufwertung eines alternativen Rechtsinstituts, so werden sie in der Regel ein Interesse daran haben, daß dieses zumindest für eigene Staatsangehörige auch über Ländergrenzen hinweg anerkannt wird.

5. Staaten wie Deutschland, die den Wunsch nach unverbindlichem Zusammenleben zu akzeptieren scheinen, werden dagegen ein Interesse daran haben, ihre Staatsbürger davor zu schützen, in anderen Staaten in umfangreiche gesetzliche Verpflichtungen zu geraten, ohne den Eintritt dieser Rechtswirkungen durch einen beidseitigen förmlichen Mitwirkungsakt beeinflussen zu

können. Dieses Interesse wird um so stärker sein, je umfangreicher die Rechtsbindungen sind.

2. Wunsch nach rechtlicher Institutionalisierung neben der Ehe

Im folgenden wird dargestellt, wie die Rechtsordnungen auf die Paare reagieren, die eine rechtlich geregelte familienrechtliche Verbindung eingehen wollen, sei es alternativ neben der Ehe oder weil ihnen die Eingehung der Ehe nach gegebener Rechtslage nicht möglich ist.

a) Gesetzliche Ignorierung

In den unter A) IV. 1. a) dargestellten Ländern mit Ausnahme Frankreichs[206] ist es für nichteheliche Paare neben der Ehe nicht möglich, ihrer Partnerschaft durch Dokumentierung ihres Rechtsbindungswillens nach außen unter Mitwirkung einer staatlichen Stelle Rechtsverbindlichkeit zu verleihen. Es wird bewußt kein zweites familienrechtliches Rechtsinstitut zur Verfügung gestellt.

aa) Kommunale Registrierungen; Die „Hamburger Ehe"

Hinzuweisen ist nur kurz auf die z.B. Italien[207] und den USA[208] in einzelnen Gemeinden zugelassenen Registrierungen nichtehelicher Lebensgemeinschaften. Hier handelt es sich um von den Kommunen ohne gesetzliche Grundlage zur Verfügung gestellte sog. „Register für nichtverheiratete Paare", in welche Eintragung für heterosexuelle und auch meist für homosexuelle Paare[209] möglich ist. Eine solche Registrierung erzeugt jedoch keinerlei Wirkungen im nationalen Privatrecht[210]. Den Paaren wird lediglich kommunale Unterstützung wie etwa bei der bevorzugten Vergabe kommunaler geförderter Wohnungen o-

---

[206] Siehe im folgenden A) IV. 2. e).

[207] Zur Zeit z. B. in Pisa und Florenz möglich, vgl. Queer, August 1998. Dazu *Waaldijk*, The Legal Situation in the Member States, in: Homosexuality: A European Community Issue. Essays on Lesbian and Gay Rights in European Law and Policy, 95.

[208] Dazu gehören z.B. Los Angeles, Berkeley, San Francisco, Ann Arbor, New York City, Washington D.C., Seattle, Madison (Wisc.) Travis County (Texas); vgl. *Dupuis*, 9 Int'l J.L. & Family 86, 87(1995); *Melton*, 29 J. Fam. L. 497, 503ff. (1990/91); *Knauer*, 7 Temp.Pol. & Civ.Rts. L. Rev. 337 (auch zur Zunahme von domestic partnership regulations in vielen amerikanischen Unternehmen, die aber wegen fehlender Außenwirkungen ebenfalls keine Bedeutung für die kollisionsrechtliche Interessenabwägung haben); *Bowman/Cornish*, 92 Colum. L. Rev. 1164, 1186ff.; *Stamps*, 19 S.U. L. Rev. 441, 451ff. In den USA existieren bislang aber trotz dieser Entwicklung, die schon frühzeitig einsetzte, bis auf Hawaii und Alaska keine weiteren einzelstaatlichen Regelungen hinsichtlich der Registrierung nichtehelicher Paare; *Chambers*, 95 Mich. L. Rev. 447, 487. Zur Entwicklung in Vermont siehe unten A) IV. 2. d) aa).

[209] In den USA zum Teil nur für diese Paare, vgl. *Knauer*, 7 Temp.Pol. & Civ.Rts. L. Rev. 337, 346.

[210] *Verschraegen*, StAZ 1995, 225 sowie Nachweise in den FN 207/208.

der Besuchsrechten im Krankheitsfall[211] zuteil. Besonderer Erörterung bedürfen diese Gestaltungsformen in der Bearbeitung hier nicht, da gegenüber anderen formlosen Verbindungen keine Interessen berührt werden, welche im internationalen Bereich für die Bildung einer Kollisionsnorm relevant sind. Insbesondere werden durch das Fehlen jedweder privatrechtlicher Rechtswirkungen auf nationaler Ebene bei den Partnern keine besonderen Vertrauenstatbestände geschaffen, auf die man kollisionsrechtlich in einem Fall mit Auslandsberührung Rücksicht zu nehmen hätte.

Ebenso sind die nunmehr in Hamburg nach Landesrecht möglichen Eintragungen homosexueller Paare[212] ohne Rechtswirkungen im nationalen Privatrecht. § 1 Abs. 2 PartG bestimmt ausdrücklich:

(2) Aus der Eintragung ergeben sich weder Rechte noch Pflichten für die Partnerinnen und Partner der Partnerschaft, insbesondere hat die Eintragung keinen Einfluß auf den Personenstand.

Ziel dieses Gesetzes war, diesen Paaren landesrechtlich bestimmte Vergünstigungen zukommen zu lassen[213]. Die Eintragung zieht keine familienrechtliche Institutionalisierung nach sich. Trotz förmlicher Eingehung vor einem Standesbeamten[214] ist daher die Auflösung allein auf Antrag eines Partners[215] oder automatisch durch Heirat eines der Partner[216] möglich. Zur Schaffung eines familienrechtlichen Rechtsinstituts für gleichgeschlechtliche Paare fehlte dem Landesgesetzgeber die Kompetenz. Ein solches kann in Deutschland nur auf Bundesebene geschaffen werden. Und dies hat sich bislang nicht durchsetzen können[217].

Diese Entwicklungen können in einem Fall mit Auslandsberührung nur dergestalt relevant werden, als daß sie ein Abwägungspunkt im Rahmen der Entscheidung darüber sein können, ob eine bestimmte ausländische Regelung - sofern nach den nationalen Kollisionsregeln zur Anwendung berufen - gegen wesentliche Grundsätze nationalen Rechts verstößt und daher nicht anwendbar ist. So ist hinsichtlich der Behandlung homosexueller Paare in Deutschland eine zunehmende tatsächliche Anerkennung zu verzeichnen, innerhalb derer die rechtliche Regelung auf Landesebene in Hamburg einen wichtigen Schritt darstellt.

---

[211] Zur Erfahrung New York City's mit dem 1993 gegründeten Register für nichteheliche Partner siehe *Knauer*, 7 Temp.Pol. & Civ.Rts. L. Rev. 337 FN 18.

[212] Gesetz über die Eintragung gleichgeschlechtlicher Partnerschaften vom 14. April 1999, Hamburgisches Gesetz- und Verordnungsblatt I 1999, 69. Siehe dazu Süddeutsche Zeitung v. 15./16. Mai 1999, 10 sowie Pressemitteilung des Hamburger Senats vom 6. April 1999.

[213] So ist nunmehr z.B. die Vergabe eines gemeinsamen Wohnberechtigungsscheins möglich.

[214] Vgl. § 6 PartG.

[215] Vgl. § 9 Abs. 1 Nr. 2 PartG.

[216] Vgl. § 9 Abs. 1 Nr. 1 PartG.

[217] Siehe im folgenden bb).

bb) Der Wunsch homosexueller Paare nach Registrierung im besonderen

Da die im folgenden besprochene Einführung eines umfassenden familienrechtlichen Rechtsinstituts für gleichgeschlechtliche Paare eine relativ moderne Entwicklung darstellt, die mit traditionellen Vorstellung von Ehe und Familie zu kollidieren scheint, wird an dieser Stelle die tatsächliche Situation in Deutschland etwas eingehender vorgestellt[218].

In Deutschland brodelt die Diskussion um die Einführung einer registrierten Partnerschaft für homosexuelle Paare seit einigen Jahren. Sie wird zunehmend auch auf parlamentarischer Ebene geführt. Ausgangspunkt all dieser Diskussionen war die 1992 durchgeführte „Aktion Standesamt"[219]. Alle Standesbeamten lehnten damals die beantragte Eheschließung gleichgeschlechtlicher Paare unter Hinweis auf das Erfordernis der Verschiedengeschlechtlichkeit ab. Diese Entscheidungen wurden in der Folgezeit einhellig gerichtlich bestätigt[220]. Auch das nach Erschöpfung des Instanzenzugs angerufene Bundesverfassungsgericht sah darin keinen Verfassungsverstoß, insbesondere keine Verletzung der gem. Art. 6 Abs. 1 GG garantierten Eheschließungsfreiheit, und nahm die Verfassungsbeschwerde nicht zur Entscheidung an[221]. Seit dieser Entscheidung ist klar, daß nach derzeitiger Rechtslage unter Ehe in Deutschland nur die Verbindung verschiedengeschlechtlicher Personen gemeint sein kann[222]. In der Legislative wurde zwar von Bündnis 90/Die Grünen in der 13. Legislaturperiode aufbauend auf der Entschließung des Europäischen Parlaments zur Gleichberechtigung von Lesben und Schwulen in der EG[223] eine Eröffnung des Rechtsinstituts der Ehe für diese Paare gefordert[224]. Diese Forderung hatte jedoch - nach der Bundesverfassungsgerichtsentscheidung erwartungsgemäß - keinen Erfolg. Alternativ wurde die Einführung des Rechtsinstituts einer registrierten Partner-

---

[218] Die Verfasserin beschränkt sich hier auf das deutsche Recht wiederum unter dem Gesichtspunkt, eine kollisionsrechtliche Lösung zuallererst für Deutschland suchen zu wollen und den materiellrechtlichen Grundlagenteil nicht ausufern zu lassen.

[219] Der Schwulenverband Deutschland rief in diesem Jahr heiratswillige gleichgeschlechtliche Paare auf, ein Aufgebot beim Standesamt zu bestellen. Dieser Aufforderung kamen ca. 250 Paare nach.

[220] *OLG Köln*, FamRZ 1994, 1107 sowie StAZ 1993, 147; *LG Gießen*, FamRZ 1993, 558; *BayObLG*, FamRZ 1993, 558; *LG Bonn*, StAZ 1993, 13; *AG Tübingen*, StAZ 1993, 13; *AG Würzburg*, StAZ 1993, 80; *AG Mainz*, StAZ 1993, 150; *AG Rostock*, StAZ 1993, 150; *LG Osnabrück*, StAZ 1993, 219; *OLG Celle*, FamRZ 1993, 1082 sowie StAZ 1993, 216; *LG Neubrandenburg*, MDR 1993, 871; *LG Münster*, StAZ 1993, 320; *AG Leipzig*, StAZ 1993, 320; *KG Berlin*, StAZ 1994, 220. Einzige Ausnahme bildete die Entscheidung des *AG Frankfurt*, FamRZ 1993, 557, die jedoch in der nächsten Instanz vom *LG Frankfurt*, NJW 1993, 1998, aufgehoben wurde.

[221] *BVerfG*, FamRZ 1993, 1419=NJW 1993, 3058.

[222] Dazu etwa *Nordhues*, DRiZ 1991, 136.

[223] BT-Drucks. 12/7069.

[224] BT-Drucks. 13/2728. Dazu *Beck*, Bürgerrechtspolitik von Bündnis 90/Die Grünen in der 13. Legislaturperiode, ZRP 1995, 281, 283; *ders.*, Legalisierung schwuler und lesbischer Partnerschaften, DuR 1991, 446; Laabs(Hrsg.), Lesben. Schwule. Standesamt, 39.

schaft ähnlich der im folgenden dargestellten skandinavischen Regelungen angedacht. Es existierte dazu ein Gesetzesentwurf des Landesverbandes Nordrhein-Westfalen der Jungen Liberalen zur Einführung eines neuen Rechtsinstituts „Eingetragene gleichgeschlechtliche Lebensgemeinschaft", ein Gesetzesvorschlag des Landes Niedersachsen v. 27.6.1995[225] und auch wiederum ein Gesetzesvorschlag von Bündnis 90/Die Grünen[226]. Auch nach der Einführung der sog. „Hamburger Ehe"[227] ist eine erneute parlamentarische Diskussion erwacht. 1999 wurde von der FDP ein Gesetzesentwurf zur Regelung der Rechtsverhältnisse eingetragener Lebenspartnerschaften in den Bundestag eingebracht[228]. Im Juli 2000 gab es einen zweiten Gesetzesentwurf der SPD und Bündnis 90/Die Grünen[229]. Beide Entwürfe schlugen keine generelle Verweisung auf das Eherecht sondern die Anwendung ausgewählter Normen vor. Der Deutsche Bundestag hat mit Beschluß vom 10.11.2000[230] dem Entwurf von SPD und Bündnis 90/Die Grünen in dem vom Rechtsausschuß empfohlenen Umfang[231] zugestimmt. Ob dieses Gesetz angesichts der angekündigten verfassungsrechtlichen Angriffe der Länder Bestand haben wird, bleibt abzuwarten. Diese Entwicklung zeigt aber, daß der Widerstand gegen die rechtliche Anerkennung des familiären Charakters gleichgeschlechtlicher Verbindungen zunehmend schwindet. Dieser Fakt ist für die Qualifizierung nichtehelichen homosexuellen Lebens von großer Bedeutung. Homosexuelle Beziehung wurden noch bis vor wenigen Jahren überhaupt nicht als alternative Partnerschaftsform anerkannt und daher auch nicht unter staatlichen Schutz gestellt[232]. Man lehnte nicht nur die Verleihung eheähn-

---

[225] Kopie erhältlich beim Niedersächsischen Sozialministerium, PF 141 30001 Hannover. Eine kritische Analyse dieses Gesetzesentwurfs findet sich von *Ministerialrätin Ingrid Steinmeister* in: ZRP 1996, 214.

[226] BT-Drucks. 13/7228. Auch der Schwulen- und Lesbenverband hat einen entsprechenden Gesetzesvorschlag erarbeitet; vgl. FAZ v. 2.6.1999.

[227] Siehe oben A) IV. 2. a) aa).

[228] BT-Drucks. 14/1259. Siehe auch das Interview mit Bundesjustizministerin Däubler-Gmelin, DIE ZEIT v. 30.9.1999, S.4.

[229] BT-Drucks. 14/3751.

[230] BT-Drucks. 738/00.

[231] Vgl. BT-Drucks. 14/4545: unter Ausschluß der Regelungen, die der Zustimmung des Bundesrates bedürfen.

[232] Aus der auch hier immer unübersichtlich werdenden Menge an Veröffentlichungen siehe nur *Beck*, Legalisierung schwuler und lesbischer Partnerschaften, DuR 1991, 446; *Bruns*, Art. 6 I GG und gesetzliche Regelungen für gleichgeschlechtliche Lebensgemeinschaften, ZRP 1996, 6; *Bruns/Beck*, Das Eheverbot bei Gleichgeschlechtlichkeit, MDR 1991, 832; *Coester*, Probleme des Eheschließungsrechts in rechtsvergleichender Sicht, StAZ 1988, 122; *Grimm*, Eheverbot für gleichgeschlechtliche Paare, ZRP 1993, 232; *Louven*, Eheverbot für gleichgeschlechtliche Paare, ZRP 1993, 12; *Grüll*, Eheverbot für gleichgeschlechtliche Paare, ZRP 1994, 40; *Kleinschmidt*, Eheverbot für gleichgeschlechtliche Paare, ZRP 1993, 271; *Nordhues*, Ehe und Heterosexualität?, DRiZ 1991, 136; Reiß, Öffnung der Ehe für Lesben und Schwule?, KJ 1994, 98; *Grib*, Die gleichgeschlechtliche Partnerschaft im nordischen und deutschen Recht, Diss. 1995; *Heun*, Gleichgeschlechtliche Ehen in rechtsvergleichender Sicht, Diss. 1998. Ähnlich war die Situation in den anderen unter A) IV. 1. a) betrachteten

licher Rechtswirkungen an Partnerschaften ab, die formlos zustande kommen, man verweigerte homosexuellen Paaren überdies jede Möglichkeit, ihrer Partnerschaft Rechtsverbindlichkeit zu verleihen, auch wenn sie dies nach außen durch einen Registrierungsakt o.ä. dokumentieren möchten. Heute kann angesichts des Hamburger Landesgesetzes und des Gesetzes über die Eingetragene Lebenspartnerschaft nicht mehr ernsthaft bestritten werden, daß auch in Deutschland die gedankliche Hürde überwunden ist, daß ein homosexuelles Paar u.U. familienrechtliche Funktionen übernehmen kann. Das kollisionsrechtliche Interesse Deutschlands, einer solchen in einem anderen Land wirksam geschlossenen Verbindung die Anerkennung im eigenen Land zu verweigern, schwindet damit zunehmend.

cc) Die Zulässigkeit von Partnerschaftsverträgen

Ist es nichtehelichen Paaren nicht möglich, durch einen förmlichen Akt eheähnliche Wirkungen zu erzeugen, wenn sie dies möchten, bleibt ihnen nur die Möglichkeit, vertraglich Abhilfe zu schaffen. Die generelle Zulässigkeit von Partnerschaftsverträgen ist heute in diesen Staaten unbestritten. Eine vertragliche Regelung wird im Hinblick auf die fehlenden gesetzlichen Regelungen sogar empfohlen[233]. Man geht nahezu einhellig davon aus, daß solche Verträge nicht per se sittenwidrig sind[234], selbst wenn einer der Partner noch anderweitig verheiratet ist[235]. Unterschiedlich werden lediglich Vereinbarungen beurteilt, welche trotz noch bestehender Ehe getroffen werden, um Ehegatten zu benachteiligen[236]. Auch die Formerfordernisse sind verschieden[237]. Die besonde-

---

Rechtsordnungen; siehe für **Italien**: *Ceschini*, 29 Fam. L.Q. 567; für die **Schweiz**: BGE 119 II 26, *Graham-Siegenthaler*, 29 Fam. L.Q. 685.

[233] Siehe für das deutsche Recht mit verschiedenen Vertragsmustern: Hausmann/Hohloch-*Hausmann*, 587ff., *Schreiber*, 105; *Tzschaschel*, Vereinbarungen bei nichtehelichen Lebensgemeinschaften, 1991. Für **Italien:** Cass. v. 8.6.1993, Nr. 6381, Corriere Giuildico, 1993, 946 mit Kommentar von *Carbone;* rechtsvergleichend zum italienischen Recht *Oberto*, FamRZ 1993, 1. Eine Übersicht über verschiedene in Europa entwickelte Vertragsmuster findet sich bei *Schreiber*, 37f. Für die **USA**: *Wilcox v. Trautz*, 427 Mass. 326, 693 N.E.2d 141; *Bonauto*, 40- OCT B.B.J. 10.

[234] **Deutschland:** *BGH*, FamRZ 1965, 368, 369; *OLG Hamm*, FamRZ 1988, 618. Zur alten Rechtslage guter Überblick bei *Lipp*, AcP 180, 537, 555ff. In diesem Zusammenhang ist auch auf die nunmehr nicht mehr als sittlich anstößige Einsetzung des nichtehelichen Lebensgefährten als Erben hinzuweisen. Dies gilt auch für den homosexuellen Lebenspartner, *OLG Frankfurt*, NJW-RR 1995, 265. **USA:** *Boland v. Catalano*, 202 Conn. 333, 521 A.2d 142; *Wilcox v. Trautz*, 427 Mass. 326, 693 N.E.2d 141.

[235] Für das **deutsche Recht**: *BGH*, FamRZ 1980, 664. Für die **USA**: *Collins v. Davis*, 68 N.C.App. 588, 315 S.E.2d 759; *Bowman/Cornish*, 92 Colum. L. Rev. 1164, 1170.

[236] In der **Schweiz** unwirksam, *Frank, Richard*, in: Frank/Girsberger/Vogt/Walder-Bohner/Weber, Die eheähnliche Gemeinschaft (Konkubinat) im schweizerischen Recht, 40; anders zum Beispiel in den **USA:** *Cochran v. Cochran*, 56 Cal.App. 4th 1115, 66 Cal. Rptr. 2d 337(1997).

re Bedeutung einer klaren kollisionsrechtlichen Entscheidung ergibt sich für diese Partnerschaftverträge aber daraus, daß international keine Einigung besteht, in welchem Umfang den Partnern privatautonome Regelungen möglich sind. Einig ist man sich einzig darin, eine Umgehung des mit der Förmlichkeit der Eheschließung verfolgten Schutzzwecks zu vermeiden[238]. So können bestimmte Treue- oder Beistandsvereinbarungen grundsätzlich nicht verbindlich geschlossen werden[239] sowie zwingende Rechtswirkungen der Ehe nicht herbeigeführt werden[240]. Ein Partnerschaftsvertrag kann nirgendwo zwischen den Partnern persönliche Rechtswirkungen erzeugen, die gerichtlich durchgesetzt werden können. Uneinheitlich behandelt wird jedoch der Umfang möglicher Regelungen im vermögensrechtlichen Bereich. Im deutschen Recht ist es beispielsweise nicht möglich, vertraglich den gesetzlichen Güterstand der Zugewinngemeinschaft mit all seinen Auswirkungen zu vereinbaren[241]. Die Vereinbarung von Verfügungsverboten anlog §§ 1365ff. BGB würde hier schon an § 137 S. 1 BGB scheitern. Auf der anderen Seite sind vermögensrechtliche Verträge hinsichtlich bestimmter Vermögenswerte ohne weiteres möglich[242], ebenso ausdrückliche Dienstverträge[243]. Grundsätzlich werden in Deutschland auch Unterhaltsvereinbarungen anerkannt[244]. In Österreich sind diese dagegen nicht ohne weiteres zulässig[245]. In den meisten US-Bundesstaaten werden sie nunmehr auch für homosexuelle Paare anerkannt[246]. Die wenigen Beispiele zeigen schon, daß sich die materiell möglichen Regelungen sehr unterscheiden. Generell kann man feststellen, daß in Deutschland die privatautonome Gestaltung auch im vermögensrechtlichen Bereich nur sehr eingeschränkt möglich ist. Eine allgemeine Orientierung an den Vermögensverhältnissen einer Ehe kann nicht erfolgen. Im Un-

---

237 Siehe etwa für die **USA**: *Mechura v. McQuillan*, 419 N.W. 855 (Minn.App. 1988): Schriftform nach Minn. Stat. §§ 513.075 und 513.076 erforderlich.

238 Siehe für **Deutschland**: *Schreiber*, 112, 113; für **Österreich**: *Meissel/Preslmayr*, in: Harrer/Zitta, 518, 519; rechtsvergleichend: *Judels, Valerie*, The law applicable to unmarried couples, abgedr. in: Protokolle der XVII. Tagung der Haager Konferenz für Internationales Privatrecht v. 10. bis 29.5.1993, Annex II, 113, 125ff.

239 **Österreich**: *Deixel-Hübner*, 136.

240 **Deutschland**: *Giesen*, Familienrecht, 246. **USA:** *Wilcox v. Trautz*, 427 Mass. 326, 693 N.E.2d 141 (1998).

241 *Gernhuber/Coester-Waltjen*, 658.

242 **Österreich**: *Deixel-Hübner*, 136; **Deutschland:** *Giesen*, Familienrecht, 245, 246.

243 **Österreich**: *Schwimann*, StAZ 1987, 309, 310. **Deutschland**: *FG Hannover*, EFG 1997, 524; Übernahme einer Pflegeverpflichtung: *OLG Köln*, FamRZ 1997, 1113.

244 Palandt-*Diederichsen*, Einl vor § 1297, Rdnr. 27; *Gernhuber/Coester-Waltjen*, 659; *Reng*, 47; *Burhoff*, 415ff. So auch in **Schweden**, vgl. *Heilmann*, JA 1990, 116, 119.

245 *Deixel-Hübner*, 130; *Meissel/Preslmayr*, in: Harrer/Zitta, 515, 518, 519.

246 *The Estates of Reaves v. Owen*, 1999 WL 58982 (Miss.App. 1999).

terschied dazu sind in den USA und auch anderen *common law*-Ländern[247] zum Teil umfangreiche „*cohabitation agreements*“ möglich. Diese können auch Regelungen hinsichtlich der Persönlichkeitssphäre der Partner treffen[248], auch wenn diese in der Regel nicht durchsetzbar sind. Die Rechtswahl ist in diesen Fällen regelmäßig ausdrücklich nicht wie für Eheleute eingeschränkt[249]. Daran zu denken ist aber, daß die Durchsetzbarkeit von Partnerschaftsverträgen in den *common law*-Ländern zum Teil an fehlender *Consideration* scheitern kann[250].

b) Umfassende Regelung faktischer heterosexueller Partnerschaften
aa) Latein- und Südamerika

Hier kann auf die unter A) IV. 1. b) aa) (1) angeführte Gesetzgebung und Rechtsprechung in Latein- und Südamerika verwiesen werden. Wie dort ausführlich erläutert wurde, gehen diese Paare generell dem förmlichen Eheschluß aus traditionellen und finanziellen Gründen aus dem Weg, und nicht, um Rechtsunverbindlichkeit zu dokumentieren. Sie wollen in umfassend geregelter familienrechtlicher Partnerschaft leben. Diesem Willen kommen die Gesetzgeber nach, wenn sie auch unförmliche Zusammenleben unter bestimmten Voraussetzungen eheähnlichen Normenkomplexen unterstellen, auch ohne daß ein förmlicher Eingehungsakt vorausgesetzt wird.

bb) Moderne Regelungen

Auch die unter A) IV. 1. b) aa) (2) angesprochenen modernen Regelungen nichtehelichen Zusammenlebens scheinen mit dem Interesse eines Paares, eine alternative, aber ebenfalls umfassend gesetzlich geregelte Partnerschaftsform neben der Ehe einzugehen, im Einklang zu stehen. Das Paar kann diesen Wunsch durch nachträgliche Registrierung, Ersuchen nach gerichtlicher Aner-

---

[247] Siehe etwa für die kanadische Provinz Newfoundland: Sec. 63 Act Respecting the Law of the Family 1988; zu Domestic Contracts unter dem Family Law Reform Act 1978 in Ontario: *O'Hoski*, The Legal Regognition of Domestic Contracts: the Experience of Ontario, in: Eekelaar/Katz (Hrsg.), Marriage and Cohabitation, 1980, 227.

[248] Siehe dazu: Minn. Stat. §§ 513.075 und 513.076 (1996); *Bright v. Kuehl*, 650 N.E.2d 311 (Ct.App.Indiana 1995); *Kinnison v. Kinnison*, 627 P.2d 594 (S.Ct.Wyoming 1981); *Boland v. Catalano*, 202 Conn. 333, 521 A.2d 142 (S.Ct.Conn. 1987); *Wilcox v. Trautz*, 427 Mass. 326, 693 N.E.2d 141 (1998); Wenn auch die gerichtliche Durchsetzbarkeit vieler dieser Regelungen sehr fraglich ist, liegt die Funktion dieser Verträge darin, die Beziehung zu stabilisieren und im Trennungsfall soziale Sanktionen auszulösen. Darin liegt auch ein Versuch, das Gemeinschaftsleben zu institutionalisieren. Dazu auch *Hausmann*, 46. Zur Verjährung entsprechender Ansprüche aus einer Unterhaltsvereinbarung siehe etwa: *Cochran v. Cochran*, 56 Cal.App. 4th 1115, 66 Cal. Rptr. 2d 337 (1997); *Kurokawa v. Blum*, 199 Cal.App.2d 976, 989, 245 Cal. Rptr. 463 (1988).

[249] Diese Verträge sind hiernach grundsätzlich schuldvertraglichen Regeln zu unterwerfen, vgl. etwa *Wilcox v. Trautz*, 427 Mass. 326, 693 N.E.2d 141 (1998).

[250] Siehe etwa *Bergen v. Wood*, 14 Cal.App. 4th 854, 18 Cal. Rptr. 2d 75 (Cal.App. 1993); für ein homosexuelles Paar: *Jones v. Daly*, 122 Cal.App. 3d 500, 505, 176 Cal. Rptr. 130 (1981).

kennung bzw. Feststellung des Bestehens der Partnerschaft nach außen dokumentieren. Problematisch ist jedoch, daß die Mehrzahl der Paare hier gerade nicht an umfassender Regelung interessiert sein wird. Stellt die Rechtsordnung nicht generell auf die Mitwirkung beider Partner ab, sondern verleiht eheähnliche Rechtswirkungen allein auf Grundlage einer bestimmten Zusammenlebensdauer, so kann sie damit im Widerspruch zu den Parteiinteressen handeln. Die Privatautonomie der Paare wird unter Schutzgesichtspunkten zurückgedrängt.

c) Registrierte homosexuelle Partnerschaften
aa) „Nichteheliche" Partnerschaft

In den skandinavischen Ländern **Dänemark**[251], **Norwegen**[252] und **Schweden**[253] existieren Partnerschaftsgesetze, die gleichgeschlechtlichen Paaren eine Möglichkeit schaffen, mittels Registrierung ihrer Verbindung einen ehegleichen Rahmen zu verschaffen[254]. Diese Partnerschaften fallen nur dann unter den Begriff einer „nichtehelichen" Lebensgemeinschaft - und dann notwendigerweise - wenn man „Ehe" auf Vereinigungen von Mann und Frau beschränkt[255]. Da dies jedoch bislang überall der Fall ist[256], müssen auch diese Verbindungen Beachtung in der vorliegenden Bearbeitung finden.

bb) Interesse des Paares an rechtlicher Regelung

Im Gegensatz zu dem gegen eine umfassende rechtliche Regelung heterosexueller Partnerschaften immer wieder vorgebrachten Hauptargument, daß diese Paare einer Regelung durch das Eherecht gerade ausweichen wollen, haben gleichgeschlechtliche Paare, die die ihnen nach Heimat- oder Aufenthaltsrecht

---

[251] *Lov om regiseret partnerskab*, Nr. 372, Justitsmin., j.nr.L.A. 1988-41002-50; Verkündung des Gesetzes am 7.6.1989; Inkrafttreten am 1.10.1989; deutsche Übersetzung bei *Wacke*, FamRZ 1990, 347 und bei *Verschraegen*, Gleichgeschlechtliche „Ehen", 242.

[252] *Lov om registrert partnerskap*, Nr. 40/1993, Norsk Lovtidend Avd. I 1993, 361, Verkündung am 30. 4. 1993, Inkrafttreten am 1. 8. 1993; eine englische Übersetzung dieses Gesetzes sowie verschiedene Gesetzesmaterialien sind erhältlich bei *Det Kongelige Barne- OG Familiedepartement*, Postboks 8036 Dep., 0030 Oslo - im weiteren *Materials of the Ministry of Children and Family Affairs* genannt. Eine englische Übersetzung findet sich zudem im Internet unter http://www.ub.uio.no/ujur/ulovdata/lov-19930430-040-eng.pdf.

[253] 1994 Nr. 1117, Verkündung am 23.6.1994, Inkrafttreten am 1.1.1995; Abdruck des Textes bei *Verschraegen*, Gleichgeschlechtliche „Ehen", 252ff.

[254] Ähnliche Gesetze existieren nunmehr auch in Finnland und Island. Auch die Entwicklung in Ungarn und der Tschechischen Republik geht in diese Richtung; siehe etwa Czech News Agency v.26.3.98. Hinzu kommen die unter A) IV. 2. e) dargestellten Registrierungsmöglichkeiten in den Niederlanden, Frankreich sowie den spanischen Provinzen Cataluña und Aragón, die heterosexuelle und homosexuelle Paare umfassen.

[255] Für Deutschland durch das Bundesverfassungsgericht 1993 entschieden, FamRZ 1993, 1419.

[256] Zur Möglichkeit der Schließung einer Ehe zwischen gleichgeschlechtlichen Partner in Hawaii siehe im Anschluß unter d).

eingeräumte Registrierungsmöglichkeit nutzen, gerade das Ziel, auf ihre Beziehung Eherecht angewendet zu wissen. Mittels Registrierung bringen sie zum Ausdruck, daß sie ihrer Partnerschaft rechtliche Verbindlichkeit verleihen möchten. Dies ist für sie der bislang einzige Weg, ihrer Partnerschaft eheähnliche Wirkungen zu verschaffen. Dieses Vertrauen muß auch im internationalen Rahmen geschützt werden, ebenso wie man das Vertrauen von Paaren schützt, die die ihnen nach Heimat- oder Aufenthaltsrecht eingeräumte Möglichkeit der Eheschließung genutzt haben.

cc) Umfang existierender rechtlicher Regelungen

Das **dänische** Partnerschaftsgesetz verweist hinsichtlich Voraussetzungen, Rechtswirkungen und Auflösung[257] einer registrieren Partnerschaft mit wenigen Ausnahmen[258] auf die entsprechenden Ehevorschriften[259]. So bestehen gegenseitige Unterhaltspflichten[260] und eine Solidarhaftung für während der Partnerschaft eingegangene Schulden[261]. Es gilt der gesetzliche Güterstand *almindeligt formuefælleskab*[262] mit der Folge einer Vermögensauseinandersetzung bei Trennung[263]. Gütertrennung oder Mischformen der Güterstände können jedoch ver-

---

[257] Für die Förmlichkeiten der Trennung gelten so die entsprechenden Vorschriften zur Auflösung der Ehe; *Nielsen*, Denmark: New Rules Regarding Marriage Contracts and Reform Considerations Concerning Children, 31 J. Fam. L. 309, 313(1992/93); *Pedersen, Marianne Hojgaard*, 30 J. Fam. L. 289, 290(1991/92).

[258] So besteht für homosexuelle Paare etwa keine Wahlmöglichkeit zwischen Zivil-„ehe" und kirchlicher „Trauung"; *Grib*, 26. Ausdrücklich von der Verweisung ausgenommen sind gem. § 4 die Vorschriften über eine Adoption von Ehegatten, über bestimmte ehespezifische Vorschriften und Bestimmungen in internationalen Verträgen, soweit der entsprechende Vertragspartner nicht zustimmt; *Pedersen, Marianne Hojgaard*, 30 J. Fam. L. 289, 290(1991/92). Nunmehr wird jedoch in Dänemark auch über Adoptionsrechte diskutiert; vgl. dazu Information der Schwusos Niedersachen unter www.schwusos-ne.de vom 7.5.1999. Inwieweit sich diese Diskussion in neuen Gesetzgebungsinitiativen niederschlagen wird, bleibt abzuwarten.

[259] Siehe §§ 2 Abs. 1, 3 Abs. 1, 5 Abs. 1 *Lov om regiseret partnerskab*.

[260] §§ 3 *Lov om regiseret partnerskab*, 1-10 *RetsvirkningsL*, 49-53 *ÆgteskabsL*; *Grib*, 161, 163; *Nielsen*, Family Rights and the „Registered Partnership" in Denmark, 4 Int'l J.L. & Family 297, 301(1990). Auch nach Trennung besteht wie im Eherecht eine - wenn auch zeitlich begrenzte - Unterhaltspflicht; *Verschraegen*, „Neues" Familienrecht?, StAZ 1995, 225, 227; *Nielsen*, Denmark: New Rules Regarding Marriage Contracts and Reform Considerations Concerning Children, 31 J. Fam. L. 309, 313(1992/93).

[261] „Schlüsselgewalt"; § 11 *RetsvirkningsL*; dazu *Grib*, 68.

[262] In wörtlicher Übersetzung Gütergemeinschaft, eigentlich aber eine Art Zugewinngemeinschaft; vgl. *Grib*, 67ff.

[263] **Dänemark**: *Pedersen, Inger Margrete*, Danish Law relating to non- marital relationships, 28 Int'l & Comp. L.Q. 117, 121(1979); *Nielsen*, Denmark: New Rules Regarding Marriage Contracts and Reform Considerations Concerning Children, 31 J. Fam. L. 309, 313(1992/93); *Grib*, 187.

traglich vereinbart werden[264]. Nach dem Tod eines Lebenspartners hat der andere Teil dieselben Erbrechte wie ein überlebender Ehepartner[265].

Die Regelungen im **norwegischen** Gesetz sind ähnlich. Auch hier handelt es sich um ein Verweisungsgesetz auf eherechtliche Vorschriften[266]. Eheverträge sind auch hier möglich, Abweichungen vom gesetzlichen Güterstand bedürfen jedoch dann, wenn sie Dritten entgegen gehalten werden sollen, der Eintragung im Güterregister[267].

Auch das **schwedische** Gesetz verweist auf die allgemeinen Ehewirkungen[268] unter Ausnahme der Vorschriften bezüglich Adoption[269], gemeinsamer Elternschaft und Obsorge sowie einiger weiterer ehespezifischer Bestimmungen[270].

dd) Funktionen des Rechtsinstituts; Ziel der gesetzlichen Regelung

Durch die Bereitstellung einer Registrierungsmöglichkeit für homosexuelle Partner sollen sie ebenfalls in den Genuß der Vergünstigungen des Eherechts kommen. Die skandinavischen Staaten kamen damit der energischen Forderung

---

[264] §§ 3 *Lov om regiseret partnerskab*, 29 *RetsvirkningsL*; dazu *Grib*, 93. Zur alten Rechtslage vor der Güterstandsreform 1990: *Nielsen*, Family Rights and the „Registered Partnership" in Denmark, 4 Int'l J.L. & Family 297, 301(1990); nunmehr *Nielsen*, Denmark: New Rules Regarding Marriage Contracts and Reform Considerations Concerning Children, 31 J. Fam. L. 309, 311ff.(1992/93).

[265] **Dänemark**: *Nielsen*, Family Rights and the „Registered Partnership" in Denmark, 4 Int'l J.L. & Family 297, 303(1990): Alleinerbe oder neben weiteren Angehörigen zusätzlich zu ½ aus Auseinandersetzung der Gütergemeinschaft 1/3 aus gesetzlichem Erbrecht.

[266] Es besteht ebenfalls eine gegenseitige Unterhaltspflicht (§ 3 Lov om registrert partnerskap, § 38 Lov om ekteskap, Nr. 47/1991), Verfügungsbeschränkungen wegen des gesetzlichen Güterstandes der Gütergemeinschaft (§§ 3 Lov om registrert partnerskap, 32 Lov om ekteskap 1991), gesetzliche Mitverpflichtung bei Geschäften des täglichen Bedarfs (§§ 3 Lov om registrert partnerskap, 41 Lov om ekteskap 1991), ein gesetzliches Erbrecht (*Grib*, 251). Dazu auch *Lødrup*, Norway: The New Marriage Act, 31 J. Fam. L. 411, 415ff.(1992/93). Verträge sind zur Vereinbarung partieller oder gesamter Gütertrennung wie auch eines Gemischs der Güterstände möglich (§ 2 Lov om registrert partnerskap)

[267] Siehe *Grib*, 246.

[268] So haben die Partner einen gegenseitigen Unterhaltsanspruch, Kap. 3 § 1 Abs. 2 PartG i.V.m. Kap. 6 § 1 EheG v. 14.5.1987 (SFS 1987:230; abgedr.in: Bergmann/Ferid, Schweden, S. 22ff.); nach der Trennung jedoch nur befristet, dazu *Grib*, 274; es gilt der gesetzliche Ehegüterstand, Kap. 3 § 1 Abs. 2 PartG i.V.m. Kap. 7 § 1 EheG v. 14.5.1987 (eine Art Gütergemeinschaft mit der Trennung des Vermögens in Ausgleichsgut und Vorbehaltsgut); es besteht ein gesetzliches Erbrecht, *Grib*, 274. Da es seit 1988 in Schweden auch für Eheleute keine gesetzliche „Schlüsselgewalt" mehr gibt, ist eine Mitverpflichtung des Ehegatten oder registrierten Lebenspartners nur über allgemeine Grundsätze der Stellvertretung möglich; *Grib*, 268.

[269] Kap. 3 § 2 Abs.1 PartG i.V.m. ElternG v. 10.6.1949; abgedr.in: Bergmann/Ferid, Schweden, 25ff.

[270] *Verschraegen*, Gleichgeschlechtliche „Ehen", 128.

nach dem Abbau der Diskriminierung homosexuellen Zusammenlebens nach[271]. Die Ehe als Rechtsinstitut sieht man auch hier historisch auf Mann und Frau beschränkt an[272]. Hauptzweck der Regelungen war, die soziale und rechtliche Situation homosexueller Paare an die verschiedengeschlechtlicher Verbindungen anzugleichen. Als positiver Nebeneffekt wurde auch die Eindämmung der Verbreitung der Immunschwächekrankheit AIDS angesehen[273]. Die Registrierungsmöglichkeit besteht daher nur für homosexuelle Paare[274].

Die registrierten Partnerschaften homosexueller Paare stellen innerhalb der vorliegenden Betrachtung insofern eine Besonderheit dar, als daß zum ersten Mal gleichgeschlechtlichen Verbindungen ein selbständiger familienrechtlicher Status gewährt wird. Man entfernt sich damit grundlegend vom traditionellen Familienbild, welches lediglich die Ehe als Verbindung von Mann und Frau als Hort der Kindererziehung und die Verwandtschaft als familienrechtliche Gemeinschaft akzeptiert. Gleichgeschlechtliche Paare erhielten eine besondere Aufwertung als ehegleiche Institution.

Warum gerade die skandinavischen Staaten als erste zu einer solchen Aufwertung homosexuellen Zusammenlebens bereit waren, läßt sich wie folgt erklären. Die gesetzlichen Regelungen bauen auf der besonderen Entwicklung hinsichtlich der Anschauungen zu homosexuellen Paaren auf, welche sich in allen drei Staaten ähnlich vollzog[275]. So wurden z.B. schon 1930 in Dänemark die Strafvorschriften hinsichtlich homosexuellen Verhaltens abgeschafft[276]. Im Jahre 1986 wurden gleichgeschlechtliche Partnerschaften bezüglich der Erbschaftssteuer Eheleuten gleichgestellt[277]. Schon dies zeugte von wachsender Anerkennung dieser Gemeinschaften durch den Staat. Frühzeitig wurde den Homosexuellen das Recht der freien Persönlichkeitsentfaltung auch im sexuellen Bereich

---

[271] Siehe etwa für **Norwegen**: Materials of the Ministry of Children and Family Affairs, Recommendation from December 18, 1992, 9: Die ökonomischen Bedingungen des Zusammenlebens seien die gleichen, homosexuelle Paare hätten die gleichen emotionalen und praktischen Beweggründe, ihrer Verbindung rechtliche Verbindlichkeit zu verleihen wie heterosexuelle Paare, die eine Ehe eingehen wollen.

[272] Ausdrücklich wurde so in Norwegen während des Gesetzgebungsverfahrens hervorgehoben, daß nicht an eine Gleichstellung mit der Ehe gedacht war. Eine solche sei traditionell die Verbindung eines Mannes mit einer Frau; Materials of the Ministry of Children and Family Affairs, Recommendation from December 18, 1992, 5; *Lødrup,* 31 Journal of Family Law 411, 413(1992/93).

[273] *Nielsen*, Family Rights and the „Registered Partnership" in Denmark, 4 Int'l J.L. & Family 297, 298(1990).

[274] Ablehnend zur Alternative einer Registrierungsmöglichkeit für homosexuelle wie auch heterosexuelle Paare: Materials of the Ministry of Children and Family Affairs, Recommendation from December 18, 1992, 27ff.

[275] Dazu ausführlich *Wacke*, FamRZ 1990, 347, 350; *Grib*, 16.

[276] Eine Entscheidung, zu der man sich in Deutschland erst mit dem 29. StÄG vom 31.5.1994, BGBl. I, 1168 durch Abschaffung von § 175 StGB durchgerungen hat.

[277] *Grib*, 16.

zuerkannt[278]. Damit war es für den Staat Dänemark keine den grundlegenden Anschauungen widersprechende Entwicklung, als erstes Land 1989 homosexuellen Paaren die Möglichkeit zu geben, ihrer Partnerschaft rechtliche Anerkennung zu verschaffen verbunden mit besonderen Rechtswirkungen, die sonst nur die Ehe als Rechtsinstitut kennt[279]. Außerdem gelten die skandinavischen Länder hinsichtlich der Anerkennung alternativer Partnerschaftsformen allgemein als besonders fortschrittlich[280]. Alternative Lebensformen hat man dort schon frühzeitig als gesellschaftliche Realität anerkannt und gebilligt. Folglich setzten sich Gesetzgebung und Rechtsprechung damit intensiv auseinander. Die Ehe wurde nicht als einzig mögliche Zusammenlebensform in den Mittelpunkt jeder Betrachtung gerückt und so war Raum für gesetzliche Regelungen. Folgten andere skandinavische Staaten schon bald dem dänischen Vorbild, so ist dies Ausdruck dessen, daß man schon seit Jahrzehnten bemüht ist, dort die familienrechtliche Regelungen zu vereinheitlichen[281].

ee) Weitere kollisionsrechtliche Aspekte

Für die nachfolgende kollisionsrechtliche Einordnung dieser Verbindungen ist neben den gesetzgeberischen Motiven bedeutsam, daß die nationalen Gesetzgeber nicht mit einer Anerkennung im Inland wirksam eingegangener Partnerschaften in anderen Staaten rechneten.

Eine Registrierungsvoraussetzung im **dänischen** PartG ist, daß mindestens einer der Partner dänischer Staatsangehöriger ist und seinen Wohnsitz im Inland hat[282]. Eheschließungen sind dagegen auch für zwei Ausländer nach rela-

---

[278] *Nielsen*, Family Rights and the „Registered Partnership" in Denmark, 4 Int'l J.L. & Family 297(1990).

[279] Dem Erlaß des Gesetzes selbst ging eine umfassende Diskussion und eine eingehende Untersuchung der Lage homosexueller Paare durch eine vom Parlament 1984 eingesetzte Kommission voraus; *Nielsen*, Family Rights and the „Registered Partnership" in Denmark, 4 Int'l J.L. & Family 297(1990); Abschlußbericht der Kommission: Report Nr.1127/1988. Der daraufhin von einer Minderheit (linke Strömungen und Sozialdemokraten) vor das Parlament gebrachte Gesetzesvorschlag zur Zulassung registrierter homosexueller Partnerschaften wurde im Folketing von einer Mehrheit unterstützt (70:47 Stimmen); aus: *Nielsen*, Family Rights and the „Registered Partnership" in Denmark, 4 Int'l J.L. & Family 297(1990).

[280] Siehe nur als Beispiel die unter A) IV. 1. b) bb) (2) dargestellten schwedischen Gesetze. Vgl. *Müller-Freienfels*, Cohabitation and Marriage Law - A Comparative Study, 1 Int'l J.L. & Family 259, 275ff.(1987); *Pedersen, Inger Margrete*, Danish Law relating to non- marital relationships, 28 Int'l Comp. L.Q. 117(1979).

[281] *Lødrup*, 31 J. Fam. L. 411(1992/93). Auch Island und Finnland zogen schon bald nach. Aus Platzgründen wurde auf die Darstellung der dortigen Rechtslage jedoch verzichtet.

[282] Vgl. § 2 Abs. 2 PartG. Für Eheschließung reicht dagegen dänischer Aufenthalt von relativ kurzer Dauer aus. Nach der dänischen Rechtsprechung soll jedoch auch eine zwischen Ausländern eingegangene registrierte Partnerschaft wirksam sein, wenn sie effektiv in Dänemark gelebt wurde; H. D. 20.8.1993 i sag II 18/ 1993, UfR Afd. A. 127 (1993), 849.

tiv kurzer Aufenthaltsdauer möglich[283]. Daraus kann man die Befürchtung herleiten, daß diese Partnerschaften aller Wahrscheinlichkeit nach nicht im Ausland anerkannt würden und man ihre Wirkung daher auf das Inland beschränken wollte[284]. Dänemark sollte nicht zum „Heiratsparadies“ für homosexuelle Paare werden[285]. Außerdem sind gem. § 4 Abs. 4 dän. PartG internationale Verträge auf diese Partnerschaften nur anwendbar, wenn die Vertragsstaaten damit ausdrücklich einverstanden sind. Auch dies bringt zum Ausdruck, daß der dänische Gesetzgeber nicht damit rechnete, daß das Ausland diese dänische Regelung ohne weiteres akzeptiert.

Auch der **schwedische** Gesetzgeber bringt ganz klar zum Ausdruck, daß er nicht damit rechnete, daß Staaten, die kein Partnerschaftsinstitut kennen, ein solches und seine Rechtswirkungen anerkennen[286]. So ist auch hier Voraussetzung, daß mindestens einer der Partner schwedischer Staatsangehöriger mit Domizil in Schweden ist[287], eine Voraussetzung, die für eine Eheschließung nicht gilt. Hinsichtlich der formellen Eintragungsvoraussetzungen gilt die *lex loci celebrationis*[288], hinsichtlich persönlicher Voraussetzungen jedoch schwedisches Recht unabhängig von Staatsangehörigkeit und Domizil des anderen Partners[289]. Letzteres steht ganz klar im Widerspruch zu den im internationalen Eherecht sonst geltenden Prinzipien der *lex patriae* oder *lex domicilii* und bringt die Beschränkung der Wirkungen einer solchen Gemeinschaft auf den schwedischen Hoheitsraum zum Ausdruck.

Auch das **norwegische** Gesetz enthält die Voraussetzung, daß mindestens einer der Partner norwegischer Nationalität ist und sein Domizil in Norwegen hat[290]. Die vom *Ministry of Children and Family Affairs* herausgegebene Informationsbroschüre *„Registered Partnership“*[291] enthält darüber hinaus ausdrückliche Hinweise, daß die Partnerschaft in anderen Ländern, die ein vergleichbares

---

283 Siehe *Pedersen, Marianne Hojgaard*, Denmark: Homosexual Marriages and New Rules Regarding Separation and Divorce, 30 J. Fam. L 289, 290(1991/92).

284 So auch *Müller-Freienfels*, Festschrift Gernhuber, 737, 754, der auch darauf hinweist, daß § 21 des Runderlasses Nr.134 v. 25.9.1989 über die Eingehung von Ehe und registrierter Partnerschaft dem Standesbeamten ausdrücklich vorschreibt, die vor ihm erschienenen Partner darauf hinzuweisen, daß die registrierte Partnerschaft im Ausland wahrscheinlich nicht anerkannt wird.

285 Ähnlich wie es früher für in Deutschland arbeitende ausländische Gastarbeiter fungierte, sog. Tondern-Ehen

286 So auch *Bogdan*, IPR-Aspekte der schwedischen Eingetragenen Partnerschaft für Homosexuelle, IPRax 1995, 56.

287 Kap. 1 § 2 PartG.

288 Kap. 1 § 9 PartG.

289 Kap. 1 § 3 PartG.

290 Siehe die Informationsbroschüre des Ministry of Children and Family Affairs „Registered Partnership“, § Conditions for registering a partnership.

291 Erhältlich bei *Det Kongelige Barne- OG Familiedepartement*, Postboks 8036 Dep., 0030 Oslo.

Rechtsinstitut nicht kennen, nicht anerkannt werden wird[292]. Auch dies zeigt, daß der norwegische Gesetzgeber nicht mit der Anerkennung außerhalb eigener Landesgrenzen rechnete. Nachweise dafür findet man auch in den Gesetzgebungsmaterialien. Ausdrücklich wird hier herausgestellt, daß man ausländischen Paaren nicht wie im Falle einer Eheschließung die Registrierung gestatten möchte, da sie in deren Heimatländern keine Rechtsfolgen nach sich ziehen würde[293].

d) „Ehen" Gleichgeschlechtlicher?
aa) Rechtslage

Eine weitere moderne Überlegung, die sich bislang jedoch noch nirgendwo durchgesetzt hat[294], und deren Verwirklichung auch in der nahen Zukunft nicht zu erwarten ist, ist die Öffnung des Rechtsinstituts der Ehe für gleichgeschlechtliche Partner. Die aktuelle Diskussion um dieses Thema nahm ihren Anfang im US-Bundesstaat Hawaii[295]. Am 5. Mai 1993 hatte der *Supreme Court of Hawaii* über eine Weigerung eines Beamten, eine Heiratsbewilligung für zwei

---

292 A.a.O., 6, 7: „A registered partnership contracted in Norway is not normally recognized in countries which do not have comparable legislation. A registered partnership therefore has no legal consequences outside Norway. This means that a registered couple residing in a country which does not have similiar legislation will be treated as single persons. A temporary stay abroad does not affect the legal civil status of registered partners. This means that travel insurance takenout in the name of one of the partners and his or her family, which under Norwegian law includes the registered partner, is also valid abroad. However, it may be difficult to convince a hospital in, for instance, Spain or the USA of this. It is therefore recommended that both names be specified on the insurance certificate that you take with you when you travel."

293 Materials of the Ministry of Children and Family Affairs, Recommendation from December 18, 1992, 47: „The Bill proposes that at least one of the partners is domiciled in Norway and has Norwegian nationality. The Marriage act does not require such links with Norway, but it is not appropriate to make this correspondingly applicable to homosexuals. Foreign nationals without special connections with Norway have no need to register a partnership in this country, since the registration would have no legal consequences in their country of residence, apart from Norway." mit kritischen Stellungnahmen auf S. 48ff.

294 Die zum Teil nach verschiedenen afrikanischen Stammesrechten möglichen „Ehen" zwischen Frauen sollen hier außer Betracht bleiben, da sie für die angestrebte kollisionsrechtliche Betrachtung kaum von Bedeutung sein werden. Siehe aber etwa zur Rechtslage in Tansania: *Rwezaura*, The Legal Status of Woman-to-Woman Marriages in Tanzania, 6-7 Eastern African Law Review 319(1973/74).

295 Vorab hatten entsprechende Begehren gleichgeschlechtlicher Partner, die bis an den Anfang der siebziger Jahre zurückzuverfolgen sind, nie Erfolg. Vgl. nur: *Baker v. Nelson*, 191 N.W.2d 185 (Minn. 1971); *Anonymous v. Anonymous*, 325 N.Y.S.2d 499 (1971); *Jones v. Hallahan*, 501 S.W.2d 588 (Ky. 1973); *Singer v. Hara*, 522 P.2d 1187, 1192 (Wash.Ct.App. 1974); *De Santo v. Barnsley*, 467 A.2d 952 (Pa.Super.Ct.); *Dean v. District of Columbia*, 653 A.2d 307 (D.C.App. 1992). Ein guter Überblick dieser Rechtsprechung bei *Closen/ Heise*, HIV- Aids and the Non- Traditional Family: The Argument for State and Federal Judicial Recognition of Danish Same- Sex Marriages, 16 Nova L. Rev. 809, 831ff.

Männer zu erteilen, zu entscheiden[296]. Dieser hatte die Erteilung unter Verweis darauf, daß eine Ehe nach gesetzlicher Definition die Vereinigung eines Mannes mit einer Frau voraussetze, abgelehnt. Die Kläger sahen sich dadurch in ihren Grundrechten auf Eheschließung (*fundamental right to marry*) und ihrem nach der Verfassung von Hawaii gewährten *„right to privacy"* sowie ihrem Recht auf *„equal protection"* verletzt. Das Gericht wies die ersten beiden Klagepunkte als unbegründet zurück, sah jedoch in der Ablehnung eines Anspruchs auf Eheschließung für gleichgeschlechtliche Paare eine *„sex based classification subject to strict scrutiny under the Hawaii Constitution's Equal Protection Clause"*[297]. Damit unterwarf der *Supreme Court of Hawaii* das Verbot der Heirat für gleichgeschlechtliche Paare zum ersten Mal dem *„strict scrutiny"*-Test, wodurch die Anforderungen an die die Ungleichbehandlung rechtfertigenden Gründe beachtlich erhöht wurden. Unter *„strict scrutiny"* begründet eine Ungleichbehandlung dann eine Verletzung des Rechts auf *„equal protection"*, wenn sie nicht durch *„compelling state interests"* gerechtfertigt ist und eng ausgelegt wird[298]. Zur Aufklärung entsprechender überwiegender Interessen des Staates wurde an das Untergericht zurückgewiesen. Nach dessen Ansicht ist es dem Staat Hawaii nicht gelungen, entsprechende Interessen nachzuweisen, welche eine Ungleichbehandlung gleichgeschlechtlicher Personen unter dem *„strict scrutiny"*-Test rechtfertigen würden[299]. Diese Entscheidung wurde durch den *Supreme Court of Hawaii* 1997 bestätigt[300]. Damit schien über kurz oder lang der Weg für gleichgeschlechtliche Personen offen, in Hawaii eine Ehe einzugehen.

Dies läßt sich heute jedoch nicht mehr mit Sicherheit behaupten, ganz im Gegenteil. Denn die Gegner einer solchen Entwicklung sahen dieser keineswegs tatenlos zu. Der Gesetzgeber in Hawaii erließ 1997 den *Reciprocal Beneficiaries Act*[301], welcher für nichteheliche Paare bestimmte ehegleiche Rechte schuf und mit dem man die Notwendigkeit einer Eheschließung für homosexuelle Paare wieder in Frage stellen wollte. Mittlerweile zeigt sich jedoch, daß diesem Gesetz nicht viel mehr Bedeutung zukommt als den schon angesprochenen kommunalen Registrierungsmöglichkeiten[302]. Zudem bewegten die Gegner der gleichgeschlechtlichen Ehe in der Legislative den Erlaß eines *Acts*, der verdeutlicht, daß *„marriage"* im Sinne der gesetzlichen Vorschriften Hawaii's nur die Verbindung eines Mannes und einer Frau ist, durch Erwähnung des Wortes *„sex"* in der Verfassung *„gender"* und nicht *„sexual orientation"* gemeint ist und die

---

[296] *Baehr v. Lewin*, 852 P.2d. 44 (Haw. 1993).

[297] Nach der Verfassung von Hawai art. I sec. 5 ist im Unterschied zur bundesstaatlichen Regelung eine Diskriminierung „because of ...sex" ausdrücklich ausgeschlossen. Unter der Equal Protection Clause of the 14th Amendment of the U. S. Constitution ist die Ungleichbehandlung basierend auf unterschiedlichem Geschlecht dagegen nur Subjekt eines intermediate scrutiny Tests.

[298] A.a.O., 46.

[299] *Baehr v. Miike*, 1996 WL 694235 (Haw.Cir.Ct. 1996).

[300] *Baehr v. Miike*, 87 Hawai'i 34, 950 P.2d 1234 (Supr.Ct.1997).

[301] Haw. Rev. Stat. § 88-1 (1997).

[302] *Knauer*, 7 Temp.Pol. & Civ.Rts. L. Rev. 337, 355.

Entscheidung des *Supreme Courts* einen Verstoß gegen das Gewaltenteilungsprinzip darstellen würde[303]. Diese gesetzlichen Vorschriften wurden jedoch mit der Entscheidung des *Supreme Court of Hawaii* 1997 vorerst hinfällig. Damit fanden sich die Gegner der gleichgeschlechtlichen Ehe jedoch nicht ab, sondern wirkten auf eine Änderung der Verfassung hin. 1998 wurde ein Referendum durchgeführt zu der Frage, ob nach der Landesverfassung Hawaii's auch eine gleichgeschlechtliche Ehe möglich sein soll[304]. Da sich die Mehrzahl der Bürger dagegen entschied, wurde die Verfassung Hawaii's dahingehend geändert, daß dem Gesetzgeber die Kompetenz eingeräumt wurde, die Ehe verschiedengeschlechtlichen Paaren beizubehalten[305]. Damit sind die entsprechenden gesetzlichen Vorschriften im Eherecht wieder verfassungsgemäß. Eine gleichgeschlechtliche Ehe wird entgegen vielfältiger Mitteilungen in der Presse in den nächsten Jahren auch in Hawaii nicht möglich sein. Insofern erscheint die umfassende Diskussion um die Anerkennung einer solchen „Ehe" in anderen U.S.-Bundesstaaten, die durch die Entscheidung des *Supreme Court of Hawaii* aus dem Jahre 1993 in der amerikanischen Rechtsliteratur ausgelöst wurde[306], und die umfassenden Gesetzesinitiativen in den anderen Staaten[307], um eine solche

---

[303] Siehe 1994 Haw. Sess. Laws, Act 217 SS 1, 8. Dazu auch *Dupuis*, 9 Int'l J.L. & Family 86, 99(1995).

[304] *Knauer*, 7 Temp.Pol. & Civ.Rts. L. Rev. 337, 355; *Hansen*, More Battles Ahead over Gay Marriage - Opponents Seek to Overturn Hawaii Ruling with a Constitutional Amendment, ABA Journal February 1997, 83 FEB A.B.A.J. 24.

[305] Haw. Const. art. I § 23: „The legislature shall have the power to reserve marriage to opposite sex couples".

[306] Eine ganze Flut von Veröffentlichungen war nach dieser Entscheidung ausgebrochen, die sich mit der Frage beschäftigten, ob die anderen Bundesstaaten unter der Full Faith and Credit Clause und/oder allgemeinen Conflict of Laws Rules zur Anerkennung dieser Ehen verpflichtet sind. Neben der Frage, ob die Full Faith and Credit Clause auf Eheschließungen überhaupt anwendbar ist, drehten sich die Auseinandersetzungen hauptsächlich um die Frage, unter welchen Voraussetzungen ein anderer Bundesstaat unter der public policy exception (vgl. etwa Restatement [Second] of Conflict of Laws Sec. 283 [2]) berechtigt ist, der in einem anderen Bundesstaat wirksam eingegangenen Ehe im Inland die Anerkennung zu versagen. Denn nach allgemeinen Conflict of Law Rules (vgl. Restatement [Second] of Conflict of Laws 1971 Sec. 283 oder Uniform Marriage and Divorce Act Sec. 210) ist eine Ehe als wirksam zu behandeln, wenn sie nach den Vorschriften des Eingehungslandes wirksam geschlossen wurde. Siehe zu der gesamten Diskussion nur beispielhaft *Strasser*, Judicial Good Faith and the Baehr Essentials: On Giving Credit Where It's Due, 28 Rutgers L.J. 313(1997); *Mandell*, Same Sex Marriages: Arizona Reacts to a Perceived Threat to Traditional Marriage, 29 Ariz.St.L.J. 623; *Keane*, Aloha, Marriage? Constitutional and Choice of Law Arguments for Recognition of Same-Sex Marriages, 47 Stan. L. Rev. 499; *Kramer*, Same-Sex Marriages, Conflict of Laws, and the Unconstitutional Public Policy Exception, 106 Yale L.J. 1965.

[307] Im April 1998 gab es in 32 U.S. Bundesstaaten Gesetze, die gleichgeschlechtliche Ehen ausdrücklich ablehnen. Davon waren 26 nach der Entscheidung des Supreme Court of Hawaii erlassen worden (Alaska, Arizona, Arkansas, Delaware, Florida, Georgia, Hawaii, Idaho, Illinois, Indiana, Kansas, Maine, Michigan, Minnesota, Mississippi, Missouri, Montana, North Carolina, North Dakota, Oklahoma, Pennsylvania, South Carolina, South Dakota, Tennessee, Utah, Washington). In Alabama wurde eine entsprechende Verwaltungsvorschrift erlassen. In

zu verhindern, zum derzeitigen Zeitpunkt nicht mehr aktuell. Ihre ausführliche Darstellung kann daher an dieser Stelle unterbleiben.

Im Anschluß an diese Entwicklung in Hawaii wurden auch in anderen US-Bundesstaaten entsprechende Klagen gleichgeschlechtlicher Paare eingebracht. In Alaska und Vermont wurden daraufhin durch die obersten Gerichte die bestehenden Ehegesetze ebenfalls für verfassungswidrig erklärt[308]. Dennoch ist die Einführung einer gleichgeschlechtlichen Ehe auch hier unwahrscheinlich. In Alaska gab es ebenfalls ein *„anti-same-sex-marriage"*-Referendum[309] und in das Ehegesetz wurde eine Regelung eingefügt, die die Ehe ausdrücklich einer Verbindung zwischen Mann und Frau vorbehält[310]. Die Entscheidung in Vermont stellte dem Gesetzgeber frei, ob er die Ungleichbehandlung gleichgeschlechtlicher Paare durch die Öffnung der Ehe oder Bereitstellung eines alternativen Instituts beseitigt. Das *State's House Juduciary Committee* hat sich mehrheitlich im März 2000 für die Einführung einer registrierten Partnerschaft für homosexuelle Paare entschieden[311]. Die endgültige Entscheidung der beiden Häuser des Parlaments steht zwar noch aus. Die bisherige Entwicklung läßt aber

---

Colorado, Louisiana, Maryland, New Hampshire, Texas und Virginia existierten bereits entsprechende Vorschriften. Auch der Bundesgesetzgeber blieb nicht untätig und hat 1996 in Reaktion auf *Baehr v. Lewin* den sog. Defense of Marriage Act (DOMA) erlassen, ein Gesetz, welches wohl nicht unwesentlich dem zum damaligen Zeitpunkt laufenden Wahlkampf zu verdanken ist. DOMA enthält zwei wesentliche Regelungen. Zum einen wird für alle bundesrechtlichen Vorschriften die Ehe als eine Verbindung von Mann und Frau definiert; vgl. Pub. L. No. 104-199, 110 Stat. 2419 (1996), 1 U.S.C. § 7: „In determining the meaning of any Act of Congress, or of any ruling, regulation, or interpretation of the various administrative bureaus and agencies of the United States, the word "marriage" means only a legal union between one man and one woman as husband and wife, and the word "spouse" refers only to a person of the opposite sex who is a husband or a wife." Des weiteren wird klargestellt, daß die Einzelstaaten eine in einem anderen Staat nach den dortigen Vorschriften wirksam eingegangene Ehe zwischen zwei gleichgeschlechtlichen Partnern auf eigenem Territorium nicht anerkennen müssen; vgl. Pub. L. No. 104-199, 110 Stat. 2419 (1996), 28 USCA § 1738 C:„No state, territory, or possesion of the United States, or Indian tribe, shall be required to give effect to any public act, record, or judicial proceeding of any State, territory, possession, or tribe respecting a relationship between persons of the same sex that is threated as a marriage under the laws of such other State, territory, possession or tribe, or a roght or claim arising from such relationship". Siehe auch die Gesetzgebungsmaterialien, H.R.REP. 104-664. Dieses Gesetz jedoch keine Wirkung für die zwischenstaatliche Anerkennungsproblematik. Dem Kongreß fehlte die Befugnis, den Anwendungsbereich der verfassungsrechtlich verankerten Full Faith und Credit Clause (U.S. Const Art. IV § 1) hinsichtlich gleichgeschlechtlicher Ehen einzuschränken. Unter der Effect Clause der U.S. Const. Art. IV, 1 wird ihm nicht die Befugnis verliehen, entscheiden zu können, welche „public acts, records, and proceedings" in einem anderen Bundesstaat nicht anzuerkennen ist. Eine solche Ausnahme kann nur durch eine Verfassungsänderung festgelegt werden.

[308] *Brause and Dugan v. Bureau of Vital Statistics*, 1998 WL 88743 (Alaska Super.1998); *Baker v. State of Vermont*, 744 A.2d 864 (Supr.Ct.1999).

[309] A.S. 25.05.013.

[310] Defense of Marriage Act, S.J.Rs. 42, 20th Leg. 2d Legis. Sess.(Alaska 1998); ratified November 1999.

[311] 1999 VT H.B. 847 (SN).

erwarten, daß eine solche Registrierungsalternative eröffnet wird und nicht die Ehevorschriften ausgedehnt werden.

Es ist damit derzeit in allen Rechtsordnungen der Grundsatz unverrückbar, daß eine Ehe zwischen gleichgeschlechtlichen Partnern nicht möglich ist[312].

bb) Motive

Ziel der Befürworter einer gleichgeschlechtlichen Ehe ist der Abbau der Diskriminierung homosexueller Paare gegenüber verschiedengeschlechtlichen Verbindungen. Man möchte ihnen gestatten, ihrer Partnerschaft Rechtsverbindlichkeit zu verleihen wie es einem heterosexuellen Paar überall mittels Eingehung der Ehe möglich ist. Insoweit sind die Beweggründe dieselben wie in den Staaten, welche eine registrierte Partnerschaft für homosexuelle Paare zur Verfügung stellen[313]. Im Unterschied dazu würde es jedoch hier, wenn man die Eingehung der Ehe auch für ein homosexuelles Paar ermöglicht, zu einer grundlegenden Wende im Eherecht kommen. Denn bislang sieht man die traditionelle Funktion der Ehe als Hort der Fortpflanzung und Kindererziehung als derart bedeutend und die Ehe als solche charakterisierend an, daß sie der Verbindung zwischen Mann und Frau vorbehalten wird.

cc) Kollisionsrechtliche Aspekte

Auch die Eingehung einer solchen „Ehe“ wäre an die Mitwirkung beider Partner gebunden. Das zeigt, daß das Parteiinteresse auf Rechtsverbindlichkeit gerichtet ist. Auch der Staat bringt sein Regelungsinteresse klar zum Ausdruck, wenn er eine solche Partnerschaft gesetzlich ausdrücklich zuläßt. Die Funktionen dieser Verbindungen, die Motive und Erwartungen des Paares und auch die Erwartungen und Zielsetzungen des Eingehungslandes entsprechen somit grundsätzlich der Rechtslage bei registrierten homosexuellen Partnerschaften. Allein die unterschiedliche Bezeichnung im Eingehungsland kann für die kollisionsrechtliche Betrachtung nicht relevant sein. Ob ein Staat die Ehe als umfassendes familienrechtliches Rechtsinstitut auch für homosexuelle Paare eröffnet oder aber daneben ein neues Rechtsinstitut schafft, welches für diese Paare grundsätzlich dieselben Rechtswirkungen erzeugt, hat keinen Einfluß auf die kollisionsrechtlich relevanten Interessen. In beiden Fällen bringt der Eingehungsstaat zum Ausdruck, daß er dem Parteiinteresse nach umfassender gesetzlicher Regelung nachkommen möchte. Relevant wird diese Entscheidung nur in der Weise, daß das Forum bei der kollisionsrechtlichen Entscheidung im Rahmen der Abwägung der eigenen Interessen und grundsätzlicher Rechtsanschauungen gegen-

---

[312] Siehe für Deutschland: *BVerfG* v. 4.10.1993, FamRZ 1993, 1419 m.Anm. *Schimmel*, FuR 1993, 347; *Schimmel/Meier*, Gleichgeschlechtliche Ehen schon nach geltendem Recht? StAZ 1993, 210; *Willutzki*, Die Zulässigkeit der gleichgeschlechtlichen Eheschließung, MDR 1993, 116; *Zuck*, Die schwule Braut, NJW 1995, 175.

[313] Siehe oben A) IV. 2. c) dd).

über einem inhaltlich anders ausgestalteten Rechtsinstitut „Ehe“ unter Einschluß homosexueller Paare noch abgeneigter sein könnte. Darauf sei an dieser Stelle jedoch nur hypothetisch hingewiesen, denn diese Frage stellt sich mangels entsprechender Regelungen zur Zeit nicht.

e) Registrierte Partnerschaften für heterosexuelle und homosexuelle Paare

In verschiedenen europäischen Ländern wurde in den letzten Jahren eine Registrierungsmöglichkeit für heterosexuelle und homosexuelle Paare eingeführt. Seit dem 1.1.1998 besteht eine solche in den **Niederlanden**[314], seit dem 15.11.1999 in **Frankreich**[315] und seit Ende 1999 in den spanischen Provinzen **Katalonien**[316] und **Aragón**[317]. Voraussetzungen und Rechtswirkungen dieser Partnerschaften unterscheiden sich sehr.

aa) Regelungsumfang

Nach wirksamer Registrierung verweist die Regelung in den **Niederlanden** mit Ausnahme kindschaftsrechtlicher Rechtsfolgen auf die Rechtswirkungen der Ehe[318]. Auch bei Eingehung der Partnerschaft sind die Formvorschriften der Eheschließung entsprechend zu beachten[319]. Die Auflösung der Partnerschaft ist u.a. durch Trennung im gegenseitigen Einvernehmen durch Einreichung einer von beiden Lebenspartnern und einem oder mehreren Notaren oder Anwälten unterschriebenen schriftlichen Erklärung über die Auflösung der Beziehung oder auch durch Auflösung auf Antrag eines der Partner möglich[320].

In **Frankreich** haben zwei nichteheliche Lebenspartner die Möglichkeit, einen Partnerschaftsvertrag zu schließen und an ihrem gemeinsamen Wohnsitz eine Erklärung über die Eingehung einer rechtlich verbindlichen Partnerschaft abzugeben, die diesem Vertrag rechtlichen Bestand verleiht. Die Partnerschaft wird registriert und eine entsprechende Information an die Register der Geburtsorte der Partner weitergeleitet[321]. Grundsätzlich legen die Partner in dem Vertrag die aus der Partnerschaft erwachsenden Rechte und Pflichten selbst fest[322]. Unabhängig davon besteht ab Registrierung eine gesetzliche Haftung ge-

---

314 Art. 80 a-e Burgerlijk Wetboek; eingeführt durch Gesetz v. 5.7.1997, Staatsblad 1997, 324.

315 Art. 515-1 à 515-7 Code Civil; eingeführt durch Gesetz Nr. 99-944 v. 15.11.1999, Art. 1 Journal Officiel du 16 novembre 1999.

316 Ley 15 Julio 1998, N°10/1998, RCL 1999, N° 423.

317 Ley 6/1999, de 26 de marzo, relativa a Parejas estables no casadas, BO de Aragón 1999, N° 39.

318 Art. 80 b i.V.m. Art. 81-148 Burgerlijk Wetboek. Auch die Vorschriften des Ehegüterrechts sind demnach entsprechend anzuwenden.

319 Art. 80 a Burgerlijk Wetboek.

320 Auch dies entspricht grob der Regelung im Eherecht, vgl. Art. 80c, 149 Burgerlijk Wetboek.

321 Art. 515-5 Code Civil.

322 Art. 515-4 Code Civil.

genüber Dritten aus Geschäften des täglichen Lebens und für den gemeinsamen Haushalt[323]. Die Partner können bestimmen, welche Eigentumsverhältnisse an Gegenständen bestehen sollen, die sie nach Vertragsschluß erwerben. In Ermangelung einer solchen Regelung wird gesetzlich Gesamthandseigentum vermutet[324]. Stirbt einer der Partner, hat der Überlebende Vorzugsrechte hinsichtlich der gemeinsamen Wohnung[325]. Auflösung der Partnerschaft ist sowohl durch übereinstimmende Erklärung an das Register als auch einseitig auf Antrag eines Partners möglich[326].

In **Katalonien** und **Aragón** bestehen neben der Anerkennung einer nichtehelichen Partnerschaft nach Ablauf von zwei Jahren alternativ Registrierungsmöglichkeiten, die ihr Rechtsverbindlichkeit von Anfang an verleihen[327]. In Katalonien ist dies für Homosexuelle die einzige Anerkennungsmöglichkeit. Lebte der eine Partner vorab schon in einer anderen Partnerschaft, so besteht nach deren Auflösung eine Wartezeit von 6 Monaten[328]. Wie in Frankreich bleibt es auch hier primär den Lebenspartnern überlassen, vertragliche Regelungen über die Vermögenslage zu treffen[329]. Bei homosexuellen Verbindungen sind in Katalonien die gesetzlichen Rechtsfolgen aber als Mindestgehalt zwingend vorgeschrieben[330]. In Ermangelung einer vertraglichen Regelung besteht eine gegenseitige Unterhaltspflicht für den täglichen Bedarf, ansonsten aber Gütertrennung[331]. Generell besteht nach Registrierung eine gesamtschuldnerische Haftung gegenüber Dritten für Geschäfte des täglichen Lebens[332], gegenseitige Betreuungsrechte[333], sowie ein Vermögensausgleich bei Trennung, sofern der eine Partner durch unentgeltliche Mitarbeit des anderen in seinem Betrieb oder Hausarbeit ungerechtfertigt bereichert ist[334]. Nach Tod des Partners hat der überlebende Teil einen Anspruch auf die Haushaltsgegenstände sowie das Recht, ein

[323] Art. 515-4 Code Civil.
[324] Art. 515-5 Code Civil.
[325] Art. 515-6, 832 Code Civil.
[326] Art. 515-7 Code Civil.
[327] Art. 1 I, 21 I Ley 15 Julio 1998/Cataluña; Art. 3 I Ley 6/1999, de 26 de marzo, relativa a Parejas estables no casadas/Aragón.
[328] Art. 17 I, 29 Ley 15 Julio 1998/Cataluña; Art. 6 IV Ley 6/1999, de 26 de marzo, relativa a Parejas estables no casadas/Aragón.
[329] Art. 3 I, 22 I Ley 15 Julio 1998/Cataluña; Art. 5 I Ley 6/1999, de 26 de marzo, relativa a Parejas estables no casadas/Aragón.
[330] Art. 22 I Ley 15 Julio 1998/Cataluña.
[331] Art. 3 III, 22 II Ley 15 Julio 1998/Cataluña; Art. 5 III Ley 6/1999, de 26 de marzo, relativa a Parejas estables no casadas/Aragón.
[332] Art. 5, 24 Ley 15 Julio 1998/Cataluña; Art. 5 IV Ley 6/1999, de 26 de marzo, relativa a Parejas estables no casadas/Aragón.
[333] Art. 7, 25 Ley 15 Julio 1998/Cataluña; Art. 12 Ley 6/1999, de 26 de marzo, relativa a Parejas estables no casadas/Aragón.
[334] Art. 13, 31 I Ley 15 Julio 1998/Cataluña; Art. 7 I Ley 6/1999, de 26 de marzo, relativa a Parejas estables no casadas/Aragón.

Jahr in der gemeinsamen Wohnung zu verbleiben[335]. In Katalonien besteht außerdem ein Unterhaltsanspruch gegen den Nachlaß[336] sowie während der Beziehung Verfügungsbeschränkungen hinsichtlich der gemeinsamen Wohnung und des Hausrats[337]. Homosexuelle Partner haben dort überdies einen Vermächtnisanspruch gegen die Erben des Partners, der in der Höhe vom Grad der Verwandtschaft der Erben abhängt[338]. Dieser Anspruch besteht auch, wenn der Erblasser testamentarisch verfügte und den Partner nicht bedacht hat[339]. In Aragón besteht die Möglichkeit gemeinsamer testamentarischer Verfügungen der Lebenspartner[340].

bb) Ziele

Nichtehelichen Paaren wird in diesen Staaten ermöglicht, im gegenseitigen Einvernehmen durch Dokumentierung ihres Rechtsbindungswillens nach außen unter staatlicher Mitwirkung eine umfassend gesetzlich geregelte Partnerschaft einzugehen. Die Verleihung der besonderen Rechtswirkungen ist abhängig von einem formellen Eingehungsakt. Daraus folgt, daß anders als in den vorab vorgestellten Rechtsordnungen daneben auch weiterhin rechtlich unverbindliche Verbindungen - mit Ausnahme Kataloniens und Aragóns auch auf unbestimmte Zeit - bestehen können. Es wird hier nicht aus Schutzgesichtspunkten die Privatautonomie der Partner dergestalt zurückgedrängt, daß man ihnen Rechtswirkungen verleiht, ohne auf die Motive des Zusammenlebens einzugehen. Man reagiert vielmehr flexibel auf die unterschiedlichen Zielsetzungen der Partner. Möchte ein Paar durch förmliche Eingehung seiner Partnerschaft nach außen dokumentieren, daß es Rechtsverbindlichkeit wünscht, so ist ihm dies möglich. Dazu ist aber wie bei der Ehe die Mitwirkung beider Partner notwendig. Möchte es dies nicht, so wird es weiter als allgemeine schuldrechtliche Beziehung behandelt[341]. Die Gesetzgebungen bringen zum Ausdruck, daß man auch alternative Partnerschaftsformen neben der Ehe ermöglichen will. Die registrierten Partnerschaften treten in direkte Konkurrenz zur Ehe als familienrechtliches Rechtsinstitut. Daneben wird teilweise noch immer diskutiert, ob auch die Ehe homosexuellen Paaren eröffnet werden soll[342].

---

335 Art. 18, 33 Ley 15 Julio 1998/Cataluña; Art. 9 Ley 6/1999, de 26 de marzo, relativa a Parejas estables no casadas/Aragón.

336 Art. 18, 33 Ley 15 Julio 1998/Cataluña.

337 Art. 11, 28 Ley 15 Julio 1998/Cataluña.

338 Art. 34 Ley 15 Julio 1998/Cataluña.

339 Eine Art Pflichtteil; Art. 35 Ley 15 Julio 1998/Cataluña.

340 Art. 15 Ley 6/1999, de 26 de marzo, relativa a Parejas estables no casadas/Aragón.

341 Mit vereinzelten Erfassungen in der Rechtsprechung.

342 Siehe *de Groot*, Entwicklungen im niederländischen Familienrecht, StAZ 1998, 165, 169 m.w.N. in FN 30.

cc) Weitere kollisionsrechtliche Aspekte

Für die kollisionsrechtliche Einordnung ist einerseits relevant, daß der Verleihung umfangreicher Rechtswirkungen stets ein förmlicher Akt unter Mitwirkung beider Partner vorangeht. Es wird ein familienrechtlicher Status - wenn auch nicht der der Ehe - geschaffen. Damit haben die Partner und auch der Eingehungsstaat ein großes Interesse daran, daß dieser Status bestehen bleibt, wenn das Paar die Landesgrenzen überschreitet. Auf der anderen Seite haben auch andere Staaten unter Rechtssicherheitsaspekten ein Interesse daran, daß ein familienrechtlicher Status nicht in jedem Land immer wieder neu bestimmt werden muß.

Weiterhin ist bedeutsam, daß auch Ausländern die Eingehung einer solchen Partnerschaft ermöglicht wird. Anders als in den skandinavischen Staaten rechnet man wohl mit der Anerkennung dieser Beziehungen im Ausland. Registrierungen nach niederländischem Recht sind möglich für im In- wie auch Ausland wohnhafte niederländische Staatsangehörige[343], zwischen EU-Bürgern, sofern sie über eine unbefristete Aufenthaltserlaubnis/EWG verfügen[344]. Gehört einer oder beide Partner diesen Staaten nicht an, ist eine Registrierung möglich, sofern diese/r über eine Aufenthaltsberechtigung verfügen[345]. Die französischen Vorschriften enthalten die Regelung, daß dann, wenn ein Partner im Ausland geboren ist, der Nachweis über die Registrierung beim höchsten Gericht in Paris eingetragen wird[346]. Wenn die Partner im Ausland leben und einer französischer Nationalität ist, ist Registrierung vor dem französischen Konsularbeamten möglich[347]. Da französische Nationalität nicht ausdrücklich als eine Voraussetzung der Eingehung der Partnerschaft genannt wird, ist wohl auch die Registrierung für zwei Ausländer möglich. Nach den Gesetzen in Katalonien und Aragón muß einer der Partner seinen Wohnsitz in der entsprechenden Provinz haben[348]. Auf die Nationalität wird nicht eingegangen.

f) Zusammenfassung

Auch dem Wunsch eines Paares nach gesetzlicher Regelung neben der Ehe kommen die Staaten in unterschiedlichem Umfang nach. In Deutschland und einigen anderen Industrieländern besteht für ein nichteheliches Paar derzeit keine Möglichkeit, ihrer Verbindung ehegleiche oder -ähnliche Rechtswirkungen zu verleihen, ohne eine Ehe nach den gesetzlichen Erfordernissen einzuge-

---

[343] Art. 80 a I, VI Burgerlijk Wetboek.
[344] Art. 80a I Burgerlijk Wetboek. Warum neben EU-Bürgern auch Angehörige von EWG-Vertragsstaaten genannt werden, ist allerdings unklar.
[345] Art. 80a II Burgerlijk Wetboek.
[346] Art. 515-3 Code Civil.
[347] Art. 515-3 Code Civil.
[348] Art. 1 I, 20 II Ley 15 Julio 1998/Cataluña; Art. 2 Decreto 2 de noviembre de 1999, BO de Aragón 1999, N° 146.

hen. Auch auf vertraglichem Weg ist dies nicht umfassend möglich. Es können lediglich einzelne Regelungen für den vermögensrechtlichen Bereich getroffen werden. In anderen Ländern existieren dem deutschen Sachrecht unbekannte familienrechtliche Rechtsinstitute, deren Eingehungsvoraussetzung die Registrierung der Partner bei einer staatlichen Stelle ist. Zumeist wurde eine solche Möglichkeit für homosexuelle Paare als Äquivalent zur Ehe geschaffen. Zunehmend besteht darüber hinaus auch eine Registrierungsmöglichkeit für heterosexuelle Paare. Nach diesen Regelungen haben heterosexuelle Paare die Wahl, ob sie neben der Ehe ein anderes familienrechtliches Rechtsinstitut eingehen möchten oder ungeregelt faktisch zusammenleben wollen. Nur dort können sie die Zuerkennung umfassender Rechtswirkungen an ihre Verbindung folglich selbst beeinflussen. In anderen Staaten, die umfassende oder lediglich punktuelle gesetzliche Regelungen für nichteheliche Paare bereithalten, treten die Rechtswirkungen nach einer bestimmten Zusammenlebensdauer automatisch ein. Sie können daher auch von nur einem Partner geltend gemacht werden. Die skandinavischen Staaten rechneten bei Einführung der Registrierungsmöglichkeit nicht mit der Anerkennung dieser Verbindungen im Ausland. Dies ist bei den aktuellen Partnerschaftsgesetzen anders. Hinsichtlich der Staaten, die gesetzlich Rechtswirkungen nach Ablauf einer bestimmten Zusammenlebensdauer zusprechen, kann die Anerkennungsprognose nur indirekt aus den gesetzgeberischen Zielen geschlossen werden. Dabei ist bei traditionellen Verbindungen davon auszugehen, daß diese wohl nur für eigene Staatsbürger auf eigenem Staatsgebiet gelten sollen. Bei modernen Regelungen zur Aufwertung alternativer Partnerschaftsformen ist eine solche Einschränkung dagegen nicht mit Sicherheit anzunehmen. Derzeit besteht nirgendwo auf der Welt für ein homosexuelles Paar die Möglichkeit, eine Ehe einzugehen.

Teil B) Die Einordnung nichtehelicher Partnerschaften im deutschen Kollisionsrecht

I. Rechtslage

1. Deutschland
a) Gesetzliche Regelungen

Das EGBGB enthält keine ausdrückliche Norm hinsichtlich Eingehung, Rechtswirkungen und Auflösung einer nichtehelichen Partnerschaft, sei sie gleich- oder verschiedengeschlechtlicher Natur. Auch kollisionsrechtliche Staatsverträge[349] oder materielles Einheitsrecht sind nicht einschlägig.

b) Rechtsprechung
aa) Überblick

Die Rechtsprechung hat ebenfalls noch keine umfassenden Kollisionsregeln herausgearbeitet. Waren nichteheliche Lebensgemeinschaften mit Auslandsbezug bislang Gegenstand gerichtlicher Entscheidungen, so handelte es sich entweder um die Frage der Anerkennung einer Rechtswirkung, welche einem Sonderstatut unterlag[350], oder die Anknüpfungsfrage war nicht entscheidungserheblich, so daß die Anwort offen bleiben konnte[351].

bb) OLG Koblenz v. 2.12.1993[352]

Dieser Entscheidung lag folgender Sachverhalt[353] zugrunde:

Klägerin und Beklagter sind geschieden. Beide sind kroatische Staatsangehörige mit Wohnsitz in Deutschland. Die Klägerin nimmt den Beklagten im Rahmen der Auseinandersetzung der Gütergemeinschaft auf Zahlung von 50.000,- DM in Anspruch. In der ersten Instanz behauptete die Klägerin, sie hätte mit dem Beklagten schon vor der Ehe länger zusammengelebt. Diese Behauptung hat sie in der zweiten Instanz nicht mehr aufrechterhalten.

---

[349] Zur Nichtanwendbarkeit des Haager Unterhaltsübereinkommens von 1973 siehe unten B) II. 2. e) bb).

[350] So in der Entscheidung des *BayObLG* in NJW 1976, 2076, in der es um die Erbberechtigung nach israelischem Recht ging, welches über Art. 24, 25 EGBGB a.F. zur Entscheidung berufen war. In IPRspr. 1964 Nr. 173 hatte das *BayObLG* über die Wirksamkeit der testamentarischen Erbeinsetzung einer nichtehelichen Lebensgefährtin und ihre Ernennung zum Testamentsvollstrecker zu befinden. Auch hier wurde das anwendbare Recht über das Erbstatut bestimmt. Ausführlich zu den Sonderstatuten im folgenden B) II. 2.

[351] So in den folgenden Entscheidungen *OLG Koblenz* v. 2.12.1993, NJW-RR 1994, 648 sowie *OLG Zweibrücken* v. 28.5.1993, NJW-RR 1993, 1478.

[352] NJW-RR 1994, 648.

[353] Durch die Verfasserin stark vereinfacht.

Aufgrund der kroatischen Staatsangehörigkeit der Parteien handelte es sich um einen Fall mit Auslandsberührung. Es war als erstes das anwendbare Recht zu bestimmen. Das *OLG Koblenz* hat auf die güterrechtliche Auseinandersetzung während der Ehe angeschaffter Vermögenswerte Art. 15 Abs. 1 i.V.m. 14 Abs. 1 EGBGB angewendet und ist damit aufgrund der gemeinsamen kroatischen Staatsangehörigkeit der geschiedenen Eheleute zur Anwendung kroatischen Rechts gelangt. Dieses hat nicht zurückverwiesen[354]. Im weiteren hat das Gericht bei der Feststellung des Zeitraums des Zusammenlebens darauf hingewiesen, daß dafür auch das voreheliche Zusammenleben von Bedeutung sein kann, da „gem. Art. 293 KroatEheFamG eine außereheliche Lebensgemeinschaft von gewisser Dauer in ihren güterrechtlichen Wirkungen einer Ehe gleichgestellt wird"[355]. Man brauchte dieser Frage im vorliegenden Fall jedoch nicht weiter nachzugehen, da die Klägerin auf diesen Zeitraum in der zweiten Instanz nicht mehr eingegangen ist.

Das *OLG Koblenz* hat zutreffend über Art. 15 Abs. 1 i.V.m. Art. 14 Abs. 1 EGBGB kroatisches Recht angewendet. Die Hinweise des Gerichts auf die Einbeziehung des Zeitraums vorehelichen Zusammenlebens waren ohne Bedeutung für die Entscheidung. Sie geben jedoch Anlaß zu Bedenken, wenn man den Sachverhalt etwas abwandelt und die Klägerin sich weiter auch auf diesen Zeitraum berufen läßt. Die Aussage des Gerichts, daß der Zeitraum vorehelichen Zusammenlebens in die Betrachtung einzuschließen wäre, zeigt, daß es entweder davon ausging, daß hinsichtlich der güterrechtlichen Wirkungen nichtehelichen Zusammenlebens ebenfalls Art. 15 Abs. 1 i.V.m. 14 Abs. 1 EGBGB anzuwenden ist. Oder das Gericht hat § 293 KroatEheFamG als eine der ehelichen Verweisungsnorm unterfallende Vorschrift angesehen. Dies wäre jedoch nicht zutreffend. § 293 KroatEheFamG ist eine für nichteheliche Paare geltende Norm. Es ist keine Sachnorm für die ehegüterrechtliche Auseinandersetzung, welche lediglich den zu betrachtenden Zeitraum näher definiert. Einer Anwendung von Art. 15 Abs. 1 i.V.m. 14 Abs. 1 EGBGB auf diese Norm ist nicht zuzustimmen. Die weitere Prüfung wird zeigen, daß gerade hinsichtlich einer Vermögensauseinandersetzung eines nichtehelichen Paares die verschiedensten kollisionsrechtlichen Lösungswege in Frage kommen. Diese führen in der Mehrzahl zur Anwendung des gemeinsamen Aufenthaltsrecht vor dem gemeinsamen Heimatrecht der Partner. Auch die hier vorgeschlagene Kollisionsregel stellt auf dieses Anknüpfungsmoment ab. Es ist aus den veröffentlichten Sachverhaltsangaben nicht ersichtlich, in welchem Staat die beiden Kroaten vor der Ehe faktisch zusammenlebten. Sollte es in Kroatien gewesen sein, käme man ebenfalls zur Anwendung kroatischen Rechts und damit einer Einbeziehung der Vermögensverschiebungen während dieses Zeitraums in die Güterauseinandersetzung. Haben sie sich zu diesem Zeitpunkt schon in Deutschland aufgehalten, wäre jedoch deutsches Recht zur Entscheidung berufen und güterrechtliche

---

[354] *OLG Koblenz*, a.a.O., S. 648.

[355] Siehe *OLG Koblenz* a.a.O.

Wirkungen abzulehnen. Eine klare kollisionsrechtliche Entscheidung wäre mithin entscheidungserheblich gewesen, wenn die Klägerin sich weiterhin auch auf diesen Zeitraum berufen hätte.

cc) OLG Zweibrücken vom 28.5.1993[356]

In der Entscheidung des *OLG Zweibrücken* ging es um die kollisionsrechtliche Einordnung eines Unterhaltsvertrages zwischen nichtehelichen Partnern. Folgender Sachverhalt[357] lag zugrunde:

Der Beklagte ist italienischer Staatsangehöriger, die Klägerin Deutsche. Beide lebten mehrere Jahre in Deutschland in nichtehelicher Lebensgemeinschaft. Aus der Beziehung gingen zwei gemeinsame Kinder hervor. Die Klägerin war anfangs berufstätig. Nach der Geburt des zweiten Kindes gab sie ihre Beschäftigung jedoch auf. Nach mehr als 22 Jahren trennte sich die Klägerin von dem Beklagten. Beide beschlossen, sich zur Auseinandersetzung der Hilfe einer von einem Rechtsanwalt entworfenen Trennungsvereinbarung zu bedienen. Nach dieser sollte die Klägerin in der gemeinsamen Wohnung bleiben dürfen und vom Beklagten eine genauer festgelegte monatliche Unterhaltszahlung bekommen, welche betragsmäßig in Zahlungen an die Kinder und die Klägerin selbst aufgeteilt wurde. Der Beklagte weigerte sich in der Folgezeit, den Unterhaltsbetrag für die Klägerin selbst zu zahlen. Die Klägerin macht ihren Unterhaltsanspruch aus der Vereinbarung gerichtlich geltend.

Voraussetzung eines derartigen Anspruchs ist die Wirksamkeit der Unterhaltsvereinbarung. Da es sich hier wegen der italienischen Nationalität des Beklagten um einen Fall mit Auslandsberührung handelte, war das deutsche internationale Privatrecht zur Entscheidung berufen, welches Recht darüber zu befinden hat. Das Gericht verwies darauf, daß hier entweder die Kollisionsnormen über vertragliche Schuldverhältnisse, Art. 27ff. EGBGB, oder in analoger Anwendung von Art. 17 Abs. 1 das Ehewirkungsstatut, Art. 14 Abs. 1 EGBGB, anzuwenden seien[358]. Die Entscheidung wurde im folgenden jedoch offen gelassen, da nach Ansicht des Gerichts beide Auffassungen deutsches Recht zur Anwendung bringen würden. Über Art. 28 Abs.1, Abs. 2 Satz 1 EGBGB stellte man auf den gewöhnlichen Aufenthalt des Erbringers der charakteristischen Leistung, und damit des Unterhaltsverpflichteten, zum Zeitpunkt des Vertragsschlusses ab. Nach Art. 17 Abs. 1 i.V.m. Art. 14 Abs. 1 Nr. 2 EGBGB wendete man das Recht am gemeinsamen Aufenthalt des Paares zur Zeit der Vereinbarung an. Da beide Partner sich zu diesem Zeitpunkt in Deutschland aufhielten, führten beide Anknüpfungsschienen zur Anwendung deutschen Rechts. Alternativ berief man sich auch noch auf eine konkludente Wahl deutschen Rechts, Art. 27 Abs. 1 Satz 2 EGBGB[359].

---

[356] NJW-RR 1993, 1478.
[357] Durch die Verfasserin wiederum stark vereinfacht.
[358] *OLG Zweibrücken* a.a.O., 1478.
[359] *OLG Zweibrücken* a.a.O., 1478.

Der kollisionsrechtlichen Entscheidung des *OLG Zweibrücken* ist im Ergebnis zuzustimmen. Der Prüfungsreihenfolge kann jedoch nicht gefolgt werden. Im Ausgangspunkt wurden die möglichen objektiven Anknüpfungsalternativen nicht abschließend genannt. Über die beiden vorgeschlagenen Wege hinaus wäre daran zu denken gewesen, gem. Art. 18 Abs. 1 EGBGB das Recht am gewöhnlichen Aufenthalt des Unterhaltsberechtigten über die Wirksamkeit der Unterhaltsvereinbarung entscheiden zu lassen[360]. In der vorliegenden Sachverhaltskonstellation wäre man jedoch auch auf diesem Weg zur Anwendung deutschen Rechts gelangt. Die Klägerin hatte ihren gewöhnlichen Aufenthalt in Deutschland. Diese Unterlassung des Gerichts war daher nicht entscheidungserheblich. Darüber hinaus ist aber eine vertragliche Trennungsvereinbarung zwischen nichtehelichen Lebenspartnern nicht über Art. 28 Abs. 2 Satz 1 EGBGB dem Recht am gewöhnlichen Aufenthalt des Erbringer der charakteristischen Leistung zu unterstellen[361]. Diese Vereinbarungen sind in der Regel nicht einseitig, eine charakteristische Leistung schwer bestimmbar. Der vorliegende Sachverhalt scheint auf den ersten Blick anders zu beurteilen zu sein, weil hier lediglich Unterhaltsverpflichtungen des Mannes Streitgegenstand sind. Welche Festlegungen daneben noch getroffen wurden, geht jedoch aus den knappen Angaben nicht hervor. Eine endgültige Entscheidung kann daher hier nicht getroffen werden. Grundsätzlich werden vertraglich vereinbarte Unterhaltsleistungen Gegenleistungen für bestimmte vorab erbrachte oder künftig zu erbringende Leistungen des Partners - wie etwa die weitere Kinderbetreuung - sein. Es liegt dann keine charakteristische Leistung vor und gem. Art. 28 Abs. 1 EGBGB ist nach einem Recht zu suchen, welches dieser Verbindung am engsten verbunden ist. Auch hier wäre man jedoch wegen des gemeinsamen Aufenthalts dieses gemischtnationalen Paares in Deutschland wohl zur Anwendung deutschen Rechts gekommen. Auch diese Frage war also letztlich nicht entscheidungserheblich. Nicht korrekt war ferner der nachträgliche Hinweis des Gerichts auf eine konkludente Rechtswahl, nachdem durch eine objektive Anknüpfung das anwendbare Recht bestimmt wurde. Eine solche würde grundsätzlich vorgehen. Eine Einordnung unter Art. 27 Abs. 1 Satz 2 EGBGB ist auch zweifelhaft. Es käme ebenfalls eine Anwendung des Art. 15 Abs. 2 EGBGB in Betracht mit der Folge, daß gem. Art. 15 Abs. 3 in Verbindung mit Art. 14 Abs. 4 EGBGB unter Umständen keine konkludente Rechtswahl möglich ist[362]. Diese Alternative ist zwar abzulehnen, das Gericht hat eine Abgrenzung aber unterlassen.

---

[360] Dieser Weg ist letztendlich jedoch abzulehnen, siehe unten B) II. 2. e) bb).

[361] Dazu ausführlich unten B) II. 4. ee). Es soll dieser Untersuchung hier nicht vorgegriffen werden. Es ist nur kritisch zu vermerken, daß das *OLG* sich mit dieser Frage nicht beschäftigt hat.

[362] Hierzu ausführlich unten B) III. 4. b) dd).

c) Literaturansichten

Die Auseinandersetzung mit der vorliegenden Thematik in der Literatur befindet sich in Deutschland noch immer in einem Anfangsstadium, obwohl schon seit Beginn der 80er Jahre auf mögliche Probleme hingewiesen wurde[363]. Es wird einerseits eine grundsätzlich schuldrechtliche Qualifikation nichtehelichen Zusammenlebens mit Anknüpfung der verschiedenen Rechtsfragen entsprechend der im materiellen Recht vorgeschlagenen Lösungen z.B. nach schuldvertraglichen, sachenrechtlichen und bereicherungsrechtlichen Grundsätzen[364] vorgeschlagen. Vorherrschend wird aber eine familienrechtliche Einordnung in Anlehnung an das internationale Eherecht[365] vertreten oder in der Einordnung der Partnerschaften je nach Grad der Verrechtlichung der Beziehung[366] unterschieden. Dabei wird meist nur auf verschiedengeschlechtliche Paare eingegangen. Probleme registrierter homosexueller Verbindungen werden lediglich vereinzelt aufgeworfen, ohne eine umfassende Lösung vorzuschlagen[367]. Eine umfassende

---

[363] Die einzigen ausführlichen Bearbeitungen finden sich bei *Striewe*, Nichteheliche Lebensgemeinschaft, 349ff.; *Henrich*, Kollisionsrechtliche Probleme bei der Auflösung eheähnlicher Gemeinschaften, Festschrift für Günther Beitzke, 507ff.; Staudinger-*v.Bar/Mankowski*, 13. Aufl. 1996, Art. 13 Rdnr. 176ff., 682ff., Anh zu Art. 13 EGBGB Rdnr. 41ff.; Soergel-*Schurig*, 12. Aufl. 1996, Vor Art. 13 EGBGB Rdnr. 29ff. und ganz aktuell bei *Andrae*, 391ff., 398ff. Die Arbeiten von *Kartzke*, Nichteheliche Lebensgemeinschaften zwischen bzw. mit Türken in der Bundesrepublik Deutschland, 1995, und *Denker*, Die Auflösung von nichtehelichen Lebensgemeinschaften zwischen bzw. mit Türken in der Bundesrepublik Deutschland - Aus internationalprivatrechtlicher Sicht-, 1991, behandeln lediglich deutsch- türkische Partnerschaften. Die Dissertation von *Reng*, Unterhaltsansprüche aufgrund nichtehelicher Lebensgemeinschaft, 1992, beschäftigt sich lediglich mit der unterhaltsrechtlichen Problematik.

[364] Palandt-*Heldrich*, Art. 14 EGBGB Rdnr. 1, 17; Art. 17 EGBGB Rdnr. 14; Erman-*Hohloch*, Vor Art. 13 Rdnr. 13. Für eine registrierte dänischen homosexuelle Partnerschaft: *Nordhues*, DRiZ 1991, 136ff.

[365] So *Kropholler*, Internationales Privatrecht, 343; *Kegel*, 685; *Striewe*, Ausländisches und internationales Privatrecht der nichtehelichen Lebensgemeinschaft, 390ff. für das Innenverhältnis der Partner; *v.Bar*, Internationales Privatrecht II, 82, und Staudinger-*v.Bar*, 12. Aufl. 1992, Anh Art. 13 EGBGB Rdnr. 20ff. sowie Vorbem zu Art. 13 EGBGB Rdnr. 14ff.; auch Staudinger-*v.Bar/Mankowski*, 13. Aufl. 1996, Anh Art. 13 EGBGB Rdnr. 80ff.; *Rauscher*, 157; *von Hoffmann*, 273; *Grziwotz*, 602; *Schreiber*, 15ff. Für gleichgeschlechtliche registrierte Verbindungen: *Jayme*, IPRax 1990, 197; Staudinger-*v.Bar/Mankowski*, 13. Aufl. 1996, Art. 13 EGBGB Rdnr. 180; *Grib*, Die gleichgeschlechtliche Partnerschaft, Diss. 1995. Für eine Analogie zum internationalen Eherecht: MünchKomm-*Winkler von Mohrenfels*, Art. 17 EGBGB Rdnr. 82ff.; MünchKomm-*Siehr*, Art. 14 EGBGB Rdnr. 139f., Art. 15 EGBGB Rdnr. 199ff.

[366] So *Henrich*, Festschrift Beitzke, 507ff.; *ders.*, Internationales Familienrecht, 24; *Denker*, 70; MünchKomm-*Coester*, Art. 13 EGBGB Rdnr. 6; Soergel-*Schurig*, Vor Art. 13 EGBGB Rdnr. 29ff. Zu Vertretern und Argumentationen im einzelnen unten im Rahmen der Analyse der unterschiedlichen Anknüpfungsalternativen.

[367] Dies resultiert natürlich daraus, daß diese Partnerschaftsformen relativ moderne Entwicklungen darstellen, denen sich das deutsche Kollisionsrecht bis vor einigen Jahren nicht zu stellen hatte. In Ansätzen findet sich eine Auseinandersetzung mit dieser Problematik bei:

Analyse der vorgeschlagenen Kollisionsnormen für nichteheliche Verbindungen existiert bislang nicht. Es wurden lediglich einzelne Anknüpfungsalternativen vorgeschlagen, ohne sie gegeneinander abzuwägen. Dies soll daher Aufgabe der weiteren Bearbeitung sein. Mit den für die jeweiligen Vorschläge in der Literatur angeführten Argumenten wird sich die Arbeit bei der Prüfung der verschiedenen Alternativen kritisch auseinandersetzen.

2. *Ausländische Lösungsansätze*

a) Gesetzliche Regelungen

aa) Art. 39 des jugoslawischen IPR-Gesetzes von 1982[368]

Die bislang einzige Kollisionsnorm zur objektiven Anknüpfung von Rechtswirkungen einer nichtehelichen Lebensgemeinschaft und Vermögensverträgen zwischen diesen Paaren ist Art. 39 des jugoslawischen IPR-Gesetzes vom 15.7.1982. Diese Norm ist in den nunmehr selbständigen Einzelstaaten weiter in Kraft[369]. Danach ist auf Vermögensverhältnisse in einer außerehelichen Gemeinschaft das Recht des Staates anzuwenden, dessen Staatsangehörigkeit die beteiligten Personen besitzen, Art. 39 Abs. 1, in Ermangelung einer gemeinsamen Staatsangehörigkeit das Recht am gemeinsamen Wohnsitz, Art. 39 Abs. 2. Nach Art. 39 Abs. 3 ist auf vertraglich geregelte vermögensrechtliche Beziehungen das Recht anzuwenden, welches zur Zeit des Vertragsschlusses für ihre Vermögensverhältnisse maßgebend war.

Diese Kollisionsnorm geht auf die verbreitete gesetzliche Erfassung nichtehelichen Zusammenlebens im Sachrecht der ehemaligen jugoslawischen Gliedstaaten zurück, ihre umfassende Anerkennung als familienrechtliche Institution[370]. Auch im Kollisionsrecht wird die nichteheliche Partnerschaft folglich klar im internationalen Familienrecht angesiedelt[371]. Die Anknüpfung der Wir-

---

Staudinger-*v.Bar/Mankowski*, 13. Aufl., Art. 13 EGBGB Rdnr. 176ff.; Soergel-*Schurig*, Vor Art. 13 EGBGB Rdnr. 36f., *Jayme*, IPRax 1990, 197; *Andrae*, 398ff.; *von Hoffmann*, 274.

[368] Gesetz Nr. 43-525/1982 vom 15.7.1982, in Kraft seit dem 1.1.1983; Službeni list SFRJ, Nr. 43/82, geändert und ergänzt in Službeni list SFRJ, Nr. 46/96 hinsichtlich der Bezeichnung der Behörden und Staaten. Dt. Übersetzungen des Originalgesetzes sind abgedruckt bei: Bergmann/Ferid, Jugoslawien, 24ff; bei *Firsching*, IPRax 1983, 1, 6ff. und in StAZ 1983, 42ff.

[369] Für die freundlichen und wertvollen Hinweise hinsichtlich der Weitergeltung dieses Gesetzes möchte ich *Prof. T. Varady*, Central European University/Budapest und Emory University/Atlanta, nochmals herzlich danken. Nach seinen Informationen beruht die Weitergeltung in einigen Staaten auf praktischer Anwendung, andere haben dieses Gesetz in die eigene Rechtsordnung durch Gesetz inkorporiert. Es ist aber davon auszugehen, daß Art. 39 in allen Rechtsordnungen weiterhin unverändert gilt. Das *AG Rottweil* ist in seinem Beschluß vom 3.2.1995 (NJW-RR 1995, 967) ebenfalls von einer Weitergeltung des jugoslawischen IPR-Gesetzes ausgegangen. Es bezog sich dabei auf ein Gutachten von *Prof. Dr. Heldrich* betr. Mazedonien. Von einer Weitergeltung ausgehend auch Bergmann/Ferid, Kroatien, 11, 12.

[370] Siehe oben A) IV. 1. b) aa) (2).

[371] Zwischen den Normen des internationalen Eherechts, Art. 32-38, und dem Kindschaftsrecht, Art. 40-45.

kungen einer außerehelichen Gemeinschaft entspricht der für eine Ehe geltenden[372] mit der Ausnahme, daß nur vermögensrechtliche Wirkungen erfaßt werden[373]. Für persönliche Rechtswirkungen besteht keine Kollisionsregel. Außerdem gibt es anders als für die Ehe keine Regelung für den Fall, daß nichteheliche Lebenspartner keinen gemeinsamen Wohnsitz haben. Diese Abweichungen resultieren ebenfalls aus der sachrechtlichen Ausgangslage zur Zeit des Erlasses der Norm. Mit der Ausnahme Sloweniens rief nichteheliches Zusammenleben in keinem der jugoslawischen Gliedstaaten persönliche Rechtswirkungen hervor. Und das Zusammenleben des Paares in häuslicher Gemeinschaft wurde als konstitutives Element einer solchen Verbindung in allen Gliedstaaten vorausgesetzt.

Für die kollisionsrechtliche Einordnung nichtehelicher Verbindungen in Deutschland bietet das jugoslawische Gesetz nur insofern Hilfe, als daß eine Ausdehnung der eherechtlichen Kollisionsnormen, und damit eine vorrangige Anknüpfung an das gemeinsame Heimatrecht des Paares, anzudenken ist. Dies ist ein Lösungsweg, der auch in der deutschen kollisionsrechtlichen Literatur vertreten wird[374]. Die Entstehungsgeschichte des Gesetzes gibt keinen Hinweis darauf, daß an eine stärkere Orientierung an das Aufenthaltsrecht trotz grundlegend familienrechtlicher Qualifikation überhaupt gedacht wurde. Die nichteheliche Lebensgemeinschaft wurde sachrechtlich gesetzlich als familienrechtliche Institution anerkannt und damit nach einer Qualifikation *lege fori* wie die Ehe mit dem nach jugoslawischer Ansicht am stärksten mit der Person verbundenen Anknüpfungsmoment - der Staatsangehörigkeit - verknüpft. In Deutschland ist man dagegen noch immer nicht bereit, dieses Phänomen gesetzlich als Institution des Familienrechts anzuerkennen[375]. Damit kann die jugoslawische Vorgehensweise nicht unbesehen ins deutsche Recht übernommen werden.

bb) Sec. 68 Act respecting the Law of the Family of Newfoundland 1988[376]

Der 1988 erlassene *Act respecting the Law of the Family* der kanadischen Provinz **Newfoundland** enthält in sec. 61ff. Regelungen zu *domestic contracts*. Zu diesen zählen nach seinem sachlichen Anwendungsbereich auch *cohabitation agreements*[377]. In sec. 68 findet sich eine Kollisionsregel. Danach unterliegen Fragen des zulässigen Inhalts sowie Voraussetzungen des Vertragsschlusses dem „*proper law of the contract*“[378]. Partnerschaftsverträge werden somit im

[372] Vgl. Art. 36 Abs. 1, 2 und für vertragliche Regelungen Art. 37 Abs. 1; abgedr.in: Bergmann/Ferid, Jugoslawien, 24, 28.

[373] Entgegen dem Vorschlag *Sarcevics*, Zur nichtehelichen Lebensgemeinschaft im Internationalen Privatrecht - unter besonderer Berücksichtigung der jugoslawischen Teilrechte -, StAZ 1981, 176, 182.

[374] Siehe Vertreter in FN 365.

[375] Siehe oben A) IV. 1. a).

[376] Text der hier interessierenden Sec. 61ff. bei *Wengler* in IPRax 1991, 73.

[377] Vgl. sec. 63.

[378] Sec. 68: „The manner and formalities of making a domestic contract and ist essential validity and effect are governed by the proper law of the contract, ...“.

Schuldvertragsrecht eingeordnet[379]. Auch diese Regelung kann allerdings bei der Suche nach einer Lösung für das deutsche Kollisionsrecht nicht direkt als Vorgabe dienen. Auch Eheverträge werden in Newfoundland schuldvertraglichen Regelungen unterworfen[380]. Damit war eine entsprechende Einordnung von Partnerschaftsverträgen nur konsequent. Ehegüterrechtsverträge werden im deutschen Kollisionsrecht aber familienrechtlich qualifiziert und Art. 15 Abs. 1 EGBGB unterstellt[381]. Damit soll nach dem Willen des deutschen Gesetzgebers das Heimatrecht an Bedeutung gewinnen. Wichtigste Regelung in einem Partnerschaftsvertrag zwischen nichtehelichen Paaren wird ebenfalls die Vermögensauseinandersetzung sein. Somit stellt sich im deutschen Recht anders als in der kanadischen Regelung die Frage, ob man Partnerschaftsverträge zwischen nichtehelichen Partnern entsprechend der ehevertraglichen Regelung behandeln oder als allgemeine Schuldverträge ansehen sollte[382].

cc) Sec. 46 De Facto Relationship Act 1984 New South Wales[383]

Auch in **New South Wales** unterliegen die nach dem *De Facto Relationship Act 1984* zugelassenen Vereinbarungen auf vermögensrechtlichem Gebiet dem allgemeinen Schuldvertragsrecht, sec. 46. Auch diese Regelung kann aber wiederum nicht direkt als Vorgabe für das deutsche Recht dienen. Zum einen trifft sie nur eine Entscheidung für vertragliche Regelungen auf vermögensrechtlichem Gebiet. Des weiteren existiert auch hier keine besondere Regelung für Eheverträge, die diese näher am Heimatrecht des Paares orientieren würde. Damit war eine Entscheidung zwischen analoger Einordnung im Ehevertragsrecht oder im Schuldvertragsrecht nicht notwendig gewesen.

b) Rechtsprechung
aa) OGH Wien vom 18.2.1982[384]

Erste international bekanntgewordene höchstrichterliche Auseinandersetzung zur Frage des auf nichteheliche Lebensgemeinschaften anwendbaren Kollisionsrechts stellt die Entscheidung des *OGH Wien* vom 18.2.1982 dar. Folgender Sachverhalt[385] lag dieser Entscheidung zugrunde:

---

379 Allerdings unter Einschränkung, daß sie, sofern danach ein anderes Recht anwendbar ist, innerhalb der Provinz nur dann durchsetzbar sind, wenn sie den entsprechenden Rechtsvorschriften entsprechen.
380 Vgl. sec. 61 (b), 62 i.V.m. 68 Act Respecting the Law of the Family 1988.
381 Statt aller Palandt-*Heldrich*, Art. 15 EGBGB Rdnr. 30.
382 Dazu unten B) IV. 1. e).
383 Abgedr.in: Bergmann/Ferid, Australien-New South Wales, 20, 30.
384 FamRZ 1982, 1010; dazu *Striewe*, Zum Internationalen Privatrecht der nichtehelichen Lebensgemeinschaft, IPRax 1983, 248.
385 Vorliegend durch die Verfasserin stark verkürzt dargestellt.

Die Klägerin - österreichischer Nationalität - und der Beklagte - polnischer Staatsbürger - lebten von 1966 bis 1978 in der Bundesrepublik Deutschland in nichtehelicher Lebensgemeinschaft. 1978 trennten sie sich. Die Klägerin begehrte im Anschluß Ersatz für ihre während des Zusammenlebens erbrachten Leistungen. Sie brachte vor, daß das Paar während der Lebensgemeinschaft aus beider Einkommen mehrere Vermögensgüter angeschafft hätte, die nun beim Beklagten geblieben seien.

Wegen des Auslandsbezugs hatte das Gericht zuerst die Frage nach dem anwendbaren Recht zu beantworten. Der *OGH* bestimmte unter Anwendung von § 37 ABGB a.F.[386] deutsches Sachrecht zur Anwendung. Er entschied, daß der Klägerin danach weder über gesellschaftsrechtliche noch über gemeinschaftrechtliche oder bereicherungsrechtliche Vorschriften Ausgleichsansprüche zustehen würden.

Der *OGH* ging in dieser Entscheidung davon aus, daß nichteheliches Zusammenleben schuldvertragsrechtlich zu qualifizieren ist. Das Gericht hat die Anwendung der Kollisionsnorm des § 37 ABGB auf den gegebenen Sachverhalt in keiner Weise problematisiert. § 37 ABGB a.F. hat folgenden Wortlaut:

„Wenn Ausländer mit Ausländern, oder mit Untertanen dieses Staates im Auslande Rechtsgeschäfte vornehmen, so sind sie nach den Gesetzen des Ortes, wo das Geschäft abgeschlossen worden ist, zu beurteilen; dafern bei der Abschließung nicht offenbar ein anderes Recht zugrunde gelegt worden ist, und die oben im § 4 enthaltene Vorschrift nicht entgegensteht."

Die Frage nach einem Vermögensausgleich hat man folglich mangels ausdrücklicher Rechtswahl dem Recht am Abschlußort des Vertrages unterworfen. Über diese Anknüpfung kam man zur Anwendung deutschen Rechts als des Rechts am Ort des Zusammenlebens. Dieser Lösung ist im Ergebnis zuzustimmen. Dem Lösungsweg kann aber nicht gefolgt werden. Die Einordnung einer nichtehelichen Partnerschaft im österreichischen materiellen Recht wurde ungeprüft auf das Kollisionsrecht übertragen. Die Partnerschaft wurde danach als rein schuldvertragliche Verbindung angesehen und der entsprechenden Kollisionsnorm unterstellt. Es ist grundsätzlich zwar nicht zu beanstanden, daß der *OGH* bei der kollisionsrechtlichen Einordnung vom eigenen materiellen Rechtsverständnis ausgegangen ist[387]. Es ist aber schon fraglich, ob eine solche formlose Verbindung nach österreichischem Sachrecht überhaupt als Schuldvertrag angesehen werden konnte[388]. Und im Kollisionsrecht zeigt sich, daß die schuldvertragliche Norm mit dem Abstellen auf den Abschlußzeitpunkt als festem Moment bei diesen Partnerschaften nicht paßt. Der Eingehungszeitpunkt kann schwer bestimmbar sein. Die Partnerschaft kann im nachhinein gar keine Verbindung mehr zu diesem Recht haben. Das starre Abstellen auf den festen Eingehungszeitpunkt erscheint bei faktischem Zusammenleben nicht interessenge-

---

[386] Aufgehoben durch Gesetz vom 15.6.1978; BGBl. Nr. 304. Wegen Trennung im Jahr 1978 keine Anwendung des IPRG.

[387] Qualifikation lege fori.

[388] Dazu unten B) III. 2.

recht. Das tatsächliche Wesen der Partnerschaft als personenrechtliche Verbindung, die effektiv gelebt wird, wird bei einer solchen Qualifikation vernachlässigt[389]. Ein Anknüpfungsmoment, welches der Partnerschaft selbst nahe steht, wurde durch den *OGH* nicht erwogen. Diesem Vorgehen kann nicht zugestimmt werden. Wegen der unterschiedlichen Nationalität der Parteien ist hier jedoch auch dann, wenn man auf das Wesen der Partnerschaft abstellt, deutsches Recht als Recht am gemeinsamen gewöhnlichen Aufenthalt des Paares anzuwenden. Mit dieser Rechtsordnung war das Paar am engsten verbunden. Die Partnerschaft wurde 12 Jahre ausschließlich in Deutschland gelebt. Sie wurde hier eingegangen und man trennte sich in diesem Land. Alle Vermögenswerte, für die nunmehr ein Ausgleich begehrt wird, wurden in Deutschland angeschafft. Eine engere Verbindung zu einem anderen Recht ist nicht ersichtlich.

bb) OGH Wien vom 16.12.1982[390]

Der *OGH Wien* hatte sich 1982 noch ein weiteres Mal mit Ausgleichsansprüchen nach Auflösung einer nichtehelichen Partnerschaft mit Auslandsberührung zu befassen. Dieser Entscheidung lag folgender Sachverhalt[391] zugrunde:

Am 30. 9. 78 hatte zwischen der Tochter des Klägers und dem Sohn des Beklagten, beide jugoslawische Staatsangehörige, in Wien eine „Hochzeit nach serbischem Brauch" ohne Mitwirkung eines staatlichen Organs stattgefunden. Danach zog das Paar zusammen. Im Februar 1979 forderte der Beklagte den Kläger auf, seine Tochter wieder zurückzunehmen, da sie nicht in die Familie des Beklagten passe. Aus Anlaß der „Hochzeit" wurden dem Paar von klägerischer Seite zahlreiche Geschenke gemacht. Während des Zusammenlebens gab die Tochter überdies ihr gesamtes Gehalt an den Beklagten heraus. Für diese Vermögensverschiebungen verlangte der Kläger nun nach der Trennung des Paares von der Beklagtenseite einen Ausgleich.

Unter Anwendung von § 16 IPRG prüfte das Gericht zuerst eine wirksame Eheschließung sowohl nach jugoslawischem als auch nach österreichischem Recht und lehnte beides im Ergebnis ab[392]. Anschließend qualifizierte es den Vorgang nach eigenen sachrechtlichen Vorstellungen[393]. Die Ansprüche wurden danach auch nicht als Folgen eines Verlöbnisbruches sondern als schuldrechtliche Rückforderungsansprüche aus Schenkung oder ungerechtfertigter Bereicherung angesehen und über § 46 IPRG österreichischem Sachrecht unterstellt[394].

---

[389] Ausführlich unten B) III. 2.
[390] IPRax 1984, 39. Dazu *Schwind*, „Hochzeit" nach serbischem Brauch, IPRax 1984, 45.
[391] Durch die Bearbeiterin wiederum stark vereinfacht.
[392] A.a.O., 40.
[393] Vgl. *OGH* a.a.O., 40: „Für die Frage, nach welchem Recht die „Hochzeitszeremonie" zu beurteilen ist, muß zunächst der Vorgang bei dieser Zeremonie der primären Qualifikation unterzogen werden, das heißt, es muß der Sachverhalt im System des inländischen Rechtes eingeordnet werden."
[394] Dazu auch *Mainhardt/Posch*, IPR, 47.

Der Anwendung österreichischen Sachrechts ist im Ergebnis zuzustimmen. Die kollisionsrechtliche Problematik ist durch das Gericht aber nicht ausreichend gewürdigt worden. Der *OGH* hat die eigenen sachrechtlichen Anschauungen bezüglich nichtehelichen Zusammenlebens wiederum unbesehen ins Kollisionsrecht transferiert. Die Partnerschaft war danach nicht als familienrechtliche Verbindung angesehen sondern einer schuldrechtlichen Regelung unterstellt worden. § 46 IPRG gilt für Ansprüche aus ungerechtfertigter Bereicherung[395]. Diese Vorgehensweise stößt auf Bedenken. Es wurde nicht darauf eingegangen, daß das Paar nach seinem gemeinsamen Heimatrecht eine anerkannte und mit Rechtswirkungen versehene Partnerschaft eingegangen war[396]. Anders als man es bei einer Ehe getan hätte, hat man dem hier keine Bedeutung beigemessen. Der Ablauf der Feierlichkeiten, die gegenseitigen reichhaltigen Geschenke und das anschließende Zusammenziehen des Paares zeigen jedoch, daß das Paar eine verbindliche Partnerschaft einzugehen dachte. Dieses Vertrauen des Paares ist im internationalen Bereich schützenswert und in die kollisionsrechtliche Entscheidung einzubeziehen. Alle vom Kläger angesprochenen Vermögensdispositionen sind im Hinblick auf diese umfassende Lebensgemeinschaft getroffen worden. Ansprüche anläßlich der Trennung sollten daher näher an der Partnerschaft orientiert werden und eine daran ausgerichtete Anknüpfung erfahren und nicht rein schuldrechtlich betrachtet werden. In Abwägung der Parteiinteressen gegenüber denen des österreichischen Rechts an der Geltung eigener Normen auf eigenem Staatsgebiet in diesem kontrovers diskutierten Rechtsgebiet kommt man aber ebenfalls zur Anwendung des Rechts am Aufenthaltsort[397]. Nach hier vertretener Ansicht ist das Interesse eines nichtehelichen Paares an der kontinuierlichen Anwendung bestimmter materieller Rechtssätze nur dann überwiegend, wenn es die Unterwerfung unter diese Normen durch einen bestimmten Anerkennungs- bzw. Registrierungsakt nach außen kundgetan hat. In anderen Fällen ist eine wandelbare Anknüpfung der Rechtswirkungen einer solchen Partnerschaft an das jeweilige Aufenthaltsrecht vorzuziehen. Im vorliegenden Fall wäre daher wie geschehen österreichisches Recht anzuwenden.

cc) Tribunal de grande instance de Paris vom 21.11.1983[398]

Dieser französischen Entscheidung lag folgender Sachverhalt zugrunde:

---

[395] In: *Bydlinski*, Österreichische Gesetze, Sammlung des Zivil-, Handels-, Straf- und Verfahrensrechts.

[396] Auch eine ohne besondere Formalitäten eingegangene nichteheliche Verbindung löst hier umfangreiche Rechtswirkungen aus; vgl. Art. 16, 293ff., 338, 339 EheFamG **Serbien** 1980 (dt. Übersetzung bei Bergmann/Ferid, Serbien-Jugoslawien, 701).

[397] Siehe ausführlich unten B) III. 4. b) aa) (3).

[398] *Ferreira c. Mme Cristovao*, Rev. Crit. Dr. int. Pr. 73 (1984), 628 m.krit.Anm. *Lagarde* auf S. 629.

Ein portugiesisches Paar lebte von 1977 bis 1982 in Paris und danach in Clichy zusammen. Während des Zusammenlebens schafften sie verschiedene Güter gemeinsam an und eröffneten 1978 in Paris ein gemeinsames Konto bei einer portugiesischen Bank, auf welches ihre jeweiligen Einkünfte in der Folgezeit eingingen. Später wurden diese Beträge auf eine Bank in Portugal transferiert. 1982 verließ die Beklagte die gemeinsame Wohnung und hob von dem Bankkonto das gesamte Guthaben ab. Der Kläger verlangte hälftige Beteiligung an diesem Betrag und berief sich insbesondere auf „indivision"[399] des französischen Rechts.

Das Gericht erklärte französisches Recht für anwendbar[400]. Die Auffassung der Beklagten, daß der Rechtsstreit dem Personalstatut und damit portugiesischem Recht unterliege, wurde zurückgewiesen. Das Gericht sah nichteheliches Zusammenleben als ein rein tatsächliches Faktum an, da es gesetzlich keine besondere Regelung erfahren hat. Es stellte allein auf das Zusammenleben in einem Staat als Tatsache ab und unterstellte diese dem Recht, wo sie eingetreten ist. Folglich kam es zur Anwendung französischen Rechts als Recht am Ort des Zusammenlebens des Paares.

Diese französische Entscheidung ist zwar im Ergebnis richtig. Der Lösungsweg ist aber kritisch zu betrachten. Nichteheliches Zusammenleben wird durch das Gericht kollisionsrechtlich generell als Tatsache angesehen, die dem Recht untersteht, wo sie sich vollzieht. Dies gilt sowohl für Eingehung und Rechtswirkungen der Verbindung als auch ihre Auflösung und deren mögliche Folgen. Das Gericht nimmt eine rein räumliche Anknüpfung vor ohne auf verschiedene Motive nichtehelichen Zusammenlebens einzugehen. Die im Teil A) durchgeführte Bestandsaufnahme zeigt, daß nichteheliches Zusammenleben vielerorts rechtliche Regelung erfahren hat. Damit werden Vertrauensinteressen der beteiligten Personen und Staaten berührt, denen man mittels einer nur an tatsächlichen Fakten orientierten wandelbaren Anknüpfung hinsichtlich aller anstehenden Rechtsfragen nicht gerecht wird. Insbesondere ist hier an das Parteiinteresse und das Interesse des Eingehungsstaates bei erfolgter Registrierung zu denken, daß diese Verbindungen auch außerhalb der Landesgrenzen Rechtswirkungen erzeugen. Eine nur an tatsächlichen Fakten orientierte Anknüpfung ist für diese Paare abzulehnen. Aber auch bei den anderen Paaren sind die beteiligten Rechtsordnungen und Parteien auf ihre Interessen an der Anwendung eines bestimmten Rechts zu befragen und diese Interessen sind gegeneinander abzuwägen.

c) Literaturansichten

Die Literaturmeinungen im Ausland beschränken sich auf diejenigen, die auch im deutsche Recht existieren[401]. Es werden in Anlehnung an das jeweilige

---

[399] Art. 815 Code Civil.

[400] Rev. Crit. Dr. int. Pr. 73 (1984), 628 , 629.

[401] Siehe oben B) I. 1. c). Eine ausführliche Bearbeitung dieser Thematik für das französische Recht enthält die Dissertation von *Gautier, Paul Yves*, L'union libre en droit international privé, Paris 1986. Eine kurze Zusammenfassung dieser Arbeit findet sich in Rev. Crit. Dr. int.

materielle Recht eine schuldrechtliche Qualifikation und folglich eine Einordnung im internationalen Schuldrecht[402], aber auch am Wesen dieser Verbindungen ausgerichtet eine familienrechtliche Qualifikation vertreten und in Ermangelung eindeutiger Kollisionsnormen die der Ehe direkt oder analog angewandt[403]. Die sachrechtliche Ignorierung als Personenverbindung führt in der Mehrzahl zu einer Einordnung einzelner Ansprüche in den entsprechenden schuldrechtlichen Kollisionsnormen[404]. Die entsprechenden Argumente unterscheiden sich nicht von denen im deutschen Recht und werden im weiteren bei der Vorstellung der verschiedenen in Deutschland vertretenen Alternativen kritisch beleuchtet werden.

3. Ergebnis; Gang der weiteren Bearbeitung

Die kollisionsrechtliche Einordnung nichtehelicher Partnerschaften ist in Deutschland nicht ausdrücklich gesetzlich geregelt. Auch die Rechtsprechung hat noch keine festen Regeln herausgearbeitet. Im Ausland existieren keine Lösungsvorschläge, die als direkte Vorgabe für eine deutsche Kollisionsnorm dienen können.

Es werden im folgenden zunächst die verschiedenen Rechtsfragen nichtehelichen Zusammenlebens kurz zusammengestellt, für die es eine Kollisionsregel zu finden gilt. Einige dieser Fragen lassen sich interessengerecht unter Sonderstatute subsumieren. Für die verbleibenden ist die Einordnung dagegen unklar. Es ist einerseits möglich, nichteheliche Partnerschaften entsprechend der Einordnung im deutschen Sachrecht im Ausgangspunkt schuldrechtlich zu qualifizieren[405] und jede Rechtsfrage entsprechend der sachrechtlichen Lösungsvorschläge sepa-

---

Pr. 80 (1991), 525. Für das spanische Recht findet sich eine Auseinandersetzung mit dieser Problematik bei *Lorenzo*, Las parejas no casadas ante el derecho international privado,XLI R. E. D. I. (1989), 2.

[402] So in der **österreichischen** IPR- Literatur: *Schwind*, Internationales Privatrecht, Wien 1990, 110 Rdnr. 231; *ders.*, „Hochzeit" nach serbischem Brauch, IPRax 1984, 45; *Möschl*, Die nichteheliche Lebensgemeinschaft, 182; *Mainhardt/Posch*, IPR, 47; in der **schweizerischen** Rechtsliteratur: *Honsell/Vogt/Schnyder*, Vor Art. 43-65 Rdnr. 3ff.; *Heini/Keller/ Siehr/Vischer/Volken*, IPRG-Kommentar, Vor Art. 43-45 Rdnr. 24; *Weber, Rolf*, aus: Frank/Girsberger/Vogt/Walder-Bohner/Weber, Die eheähnliche Gemeinschaft (Konkubinat) im schweizerischen Recht, 190 Rdnr. 17; *Meier*, Die einfache Gesellschaft im Internationalen Privatrecht, Diss. 1980, 156ff.; im **französischen Recht**: *Mayer*, Droit International Privé, 341; *Audit*, Droit International Privé, 501; *Gautier*, L'union libre en droit international privé, thèse dactyl. Paris I, 1986; *Gaudamet- Tallon*, La désunion de couple en droit international privé, Rec. Cours La Haye, 1991. I.

[403] Siehe für **Österreich**: Rummel-*Schwimann*, Vor Art. 16 IPRG Rdnr. 4; für die **Schweiz**: *Schwander*, 59ff.; *Bucher*, Droit international privé suisse.

[404] Siehe Nachweise in FN 402.

[405] Wegen grundsätzlicher Qualifikation *lege fori*. Zu den Qualifikationsmethoden *Kegel*, Internationales Privatrecht, 286ff.; *Kropholler*, Internationales Privatrecht, 106ff.; *Gamillscheg*, in: Beitzke(Hrsg.), Vorschläge und Gutachten zur Reform des deutschen internationalen Personen-, Familien- und Erbrechts, 245.

rat dem jeweiligen Schuldstatut unterzuordnen. Auf der anderen Seite könnte man ein Gesamtstatut für alle sich stellenden Rechtsfragen bereitstellen. Die folgende Darstellung wird zeigen, warum ein solches zu bevorzugen ist. Außerdem werden die Schwächen einer alternativen Anknüpfung im Schuldrecht aufgezeigt. In einem weiteren Schritt gilt es dann zu klären, wie ein Gesamtstatut für nichteheliches Zusammenleben auszugestalten ist. Innerhalb bestehender Kollisionsnormen bietet sich die Einordnung im internationalen Schuldvertragsrecht, Gesellschaftsrecht oder Eherecht an. Es wird sich zeigen, daß diese Kollisionsregeln nicht interessengerecht auf alle nichtehelichen Paare angewendet werden können. Daher kommt man nicht umhin, eine neue Kollisionsregel zu entwickeln.

II. Gesamtstatut für Rechtsfragen nichtehelichen Zusammenlebens

1. Problembereiche im internationalen Kontext

Die im Teil A) angesprochenen Rechtsfragen nichtehelichen Zusammenlebens können sich ebenso in einem Fall mit Auslandbezug stellen. Es sind daher Kollisionsregeln bereitzustellen für die dort dargestellten möglichen Rechtswirkungen nichtehelichen Zusammenlebens. Hierzu gehören zum einen Auswirkungen auf Rechtsverhältnisse zu Dritten, wie das mögliche Eintrittsrecht in den Mietvertrag nach dem Tod des Partners[406] sowie Schadensersatzansprüche aus unerlaubter Handlung nach Tötung des Partners[407]. Daneben erwachsen auch Rechtswirkungen aus dem Zusammenleben selbst. Zu denken ist hier an Mitverpflichtungen des Partners aus Geschäften des täglichen Lebens[408], Haftungsbeschränkungen zwischen den Partnern[409], besondere Vermögenszuordnungen während des Bestehens der Gemeinschaft[410] und etwaige daraus erwachsende Verfügungsbeschränkungen[411]. Auch für die Frage gegenseitiger Unterhaltsansprüche während und nach Auflösung der Partnerschaft[412] ist eine Kollisionsnorm bereitzustellen. Weitere Fragen ergeben sich aus dem Rechtsverhältnis zu gemeinsamen Kindern[413]. Auch erbrechtliche Ansprüche[414] sind einzuordnen. Besonders bedeutsam ist aber die Einordnung eines etwaigen Vermögensaus-

[406] Siehe oben FN 57.
[407] Siehe oben FN 65.
[408] Siehe nur beispielsweise die Regelungen in Katalonien und Aragón oben A) IV. 3. e) aa).
[409] Zum Teil wird auch in Deutschland § 1359 BGB analog angewendet; vgl. *OLG Karlsruhe*, FamRZ 1992, 940.
[410] Z.B. in Schweden; vgl. oben A) IV. 2. c) cc).
[411] Z.B. Art. 11, 28 Ley 15 Julio 1998/Cataluña.
[412] Z.B. Art. 3 III, 22 II Ley 15 Julio 1998/Cataluña; Art. 5 III Ley 6/1999, de 26 de marzo, relativa a Parejas estables no casadas/Aragón.
[413] Vgl. oben B) IV. 1. a) aa) (2).
[414] Vgl. Israel, oben B) IV. 1. c) aa).

gleichsanspruchs nach Trennung des Paares[415]. Diese Frage stellt sich wie gezeigt im Sachrecht am häufigsten. Daneben werden ausdrückliche Partnerschaftsverträge immer bedeutsamer[416]. Es muß im internationalen Kontext eine Rechtsordnung bestimmt werden, die über den zulässigen Inhalt dieser Verträge und die Formerfordernisse entscheidet. Als Vorfrage möglicher Rechtswirkungen ist stets zu klären, welche Eingehungs- bzw. Auflösungsvoraussetzungen bestehen.

2. Sonderstatute

Für eine Reihe der angesprochenen Rechtswirkungen ist die kollisionsrechtliche Einordnung relativ einfach möglich, da der kollisionsrechtliche Schwerpunkt nicht auf der Partnerschaft liegt[417].

a) Unerlaubte Handlungen unter Beteiligung eines Dritten

Die Berechtigung des Lebensgefährten, bei Tötung des Partners Schadensersatz vom Schädiger zu verlangen[418], ist dem Deliktsstatut zu unterstellen[419]. Dafür spricht einerseits die Einordnung des vergleichbaren Anspruchs innerhalb deliktrechtlicher Vorschriften im deutschen Sachrecht, § 844 Abs. 2 BGB. Des weiteren sind auch die entsprechenden ausländischen Regelungen[420] deliktsrechtlicher Natur und nicht in familienrechtlichen Normkomplexen geregelt, so daß keine Anhaltspunkte für eine abweichende kollisionsrechtliche Qualifikation vorliegen.

Nach herrschender Ansicht im deutschen Recht entscheidet somit das Tatortrecht[421], Art. 40 Abs. 1 EGBGB. Art. 40 Abs. 1 Satz 1 EGBGB sieht vor, daß bei Auseinanderfallen von Handlungs- und Erfolgsort grundsätzlich das Recht am Handlungsort angewendet wird. Der Verletzte kann aber alternativ das Recht am Erfolgsort zur Anwendung bestimmen, Art. 40 Abs. 1 Satz 2 EGBGB.

Diese Anknüpfung an das Tatortrecht ist auch dann interessengerecht, wenn der Getötete in nichtehelicher Lebensgemeinschaft lebte. Auf den kollisionsrechtlichen Schwerpunkt der Lebensgemeinschaft abzustellen, bietet sich hier nicht an. Dabei würde das Interesse des Schädigers an der Anwendung einer Rechtsordnung vernachlässigt, zu der er Bezug hat. Bei einer unerlaubten Hand-

---

415 Vgl. A) IV. 1. a) aa) (4) (b), A) IV. 1. b) aa), A) IV. 1. c) aa), A) IV. 2. c) cc) und A) IV. 2. e) aa).

416 Vgl. die Regelungen in Frankreich, Katalonien und Aragón, oben B) IV. 2. e).

417 Wie es auch nicht für alle Rechtswirkungen einer Ehe ein einheitliches Statut gibt.

418 In einer Vielzahl von Staaten nunmehr anerkannt, siehe oben A) IV. 1. a) aa) (3).

419 Siehe etwa *Henrich*, Internationales Familienrecht, 27; Staudinger-*v.Bar/Mankowski*, Anh zu Art. 13 EGBGB Rdnr. 54. Im Gegensatz zu der dort vertretenen Ansicht ist die Vorfrage nach dem Bestehen einer Unterhaltsverpflichtung als Voraussetzung eines solchen Schadensersatzanspruchs jedoch unselbständig anzuknüpfen; dazu unten B) III. 4. b) bb) (3).

420 Siehe oben FN 65.

421 BGHZ 57, 265; Palandt-*Heldrich*, Art. 40 EGBGB Rdnr. 3.

lung liegt das Schwergewicht auf seiner Tat. Sie muß daher Grundlage der kollisionsrechtlichen Anknüpfung sein. Um eine einheitliche Schadenregulierung zu ermöglichen, sollte die so bestimmte Rechtsordnung auch über den Umfang möglicher Schadensersatzansprüche entscheiden

Da das deutsche materielle Recht einen Schadensersatzanspruch des nichtehelichen Lebenspartners nicht kennt[422], war vor Inkrafttreten des Gesetzes zum Internationalen Privatrecht für außervertragliche Schuldverhältnisse und für Sachen vom 21. Mai 1999[423] zu beachten, daß in einem Fall mit Auslandsberührung gem. Art. 38 EGBGB a.F. aus einer im Ausland begangenen unerlaubten Handlung gegen einen Deutschen nicht weitergehende Ansprüche geltend gemacht werden können, als nach deutschen Gesetzen begründet sind. Eine Klage vor deutschen Gerichten gegen einen deutschen Schädiger auf Unterhalt bei Tötung des nichtehelichen Partners war somit auch bei Anwendbarkeit ausländischen Sachrechts wenig erfolgversprechend. Mit dem Gesetz vom 21. Mai 1999 wurde diese Vorschrift mit Wirkung zum 1. Juni 1999 aufgehoben[424]. Auch einen Deutschen kann nun diese Haftung treffen. Trotz Fehlens einer eindeutigen Überleitungsvorschrift bleibt Art. 38 EGBGB a.F. aber für vor dem 1. Juni 1999 begangene unerlaubte Handlungen weiter anwendbar.

Fallbeispiel zur Illustration:

Der Deutsche D mit Wohnsitz in Dresden hat in Südfrankreich ein Ferienhaus. Auf einem seiner Urlaubsaufenthalte kommt es in einer Gaststätte zu einem Streit mit einem Franzosen. D ist so erzürnt, daß er aufspringt und den Franzosen wegstößt. Dieser fällt sehr unglücklich mit dem Kopf gegen eine Tischkante und ist sofort tot. Die mit dem Getöteten in nichtehelicher Lebensgemeinschaft zusammenlebende S macht gegen D in Dresden einen Anspruch auf Schadensersatz wegen Wegfalls von Unterhaltszahlungen geltend.

1. *Das schädigende Ereignis tritt vor dem 1. Juni 1999 ein.*
2. *Das schädigende Ereignis tritt nach dem 1. Juni 1999 ein.*

Lösung:

1. Schädigendes Ereignis vor dem 1. Juni 1999:

Gem. Art. 2 Abs. 1 EuGVÜ kann die S den D auch an seinem allgemeinen Wohnsitzgerichtsstand verklagen. Eine Klage in Dresden ist somit zulässig. Wie bereits dargelegt, ist auf unerlaubte Handlungen grundsätzlich Tatortrecht anzuwenden. Dieses entscheidet auch über die Anspruchsberechtigung der S. Tatort kann sowohl Handlungs- als auch Erfolgsort sein. Beides fällt hier zusammen. Es wäre somit französisches Recht anzuwenden. Das französische IPR nimmt die Verweisung an. Nach französischem Sachrecht hat auch der nichteheliche Lebensgefährte gegen den Schädiger einen Anspruch auf Schadensersatz

---

[422] Siehe oben A) IV. 1. a) aa) (3).

[423] BGBl. I, 1026; in Kraft seit dem 1. Juni 1999.

[424] Art. 4, 6 EGBGB des Gesetzes zum Internationalen Privatrecht für außervertragliche Schuldverhältnisse und für Sachen v. 21.5.1999.

wegen weggefallener tatsächlicher Unterhaltsleistungen[425]. Nach deutschem Recht fällt der nichtehelicher Lebensgefährte dagegen nicht unter den nach § 844 Abs. 1 BGB berechtigten Personenkreis[426]. Damit kann gegen den Deutschen D gem. Art. 38 EGBGB a.F. der nach französischem Recht bestehende Schadensersatzanspruch nicht geltend gemacht werden.

2. Schädigendes Ereignis ab dem 1. Juni 1999:
Die Klage in Dresden ist nach Art. 2 Abs. 1 EuGVÜ zulässig. Gem. Art. 40 Abs. 1 Satz 1 EGBGB ist französisches Recht als Recht am Handlungsort anwendbar. Das französische Recht nimmt die Verweisung an. Danach hat die S bei Nachweis tatsächlicher Unterhaltsleistungen ihres nichtehelichen Partners vor seinem Tod gegen D einen Anspruch auf Unterhaltsleistungen. Eine Ausnahme nach Art. 40 Abs. 3 EGBGB liegt nicht vor. Nach den knappen Sachverhaltsangaben ist auch keine engere Verbindung zu dem Recht eines anderen Staates zwischen S und D gem. Art. 41 EGBGB ersichtlich. Art. 38 EGBGB a.F. ist mit Wirkung vom 1. Juni 1999 aufgehoben worden, steht einer Anwendung dieser französischen Sachvorschrift auch gegenüber dem deutschen D somit nicht mehr entgegen. Die S kann ihren Unterhaltsanspruch gegen D auch vor deutschen Gerichte erfolgreich einklagen.

b) Mietrecht

Die Frage, ob ein nichtehelicher Lebenspartner nach dem Tod des Mieters einen Anspruch auf Eintritt in den Mietvertrag hat, ist dem Mietvertragsstatut zu unterstellen. Dafür spricht die Einordnung der entsprechenden deutschen sachrechtlichen Vorschriften im Mietvertragsrecht. Diese gelten für Ehegatten, Familienmitglieder und Erben, § 569 a Abs. 2 Satz 1, Abs. 6 BGB. Sie werden aber auch auf Lebensgefährten analog angewendet[427]. Der Blick auf gleichartige ausländische Regelungen bestätigt diese Entscheidung. Die ausländischen Sachnormen sind ähnlich formuliert und befinden sich ebenfalls in mietvertraglichen Normkomplexen[428]. Vom Sinn und Zweck her stellen sie einen Eingriff in die grundsätzlich geltende Vertragsfreiheit des Vermieters dar und beruhen auf dem besonderen Näheverhältnis dieser Personen zu dem Gegenstand des Mietvertrages. Nicht das familienrechtliche Rechtsverhältnis zwischen diesen Personen und dem Mieter sondern ihr Vertrauen auf die Beibehaltung des gewohnten Lebensmittelpunktes rechtfertigt hier die Einschränkung der Vertragsfreiheit des Vermieters[429]. Ihre Beziehung zu dem Mietobjekt steht folglich im Mittelpunkt.

---

[425] Code Civil Art. 1382; dazu auch *Battes*, Festschrift Pleyer, 471.
[426] Siehe oben A) IV. 1. a) aa) (3).
[427] Siehe oben A) IV. 1. a) aa) (2).
[428] Siehe oben FN 57.
[429] Aus eben diesem Grund wird in Deutschland und vielen anderen Staaten auch die analoge Anwendung dieser Vorschriften auf nichteheliche Paare befürwortet, ohne daß man sie als umfassende familienrechtliche Rechtsinstitute anerkennt.

Das Recht, welches den Vertrag beherrscht, sollte auch über etwaige Eintrittsrechte anderer Personen entscheiden. So wird dieser Gesamtkomplex nicht auseinandergerissen.

Unter den gleichen Überlegungen ist eine Anknüpfung des Anspruchs des Mieters auf Aufnahme weiterer Personen in die Mietwohnung an das den Mietvertrag beherrschende Vertragsstatut vorzunehmen. Auch hier handelt es sich um eine Einschränkung der Vertragsfreiheit des Vermieters.

Gem. Art. 28 Abs. 3 EGBGB analog herrscht über Wohnraummietverträge grundsätzlich das Recht am Lageort der Wohnung[430]. Dieses Recht entscheidet dann auch über Drittwirkungen[431]. Regelmäßig kommt man so zur Anwendung des Rechts am gemeinsamen bzw. letzten gemeinsamen gewöhnlichen Aufenthalt des Paares. Damit kommt ein Recht zur Anwendung, zu welchem sowohl die Lebenspartner als auch der Vermieter durch das Mietobjekt einen Bezug haben. Die Eingriff in die Vertragsfreiheit des Vermieters und die Beziehung zu dem Mietobjekt sprechen gegen eine stärkere Ausrichtung an der Partnerschaft selbst.

c) Kindschaftsrecht

Auch das Rechtsverhältnis zwischen Eltern und einem gemeinsamen Kind unterfällt einem Sonderstatut. Das deutsche Kollisionsrecht hat die Entscheidung getroffen, hier auf das Kind abzustellen. Dieses stellt den Schwerpunkt kollisionsrechtlicher Betrachtung dar. Dies gilt unabhängig davon, ob die Eltern verheiratet sind. Gem. Art. 21 EGBGB n.F.[432] unterliegt das Verhältnis zwischen Eltern und ihrem Kind und seine Rechtswirkungen dem Recht am gewöhnlichen Aufenthalt des Kindes. Für die Abstammung des Kindes ist nach Art. 19 Abs. 1 EGBGB n.F.[433] ebenfalls das Recht am gewöhnlichen Aufenthalt des Kindes maßgebend. Bei nichtverheirateten Personen unterliegen Verpflichtungen des Vaters gegenüber der Mutter aufgrund der Schwangerschaft zudem gem. Art. 19 Abs. 2 EGBGB n.F. dem Recht am gewöhnlichen Aufenthalt der Mutter. Diese einheitliche Kollisionsregel für das Kindschaftsrecht bietet sich aus Rechtssicherheitsgesichtspunkten an. Ob die Eltern in nichtehelicher Lebensgemeinschaft leben oder nicht, sollte keinen Einfluß haben.

---

[430] So schon vor der Neufassung des EGBGB *RG*, JW 01, 452 unter Hinweis auf den durch die Natur der Leistung vorgegebenen Erfüllungsort. Siehe auch Soergel-*von Hoffmann*, Art. 28 Rdnr. 163 m.w.N. in FN 73.

[431] Soergel-*von Hoffmann*, Art. 28 Rdnr. 166.

[432] Nach alter Rechtslage Art. 20 Abs. 2 EGBGB, dazu etwa Staudinger-*v.Bar/Mankowski*, Anh zu Art. 13 EGBGB Rdnr. 52.

[433] Der Streit, ob Art. 19 EGBGB a.F. nur auf Kinder aus nichtehelichen Lebensgemeinschaften analog anzuwenden ist, wenn diese Partnerschaften anerkannt oder registriert sind (so etwa MünchKomm-*Klinkhardt*, Art. 19 EGBGB Rdnr. 34; a.A. *Striewe*, Ausländisches und Internationales Privatrecht der nichtehelichen Lebensgemeinschaft, 359f., der Art. 20 Abs. 1 EGBGB für anwendbar hielt), ist damit nach der Kindschaftsrechtsreform hinfällig geworden.

d) Erbrecht

Gem. Art. 25 Abs. 1 EGBGB ist das Heimatrecht des Erblassers zur Entscheidung darüber berufen, wer als gesetzlicher Erbe gilt und mit welcher Quote er bedacht wurde[434]. Es entscheidet auch darüber, was zulässigerweise Inhalt einer Verfügungen von Todes wegen sein kann[435]. Dies gilt unabhängig vom Familienstand des Erblassers. Daher richtet sich die Erbberechtigung eines nichtehelichen Lebensgefährten[436] wie auch die Frage, ob der Erblasser in seiner Testierfähigkeit zugunsten naher Angehöriger dahingehend beschränkt ist, daß er den Partner nicht bedenken durfte, nach dem Heimatrecht des Erblassers[437]. Ebenfalls nach dem über Art. 25 Abs. 1 EGBGB berufenen Heimatrecht des Erblassers richtet sich die Frage, ob bestimmte Verfügungen, wie z.B. der Abschluß eines Erbvertrages oder eines gemeinschaftlichen Testaments zwischen bzw. zugunsten nichtehelicher Lebensgefährten zulässig sind[438]. Auch diese Sonderanknüpfung ist im Interesse einer einheitlichen Anknüpfung aller mit einem Erbfall zusammenhängenden Rechtsfragen sachgerecht. In welcher persönlichen Beziehung der Erblasser vor dem Erbfall lebte, sollte diese einheitliche Abwicklung nicht beeinflussen.

e) Unterhaltsansprüche[439]

aa) Streitstand

Inwieweit ausländische Unterhaltsansprüche gegen einen nichtehelichen Lebenspartner Art. 18 EGBGB bzw. dem Haager Unterhaltsübereinkommen von 1973[440] unterfallen, darüber herrscht große Uneinigkeit. Überwiegend lehnt man

---

[434] Staudinger-*v.Bar/Mankowski*, Anh zu Art. 13 EGBGB Rdnr. 53; Erman-*Hohloch*, Art. 25 EGBGB Rdnr. 21; Palandt-*Heldrich*, Art. 25 EGBGB Rdnr. 10.

[435] Palandt-*Heldrich*, Art. 25 EGBGB Rdnr. 11; MünchKomm-*Birk*, 3. Aufl., Art. 25 EGBGB Rdnr. 215, Art. 26 EGBGB Rdnr. 18; Soergel-*Schurig*, 12. Aufl., Art. 25 EGBGB Rdnr. 28, Art. 26 EGBGB Rdnr. 35.

[436] Dazu *BayObLG* v. 22.6.1976, DAVorm 1983, 757, 758.

[437] Staudinger-*v.Bar/Mankowski*, Anh zu Art. 13 EGBGB Rdnr. 53, allerdings unter Berücksichtigung des Rechts am Ort des Zusammenlebens für Auslegung eines Testaments.

[438] So auch *Striewe*, Ausländisches und Internationales Privatrecht der nichtehelichen Lebensgemeinschaft, 362f. In Deutschland ist dies nicht möglich; vgl. *BVerfG*, NJW 1989, 1986. In den USA z.B. sind gemeinschaftliche Testamente für nichteheliche Lebenspartner dagegen möglich; vgl. nur *Pielmaier*, Die nichteheliche Lebensgemeinschaft im Staate New York, Diss. 1996, 109, 110. Die Möglichkeit gemeinschaftlicher Testamente existiert auch nach Art. 15 Ley 6/1999, de 26 de marzo, relativa a Parejas estables no casadas/Aragón.

[439] Die kollisionsrechtliche Einordnung von Unterhaltsansprüchen aufgrund nichtehelichen Zusammenlebens ist sehr strittig. Da hierzu jedoch bereits eine umfassende Dissertation von *Ingo Reng*, Unterhaltsansprüche aufgrund nichtehelicher Lebensgemeinschaft, aus dem Jahr 1992 existiert, soll dieser Komplex vorliegend nur kurz umrissen und eine Lösung vorgestellt werden, welche mit der hier im übrigen vertretenen vereinbar ist.

[440] Abgedruckt in: Jayme/Hausmann, Nr. 29.

eine Ausdehnung des Haager Übereinkommens auf diese Ansprüche ab, bejaht aber eine analoge Anwendung von Art. 18 EGBGB[441]. Begründet wird dies damit, daß Art. 18 EGBGB nicht die Beschränkung auf bestimmte Unterhaltsberechtigte oder- verpflichtete wie das Übereinkommen enthalte und damit im Anwendungsbereich über den des Haager Übereinkommens hinausreiche[442]. Nur vereinzelt spricht man sich gegen eine Anwendung von Art. 18 EGBGB aus, da man dessen Anwendungsbereich auf den des Haager Übereinkommens beschränkt und Unterhaltsansprüche nichtehelicher Partner nicht darunter fallen läßt[443].

bb) Stellungnahme

Der Anwendung des Art. 18 EGBGB auf Unterhaltsansprüche nichtehelicher Lebenspartner ist zuzustimmen. Das Haager Unterhaltsübereinkommen selbst ist nicht anwendbar.

Mittels Art. 18 EGBGB wurde die Regelung des Haager Unterhaltsübereinkommens von 1973 in deutsches Recht inkorporiert[444]. Daher geht gem. Art. 3 Abs. 2 Satz 1 EGBGB die staatsvertragliche Regelung in ihrem Anwendungsbereich grundsätzlich vor[445]. Unterhaltsansprüche aufgrund nichtehelicher Lebensgemeinschaft unterfallen diesem Abkommen aber nicht.

Das Haager Übereinkommen von 1973 beschränkt seinen sachlichen Anwendungsbereich ausdrücklich auf Unterhaltspflichten aus „Familie, Verwandtschaft, Ehe oder Schwägerschaft"[446]. Nichteheliche Partner erscheinen im Wortlaut nicht. In den weiteren Vorschriften und Gesetzesmaterialien findet sich keine Klarstellung, welche Beziehungen unter die genannten Begriffe fallen sollen. Ziel des Abkommens war es, das Kollisionsrecht auf dem Gebiet des Unterhaltsrechts zu vereinheitlichen[447]. Dabei ging es jedoch nicht darum, alle Unterhaltsbeziehungen zu erfassen. Unterhaltspflichten aus unerlaubter Handlung und Erbrecht wurden so z.B. ausdrücklich aus dem Anwendungsbereich ausge-

---

[441] Siehe etwa *Henrich*, Internationales Familienrecht, 25; *Reng*, 92-94, 109-121, 189; *Kropholler*, Internationales Privatrecht, 337; *Kunz*, Rdnr. 653; *Lüderitz*, 165; v.Bar II, § 2 II 2b); a.A. MünchKomm-*Siehr*, Art. 18 EGBGB Rdnr. 10, Art. 18 Anh. I Rdnr. 38; *Rauscher*, Internationales Privatrecht, 180; Staudinger-*v.Bar/Mankowski*, Art. 13 EGBGB Anh Rdnr. 49, Art. 18 Rdnr. 9f., die Unterhaltsansprüche nichtehelicher Lebenspartner sowohl unter das Haager Unterhaltsübereinkommen als auch unter Art. 18 EGBGB fallen lassen.

[442] So etwa *Henrich* a.a.O.

[443] Palandt-*Heldrich*, Art. 18 EGBGB, Rdnr. 15; Erman-*Hohloch*, Art. 18 EGBGB Rdnr. 26; *Jayme*, Wandel des Unterhaltsbegriffs und Staatsverträge im internationalen Privatrecht, Festschrift v.Overbeck, 529, 535.

[444] Siehe Palandt-*Heldrich*, Art. 18 EGBGB Rdnr. 1, 2; MünchKomm-*Siehr*, Art. 18 EGBGB Rdnr. 1.

[445] MünchKomm-*Siehr*, Art. 18 EGBGB Rdnr. 1.

[446] Vgl. Art. 1; abgedr.in: Jayme/Hausmann, Nr. 29.

[447] MünchKomm-*Siehr*, Art. 18 EGBGB Anh I Rdnr. 2; Palandt-*Heldrich*, Art. 18 EGBGB Rdnr. 3.

schlossen[448]. Es muß sich um familienrechtliche Unterhaltsansprüche handeln[449]. Systematisch können Ansprüche aufgrund nichtehelicher Lebensgemeinschaft lediglich unter den Begriff „Familie" subsumiert werden. Dies ist aber nur dann möglich, wenn man diesem Begriff hier neben den exemplarisch aufgezählten Familienbeziehungen eine eigenständige Bedeutung beimißt und nichteheliches Zusammenleben als „Familie" qualifiziert. Doch schon ersteres ist abzulehnen[450]. Der Begriff „Familie" ist auf die aufgezählten besonderen Beziehungen zu beschränken. Nur an diese wurde bei der Entstehung des Abkommens gedacht[451]. In den Gesetzesmaterialien findet sich kein Anhaltspunkt, daß auch Unterhaltsansprüche anderer Familienbeziehungen dem Abkommen unterfallen sollen. Der Begriff Familie deckt lediglich übergreifend den sachlichen Anwendungsbereich des Abkommens ab, verdeutlicht die Einschränkung des Abkommens auf familienrechtlich zu qualifizierende Unterhaltsregelungen. Konkretisiert wird er durch die nachfolgend aufgezählten Familienbeziehungen.

Für eine gesonderte Bedeutung des Begriffs „Familie" geben weder Entstehungsgeschichte noch Systematik des Abkommens Anhaltspunkte[452].

Eine analoge Anwendung des Haager Unterhaltsübereinkommens scheitert schon am Vorliegen einer außerplanmäßigen Regelungslücke. Das Phänomen nichtehelichen Zusammenlebens war den Vertragsstaaten bekannt, aus den Materialien geht jedoch hervor, daß man den Regelungsbereich bewußt auf „klassische Familienrechtsbeziehungen" begrenzen wollte[453]. Eine Analogie ist daher nicht möglich.

Unterhaltsansprüche zwischen nichtehelichen Lebenspartnern unterfallen aber Art. 18 EGBGB. Ihrem Wortlaut nach ist diese Vorschrift nicht auf die im Abkommen aufgezählten Familienbeziehungen beschränkt. Sie enthält keinerlei Hinweise hinsichtlich des Grundes der Unterhaltsverpflichtung. Zwar stellt Art. 18 die Inkorporierung des Haager Übereinkommens von 1973 dar, dem diese Ansprüche wie gezeigt nicht unterfallen. Über dessen sachlichen Anwendungsbereich hinaus verbleibt für Art. 18 jedoch ein eigenständiger Anwendungsbereich, dem z.B. Unterhaltsansprüche nichtehelicher Lebensgefährten unterfallen.

Angesichts der Regelung in Art. 3 Abs. 2 Satz 1 EGBGB ist zwar davon auszugehen, daß Staatsverträge in ihrem Anwendungsbereich inhaltsgleiche und widersprechende interne Regelungen verdrängen. Jenseits dessen kann eine au-

---

[448] *Bellet*, Les nouvelles conventions de La Haye au matière d'obligations alimentaires, Clunet Nr. 101, 1974, 5, 7.

[449] Damit geht das Abkommen hinsichtlich familienrechtlicher gesetzlicher Unterhaltsansprüche, soweit sie seinem Anwendungsbereich unterfallen, den besonderen Statuten, wie etwa für die Ehe dem Ehewirkungsstatut, Art. 14 EGBGB, oder dem Scheidungsstatut, Art. 17 EGBGB, vor; dazu auch MünchKomm-*Siehr*, Art. 18 EGBGB Rdnr. 7.

[450] Im Ergebnis ebenso *Reng*, 92-94, 109-121, 189; *Kunz*, Rdnr. 653; *Henrich*, Internationales Familienrecht, 25; unklar *Lüderitz*, 165. A.A. *Rauscher*, 180.

[451] Siehe dazu genauer *Reng*, 93, unter Hinweis auf die Nichterwähnung in den Materialien.

[452] A.A. MünchKomm-*Siehr*, Art. 18 EGBGB Rdnr. 38, 259; Staudinger-*v.Bar/Mankowski*, Anh zu Art. 13 EGBGB Rdnr. 50; *Rauscher*, 180.

[453] Siehe dazu ausführlich *Reng*, 96.

tonome Kollisionsnorm aber einen eigenen Anwendungsbereich haben, wenn der entsprechende Staatsvertrag dies zuläßt und der nationale Gesetzgeber diese Absicht hatte. Die positive Definition des sachlichen Anwendungsbereiches in Art. 1 des Haager Unterhaltsübereinkommens von 1973 spricht im vorliegenden Fall für eine Gestaltungsfreiheit des nationalen Gesetzgebers über diesen Bereich hinaus. Art. 18 EGBGB einen weitergehenden sachlichen Anwendungsbereich zuzusprechen, würde daher nicht gegen die staatsvertragliche Regelung verstoßen[454]. Durch das Fehlen einer Regelung zum Grund der Unterhaltsverpflichtung abweichend vom Staatsvertrag hat der deutsche Gesetzgeber die Möglichkeit einer erweiterten Auslegung des Anwendungsbereichs der internen Kollisionsnorm geschaffen[455]. Dafür spricht auch, daß Art. 18 eine Inkorporierung des Übereinkommens in Form der Kopier- und nicht lediglich Hinweismethode vorgenommen hat[456]. Die nicht wortgetreue Wiedergabe des Abkommens läßt sich nur so erklären, daß Art. 18 EGBGB offen sein sollte auch für Rechtsverhältnisse, die nicht vom Staatsvertrag erfaßt sind. Art. 18 EGBGB kann daher einen über den des Haager Unterhaltsübereinkommens hinausgehenden Anwendungsbereich haben. Die Stellung dieser Vorschrift im EGBGB zwischen internationalem Scheidungsrecht und Kindschaftsrecht und die Intention des Haager Übereinkommens, auf dem sie beruht, eine gemeinschaftliche Anknüpfungsnorm für familienrechtliche Unterhaltsansprüche zu schaffen, verlangen jedoch das Vorliegen einer familienrechtlichen oder familienrechtsähnlichen Beziehung. Eine Anwendung ist daher ausgeschlossen, wenn es sich um rein vertragliche Vereinbarungen handelt[457]. Läßt man sich von diesem systematischen Argument leiten, so fallen Unterhaltsansprüche aufgrund nichtehelicher Lebensgemeinschaft nur dann unter Art. 18 EGBGB, wenn man sie als familienrechtlich qualifiziert. Dies könnte man im Hinblick auf die bislang unterbliebene gesetzliche Regelung in Deutschland[458] ablehnen. Dies allein kann jedoch nicht entscheidend sein. Tatsächliche Unterhaltsleistungen zwischen nichtehelichen Partnern werden auch in der deutschen Rechtsprechung zunehmend anerkannt[459]. Außerdem kann wegen des notwendig internationalen Bezugs einer Kollisionsnorm nicht nur auf die gesetzliche Erfassung im deutschen Recht zurückgegriffen werden. Es sind vielmehr auch die im internationalen Raum existierenden Normen vergleichend heranzuziehen. Die Betrachtung entsprechender ausländischer Sachnormen zeigt deutlich, daß immer dann, wenn man gesetzli-

---

[454] So auch angenommen in MünchKomm-*Siehr*, Art. 18 EGBGB Rdnr. 9, der im Ergebnis jedoch eine Anwendung des Haager Übereinkommens selbst befürwortet, Art. 18 EGBGB Anh I Rdnr. 38, 259.

[455] A.A. *Kropholler*, Internationales Privatrecht, 349.

[456] Siehe dazu *Reng*, 105 m.w.N. zur Terminologie in FN 160.

[457] *Firsching*, Internationales Privatrecht, 309. Eine Anwendung des Art. 18 EGBGB auf die die vom *OLG Zweibrücken* (NJW-RR 1993, 1478) zu beurteilende Unterhaltsvereinbarung scheidet mithin aus.

[458] Siehe oben A) IV. 1. a) aa).

[459] Siehe oben A) IV. 1. a) aa) (3).

che Unterhaltstatbestände geschaffen hat, diese innerhalb der Normen des Familienrechts in Anlehnung an die einer Ehe getroffen wurden[460]. Ziel all dieser Normen ist es, einer infolge langjähriger persönlicher Bindung entstandenen Bedürfnislage abzuhelfen. Diese Funktion gleicht dem im deutschen Recht mit eherechtlichen und verwandtschaftlichen Unterhaltsregelungen verfolgten Zweck und ist Ausdruck des „Für-Einander-Einstehens" innerhalb dieser Partnerschaften. Gesetzliche Unterhaltsansprüche zwischen nichtehelichen Lebenspartnern sind familienrechtlich zu qualifizieren und damit vom Anwendungsbereich des Art. 18 EGBGB umfaßt. Die dort vorhandene Anknüpfungsleiter dient dem Schutz des Unterhaltsberechtigten. Es besteht kein Anlaß, hiervon im Fall einer nichtehelichen Partnerschaft abzuweichen.

cc) Unterhaltsansprüche gegen den Nachlaß[461]

Unter A) IV. 1. b) aa) und A) IV. 1. c) aa) wurde dargestellt, daß in einigen Staaten für nichteheliche Lebensgefährten nach dem Tod des Partners anstatt eines Erbrechts Unterhaltsansprüche gegen den Nachlaß bestehen[462]. Auch diese Ansprüche könnten Art. 18 EGBGB unterfallen. Alternativ käme eine Anknüpfung nach Art. 25 oder Art. 14 EGBGB in Betracht.

Nach hier vertretener Ansicht ist das Haager Übereinkommen von 1973 auf Unterhaltsansprüche zwischen nichteheliche Lebenspartnern nicht anwendbar, gesetzliche Unterhaltsansprüche unterfallen aber Art. 18 EGBGB. Diese Vorschrift kann aber nicht auf Unterhaltsansprüche gegen den Nachlaß ausgedehnt werden. Hierfür ist der eingeschränkte sachliche Anwendungsbereich von Art. 18 EGBGB ausschlaggebend. Unterhaltsansprüche gegen den Nachlaß könnten nur dann in den Anwendungsbereich von Art. 18 EGBGB fallen, wenn diese Vorschrift diesbezüglich wiederum erweitert ausgelegt werden kann. Das ist abzulehnen. Die Materialien zum Haager Unterhaltsübereinkommen von 1973 zeigen, daß Ansprüche anläßlich des Todes des Erblassers nicht erfaßt werden sollen[463]. Es geht hier nicht nur um die Aufnahme weiterer familiärer Beziehungen sondern um ausdrücklich ausgeschlossene Ansprüche. Würde man Unterhaltsansprüche gegen den Nachlaß unter Art. 18 EGBGB subsumieren, würde man den gegebenen Auslegungsspielraum überschreiten. Da das Haager Übereinkommen Unterhaltsansprüche aufgrund des Todes ausdrücklich ausschließt, besteht nach dem Willen des Abkommens kein Raum für eine derartige

---

[460] Siehe oben A) IV. 1. c) aa).

[461] Zu einer Auseinandersetzung mit der Qualifikation von Unterhaltsansprüchen gegen den Nachlaß im allgemeinen siehe *Henrich*, Festschrift Gernhuber, 667ff. Umfassend zum Unterhaltsbegriff in Staatsverträgen *Hausmann*, Der Unterhaltsbegriff in Staatsverträgen des internationalen Privat- und Verfahrensrechts, IPRax 1990, 382.

[462] So beispielsweise alternativ neben einem echten Erbrecht in Brasilien, vgl. Art. 2, 3 Gesetz Nr. 8. 971 (1994); dazu *Mannheimer/Scheuer*, FamRZ 1996, 466, 467.

[463] Siehe *Reng*, 159; MünchKomm-*Siehr*, Art. 18 Anh I Rdnr. 51 und insbesondere die Verweise in FN 59.

Ausdehnung der entsprechenden nationalen Kollisionsregel. Eine derartige Erweiterung des Anwendungsbereichs der nationalen Norm müßte durch den nationalen Gesetzgeber ausdrücklich klargestellt werden. Das ist in Art. 18 EGBGB jedoch nicht geschehen.

Die entsprechenden Ansprüche sind daher selbständig zu qualifizieren und einer nationalen Kollisionsnorm unterzuordnen. Es kommt hierbei eine erbrechtliche wie auch eine unterhaltsrechtliche Qualifikation mit Orientierung an dem kollisionsrechtlichen Schwerpunkt der Partnerschaft selbst in Betracht. Einer erbrechtlichen Qualifikation könnte entgegenstehen, daß einige Regelungen - wie etwa die kanadischen[464] - an Unterhaltspflichten bzw. faktische Unterhaltsleistungen während des Bestehens der Beziehung anknüpfen, und damit eher eine Fortsetzung dieser Unterhaltszahlungen als eine Teilhabe am Vermögen des Verstorbenen darstellen. Außerdem muß das Gericht bei vielen Regelungen, wie etwa der englischen[465], die Bedürftigkeit des Anspruchsstellers prüfen, ein eindeutig aus unterhaltsrechtlichem Gefüge stammende Voraussetzung. Allerdings befinden sich auch diese Regelungen durchweg in erbrechtlichen Normkomplexen[466] und stellen in den Ländern eine Art Ersatz für das aus dem deutschen Recht bekannte Pflichtteilsrecht oder ein Noterbrecht des französischen Rechtskreises in dem Sinne dar, daß der Anspruchssteller dann nichts bekommt, wenn er anderweitig (etwa über Erbrechtsansprüche)[467] hinreichend bedacht wurde. Ziel all dieser Regelungen ist damit nach dem Willen der Gesetzgeber eine Einschränkung der Testierfähigkeit des Erblassers zum Schutz des über Jahre mit ihm zusammenlebenden Partner und nicht vordergründig die Schaffung einer Lebensgrundlage für diesen. Dafür spricht auch, daß ein solcher Unterhaltsanspruch teils erst mit dem Tod des Erblassers gegenüber dessen Erben entsteht[468]. Einer erbrechtlichen Qualifikation ist daher Vorrang einzuräumen[469]. Etwaige Unterhaltsansprüche gegen den Nachlaß sind dem Sonderstatut des Art. 25 EGBGB zu unterwerfen[470].

dd) Fallbeipiel

Zur Illustration des unterhaltsrechtlichen Komplexes sei ein weiteres Fallbeispiel eingefügt:

---

[464] Dazu oben A) IV. 1. c) aa).
[465] Siehe oben A) IV. 1. c) aa).
[466] Siehe etwa Art. 2, 3 Gesetz Nr. 8. 971 (1994) in Brasilien oder den englischen Inheritance (Family Provision) Act 1975.
[467] Vgl. etwa in Brasilien die Alternative zwischen einem Unterhaltsanspruch gegen den Nachlaß und einem echten Erbrecht; Art. 2, 3 Gesetz Nr. 8. 971 (1994); und auch die englische Regelung, die einen solchen Unterhaltsanspruch daran knüpft, daß der Erblasser zum Todeszeitpunkt sein *Domicile* in England hatte; vgl. Sec. 1 Inheritance (Family Provision) Act 1975; ihn damit eindeutig dem Erbstatut unterordnet.
[468] So in Portugal; vgl. *Henrich*, Festschrift Gernhuber, 667, 678.
[469] So auch *Kropholler*, Internationales Privatrecht, 350; Hausmann/Hohloch-*Martiny*, 577.
[470] So auch Staudinger-*v.Bar/Mankowski*, Anh zu Art. 13 EGBGB Rdnr. 53.

Sachverhalt:

Ein nichteheliches slowenisches Paar flüchtete 1992 nach Deutschland. Während die Frau sich bemühte, hier durch verschiedene Aushilfsjobs einen gewissen Lebensstandard zu sichern, kümmerte er sich schon bald nicht mehr um sie und brachte die Sozialhilfe regelmäßig zum Schankwirt um die Ecke. Als es ihr 1996 sehr schlecht ging, fragte sie sich, ob sie gegen „ihren Mann" irgendwelche Unterhaltsansprüche habe.

Lösung:
Etwaige Unterhaltsansprüche zwischen Partnern einer nichtehelichen Lebensgemeinschaft unterfallen Art. 18 EGBGB. Gem. Art. 18 Abs. 1 Satz 1 EGBGB entscheidet über eine bestehende Unterhaltspflicht primär das Recht am gewöhnlichen Aufenthalt des Unterhaltsberechtigten. Damit wäre deutsches Recht als Recht am Aufenthaltsort der Frau anwendbar. Nach deutschem Recht haben nichteheliche Lebensgefährten keine gegenseitigen gesetzlichen Unterhaltsansprüche. Nach Art. 18 Abs. 1 Satz 2 EGBGB ist daher das gemeinsame Heimatrecht zu befragen, ob es einen solchen Anspruch zugesteht. Gem. Art. 12 Abs. 1 i.V.m. Art. 81 EheFamG Slowenien[471] haben nichteheliche Lebenspartner wie Eheleute eine gegenseitige Unterhaltsverpflichtung nach „längerem" Zusammenleben. Dieser Anspruch ging der Slowenin in dem Fallbeispiel mit dem Umzug nach Deutschland nicht verloren.

f) Zusammenfassung

Alle Rechtswirkungen nichtehelichen Zusammenlebens, die Sonderstatuten zugeordnet worden sind, haben eine Gemeinsamkeit. Schwerpunkt kollisionsrechtlicher Betrachtung ist hier nicht der Wille der Partner zum Zusammenleben. Einerseits geht es um bestimmte Auswirkungen auf ein Rechtsverhältnis zu einem Dritten, die in seinem Interesse eine gesonderte Anknüpfung erfahren müssen. Andererseits handelt es sich beim Kindschaftsrecht, Erbrecht und Unterhaltsrecht um Rechtskomplexe, wo das öffentliche Interesse eine einheitliche und vorhersehbare Kollisionsregel fordert. Hier kann nicht allein auf das Zusammenleben abgestellt werden. Im Kindschaftsrecht ist z.B. das Kindeswohl in die Abwägung der anwendbaren Rechtsordnung einzubeziehen. Das öffentliche Interesse an der Stabilität von Unterhaltsverpflichtungen spricht für die Anwendung des Art. 18 EGBGB im Unterhaltsrecht. Unterschiedliche Motive nichtehelichen Zusammenlebens spielen demgegenüber nur eine untergeordnete Rolle.

---

[471] EheFamG **Slowenien** v. 26.5.76, Uradi list 1976 Nr. 15 Pos.644; dt. Übersetzung bei Bergmann/Ferid, Slowenien, 167. Dazu auch *Povh*, FamRZ 1991, 132, 135.

3. Vorzüge eines Gesamtstatuts für die verbleibenden Rechtsfragen

Für die verbleibenden Rechtsfragen stehen zwei Lösungswege zur Verfügung. Entweder man sucht auch hier nach dem kollisionsrechtlichen Schwerpunkt jeder einzelnen Frage. Oder man sucht nach einem einheitlichen Statut, welches sich an der Partnerschaft selbst orientiert. Die letzte Alternative ist aus mehreren Gründen zu bevorzugen.

Im Teil A) der Arbeit wurde gezeigt, daß nichteheliche Partnerschaften vielerorts umfangreiche rechtliche Regelungen erfahren haben. Sie erzeugen sowohl Rechtswirkungen zwischen den Partnern als auch gegenüber Dritten. Dies trifft sowohl auf Paare zu, die gar keine rechtliche Regelung wünschen, als auch auf solche, die durch einen förmlichen Registrierungsakt den Wunsch nach rechtlicher Bindung ausdrücklich zum Ausdruck brachten. In anderen Staaten versucht man mittels schuldrechtlicher Normen diesen Sachverhalt zu erfassen. Überall aber ist anerkannt, daß diese Gemeinschaften vom tatsächlichen her familienrechtlicher Natur sind. Sie sind nicht auf einzelne schuldrechtliche Ansprüche zu reduzieren, ohne das Wesen dieses Gesamtkomplexes zu zerstören. Alle Rechtswirkungen, die nichteheliches Zusammenleben weltweit erzeugt, haben letztendlich in einem Sachverhalt, nämlich der Entscheidung zweier Personen, ihr Leben aufeinander abzustimmen, ihre Grundlage. Diese Entscheidung, und mithin die angesprochenen unterschiedlichen Motive nichtehelichen Zusammenlebens bestimmen den Umfang möglicher Rechtswirkungen. Damit sollte dieser Wille der Partner auch im Mittelpunkt kollisionsrechtlicher Anknüpfung stehen. Es ist nach einem Anknüpfungsmoment zu suchen, welches sich an dem Zusammenleben und den unterschiedlichen Motiven hierfür orientiert. Und dies gilt für alle Rechtswirkungen, sofern nicht nach der Systematik deutschen Kollisionsrechts Sonderstatute einschlägig sind. Es sollte eine Grundsatzkollisionsnorm für die Verhältnisse in einer solchen Gemeinschaft und die allgemeinen Auswirkungen auf die Umgebung geschaffen werden.

Für ein solches Gesamtstatut sprechen noch weitere Interessen. Auf dem Gebiet des Familienrechts ist das Kontroll- und Regelungsinteresse eines Staates stets besonders groß. Entsprechend groß ist auf kollisionsrechtlicher Ebene das Interesse der Staaten an einfacher und eindeutiger Bestimmung, welche Rechtswirkungen ein familienrechtlicher Sachverhalt erzeugt. Ein Gesamtstatut ist damit aus Gründen der Rechtssicherheit empfehlenswert. Dies gilt zum einen dann, wenn die Verbindung nach dem Recht eines beteiligten Staates zu einem Rechtsinstitut erstarkt ist. Aber auch Rechtswirkungen anderer Partnerschaften sollten einheitlich angeknüpft werden. Denn das materielle Recht zeigt, wie schwer man sich mit schuldrechtlichen Lösungen tut und wie uneinheitlich die Entscheidungen sind. Eine einheitliche Anknüpfung würde der Gefahr von Anpassungsschwierigkeiten aus dem Weg gehen.

Hat eine nichteheliche Partnerschaft durch Registrierung oder gerichtliche Anerkennung oder einen anderen Ersatztatbestand unter Mitwirkung der Partner eine familienrechtliche Institutionalisierung erfahren[472], so vertrauen die Partner auch auf die Weitergeltung der erworbenen Rechtswirkungen, wenn sie diesen Staat verlassen. Auch aus diesem Grund ist ein Gesamtstatut zu bevorzugen.

4. Nachteile einer Qualifikation einzelner Rechtsfragen

Alternativ wird eine Anknüpfung der verschiedenen Rechtsfragen nichtehelichen Zusammenlebens an das jeweilige Schuldstatut vorgeschlagen[473]. Diesem Vorschlag kann jedoch nicht gefolgt werden.

a) Abweichende kollisionsrechtliche Interessen

Zum einen liegen den schuldrechtlichen Kollisionsregeln Interessenabwägungen zugrunde, die auf Rechtswirkungen nichtehelichen Zusammenlebens nicht anwendbar sind. Dies soll im folgenden am Beispiel des Vermögensausgleichsanspruchs bei Trennung eines nichtehelichen Paares[474] verdeutlicht werden.

aa) Gemeinschaftsrecht

Im deutschen Sachrecht wird zum Teil vorgeschlagen, diesen Anspruch als Aufhebungsanspruch einer Gemeinschaft gem. § 749 BGB anzusehen[475]. Würde man diese Qualifikation in einem Fall mit Auslandberührung vornehmen, wäre er akzessorisch an das Statut des entsprechenden Gegenstandes/Rechts anzuknüpfen. Die Teilrechte sind aus diesem Recht entstanden. Bei gemeinschaftlicher Berechtigung können die kollisionsrechtlichen Interessen an den Sachen/Rechten dann nicht anders gewichtet werden. Ein Aufhebungsanspruch wäre aufgrund des Spezialitätsgrundsatzes hinsichtlich jedes einzelnen Gegenstandes einer Rechtsordnung zuzuordnen. Folge wäre eine Rechtszersplitterung. Steht der Gegenstand/das Recht gemeinschaftlicher Berechtigung derartig im Mittelpunkt, bleibt für die Beachtung unterschiedlicher Motive nichtehelichen Zusammenlebens kein Raum.

---

[472] Dazu gehören die unter A) IV. 2. c) und e) genannten Verbindungen.

[473] So insbesondere Palandt-*Heldrich*, Art. 14 EGBGB Rdnr. 1, 17; Art. 17 EGBGB Rdnr. 14; Erman-*Hohloch*, Vor Art. 13 Rdnr. 13. In der **Schweiz** für eine Differenzierung nach Lebensbereichen und einzelnen Fragestellungen *Weber*, in: Frank/Girsberger/Vogt/Walder-Bohner/Weber, Die eheähnliche Gemeinschaft (Konkubinat) im schweizerischen Recht, 185, 186.

[474] Da hier die verschiedensten sachrechtlichen Lösungen existieren, bot sich an, anhand dieses Anspruchs die Nachteile einer einzelfallbezogenen Qualifikation aufzuzeigen.

[475] So *Derleder*, NJW 1980, 545ff; dazu auch *Lipp*, JuS 1982, 17, 18; *Giesen*, Familienrecht, 253. Aus der Rechtsprechung zur Anwendung der §§ 741ff. BGB auf nichteheliches Zusammenleben beispielsweise *LG Berlin*, NJW-RR 1995, 463.

bb) Sachenrecht

Es wird auch vertreten, daß die Vermögenslage zwischen nichtehelichen Paaren im internationalen Sachrecht einzuordnen ist[476]. Das Recht am Belegenheitsort einer Sache[477], Art. 43 Abs. 1 EGBGB, würde dann über Ausgleichsansprüche an ihr entscheiden. Die Anknüpfung an die *lex rei sitae* im internationalen Sachenrecht dient zum einen dem Verkehrsinteresse an leichter und sicherer Rechtsanwendung sowie der Vorhersehbarkeit des Sachstatuts. Dies gilt sowohl für Rechtsgeschäfte als auch für gesetzliche Tatbestände[478]. Das Recht am Lageort der Sache wird zudem am ehesten den Erwartungen der Beteiligten entsprechen[479]. Auch das Vertrauen Dritter hinsichtlich der Eigentumslage an einem bestimmten Gegenstand wird durch diesen räumlichen Bezug am besten geschützt.

Bei diesen Erwägungen kann nicht berücksichtigt werden, worauf die Rechte an der Sache sich gründen. Auf die Motive nichtehelichen Zusammenlebens kann damit wiederum nicht abgestellt werden. Nachteilig ist auch, daß aufgrund des Spezialitätsgrundsatzes wiederum für jede Sache eine Rechtsordnung bestimmt werden würde. Da dies bei der Betrachtung umfangreicher Vermögenslagen im Einzelfall nicht sachgerecht sein kann, ist anerkannt, daß das Sachstatut durch ein besonderes Vermögensstatut überlagert sein kann[480]. Das macht Art. 46 EGBGB nunmehr auch ausdrücklich klar.

cc) Geschäftsführung ohne Auftrag

Sachrechtlich kommen in Deutschland nach Ansicht der Rechtsprechung Aufwendungsersatzansprüche zwischen nichtehelichen Lebenspartnern nach den Regeln der Geschäftsführung ohne Auftrag in Betracht, wenn der eine Partner Altschulden des anderen tilgt oder Verpflichtungen zur gemeinsamen Lebensführung eingeht[481]. Eine Übernahme dieser Qualifikation in den internationalen Bereich ist wegen des unterschiedlichen Schwerpunkts kollisionsrechtlicher Anknüpfung ebenfalls nicht möglich. Ansprüche aus der Besorgung eines fremden

---

476 Palandt-*Heldrich*, Art. 15 EGBGB Rdnr. 24.

477 Soergel-*Lüderitz*, Anh II Art. 38 EGBGB Rdnr. 1, jedoch unter Hinweis auf eine etwaige akzessorische Anknüpfung an die Rechtsordnung, mit der die Beziehung zwischen den Personen am engsten verbunden ist, in Rdnr. 4; MünchKomm-*Kreuzer*, Nach Art. 38 EGBGB Anh I Rdnr. 12; Palandt-*Heldrich*, Art. 43 EGBGB Rdnr. 1; *Kegel*, Internationales Privatrecht, 661; *Kropholler*, Internationales Privatrecht, 477; Staudinger-*Stoll*, Internationales Sachenrecht, Rdnr. 123; *BGH*, IPRax 1993, 176, 177 m.w.N.; *OLG Koblenz*, IPRax 1994, 302, 304; *BGH*, NJW 1996, 2233, 2234; *ders.*, NJW 1995, 58, 59; BGHZ 39, 173, 174. Zu Art. 43 I n. F. *Wagner*, IPRax 1998, 429, 434ff.

478 *Kegel*, Internationales Privatrecht, 662.

479 MünchKomm-*Kreuzer*, Nach Art. 38 EGBGB Anh I Rdnr. 14.

480 Dazu im allgemeinen MünchKomm-*Kreuzer*, Nach Art. 38 EGBGB Rdnr. 17; Staudinger-*Stoll*, Internationales Sachenrecht, Rdnr. 181ff.

481 Siehe Nachweise FN 92.

Geschäfts unterliegen in Deutschland grundsätzlich dem Recht des Staates, in dem das Geschäft vorgenommen worden ist, Art. 39 Abs. 1 EGBGB[482]. Ansprüche aus der Tilgung einer fremden Verbindlichkeit sollen jedoch dem Recht unterliegen, welches auf die Verbindlichkeit anzuwenden ist, Art. 39 Abs. 2 EGBGB[483]. Dem liegt der Gedanke zugrunde, daß hier ein enger Zusammenhang besteht und so die einheitliche Anknüpfung für funktionsverwandte Ausgleichsinstrumente gewahrt wird[484].

Die Tilgung fremder Verbindlichkeiten als Hauptfall einer Fremdgeschäftsführung ohne Auftrag zwischen nichtehelichen Lebensgefährten[485] würde damit grundsätzlich akzessorisch an die bestehende Hauptverbindlichkeit angeknüpft werden, Art. 39 Abs. 2 EGBGB. Das Rechtsverhältnis der Partner, welches Motiv für die Zahlung der fremden Schuld war, bliebe unbeachtet. Es wird allein auf das zwischen einem der Partner und einem Dritten bestehende Vertragsverhältnis und dessen räumlichen Schwerpunkt abgestellt. Das ist nicht sachgerecht. Zuwendungen zwischen nichtehelichen Partnern werden grundsätzlich aufgrund einer besonderen persönlichen Beziehung und nicht in der Erwartung eines Aufwendungsersatzes erbracht. Die Zahlung ist offensichtlich durch dieses Verhältnis veranlaßt, auch wenn sie der Tilgung einer aus einem anderen Schuldverhältnis existierenden Schuld dient. Sie hat nur eine geringe Verbindung zu diesem Grundverhältnis. Möchte der Partner nach der Trennung diese Aufwendungen ersetzt haben, so hat er ein Interesse an der Anwendung eines Rechts, welches der Partnerschaft nahesteht und nicht einem ihm möglicherweise völlig unbekannten Vertragsverhältnis. Der zahlende Partner erscheint hier auch schutzwürdig. Seine Interessen würden bei der Anknüpfung an die Hauptverbindlichkeit gänzlich außer acht bleiben.

Art. 41 Abs. 1, 2 Nr. 1 EGBGB erkennt auch ausdrücklich an, daß sich „aus einer besonderen rechtlichen oder tatsächlichen Beziehung zwischen den Beteiligten im Zusammenhang mit dem Schuldverhältnis“ eine wesentlich engere Verbindung zu einer anderen Rechtsordnung ergeben kann.

---

[482] Seit dem 1. Juni 1999 in Kraft; vgl. Gesetz zum Internationalen Privatrecht für außervertragliche Schuldverhältnisse und für Sachen v. 21.5.1999, BGBl. I, 1026; Dazu auch *Wagner*, IPRax 1998, 429, 432. Diese Regelung entspricht der vor Inkrafttreten des Gesetzes in Rechtsprechung und Lehre vorwiegend vertretenen Auffassung. Siehe etwa: *Kegel*, Internationales Privatrecht, 7. Aufl., 524, hier jedoch noch mit Hinweis auf das unter besonderen Umständen vorgehende Personalstatut; *Kropholler*, Internationales Privatrecht, 452; Soergel-*Lüderitz*, Anh I Art. 38 EGBGB Rdnr. 1; *BGH*, RIW 1990, 397.

[483] Entspricht Art. 39 II des Regierungsentwurfs und auch hier der vorab vorherrschend vertretenen Ansicht. Dazu auch *Kropholler*, Internationales Privatrecht, 453; MünchKomm-*Kreuzer*, Art. 38 EGBGB Rdnr. 11.

[484] MünchKomm-*Kreuzer*, Art. 38 EGBGB Rdnr. 11.

[485] Siehe unten B) II. 4. b) cc).

dd) Bereicherungsrecht

Ein weiterer Lösungsvorschlag im Sachrecht stützt sich auf einen bereicherungsrechtlichen Anspruch, z.B. § 812 Abs. 1 Satz 2, 2. Alt. BGB[486]. Die Leistungskondiktion richtet sich im deutschen Kollisionsrecht nach dem Rechtsverhältnis, auf welches die Leistung bezogen war, Art. 38 Abs. 1 EGBGB n.F.[487]. Eingriffskondiktionen unterliegen dem Recht des Ortes, wo der Eingriff geschehen ist, Art. 38 Abs. 2 EGBGB n.F.[488]. Sonstige Ansprüche aus ungerechtfertigter Bereicherung unterliegen dem Recht des Staates, wo die Bereicherung eingetreten ist, Art. 38 Abs. 3 EGBGB n.F.[489].

Hier steht man bei nichtehelichen Partnerschaften zum einen schon vor dem Problem abzugrenzen, ob eine bestimmte Zuwendung als Leistungs- oder Eingriffskondiktion zu bewerten ist. Eine Qualifikation als Leistungskondiktion und damit eine Anknüpfung an das Statut, dem die Zuwendung selbst untersteht, kommt für die Paare, die rechtlich unverbindlich zusammenleben möchten, wohl nicht in Frage. Ausnahme ist nur ein ausdrücklicher Schenkungsvertrag. Der Wunsch der Paare nach rechtlicher Unverbindlichkeit spricht gegen die Annahme eines konkludenten Vertragsschlusses in sonstigen Fällen. Eine Leistung kommt auch nicht aufgrund gesetzlicher Verpflichtung in Frage[490], da diese nichtehelichen Verbindungen mehrheitlich gerade nicht als Rechtsgemeinschaft angesehen werden[491]. Bei Paaren, die rechtlich verbindlich zusammenleben möchten, ist diese Rechtsgemeinschaft generell Rechtsgrund für die Vermögensverschiebungen. Hier ist kein Bereicherungsausgleich möglich. Stellt man für unverbindliche Gemeinschaften auf eine Eingriffskondiktion ab, so würde sich der Anspruch über Art. 38 Abs. 3 EGBGB n.F. nach dem Recht des Staates, wo die Bereicherung eingetreten ist, richten. Dies wird regelmäßig der Aufenthaltsort des Zuwendungsempfängers sein. Auf seine Person würde einseitig ab-

---

[486] Siehe etwa *OLG Stuttgart*, NJW-RR 1993, 1475; *OLG Karlsruhe*, NJW 94, 948; *OLG Hamm*, FamRZ 1994, 380; *OLG Brandenburg*, NJWE-FER 1997, 35.

[487] Seit dem 1. Juni 1999 in Kraft; Gesetz zum Internationalen Privatrecht für außervertragliche Schuldverhältnisse und für Sachen v. 21.5.1999, BGBl. I, 1026. Diese Regelung entspricht dem Regierungsentwurf; abgedr.in: IPRax 1998, S 513f.; dazu *Wagner*, IPRax 1998, S. 429, 431ff. Die Neuregelung übernimmt damit die bislang mangels einer Kollisionsnorm herrschende Meinung in der Literatur und Rechtsprechung; vgl. MünchKomm-*Kreuzer*, Vor Art. 38 Rdnr. 9, 24, 27; Soergel-*Lüderitz*, Art. 38 EGBGB Anh I Rdnr. 24; *Kropholler*, Internationales Privatrecht, 454, 455.

[488] Vgl. Nachweise in FN 513; a.A. Palandt-*Heldrich*, Art. 38 EGBGB Rdnr. 3; *Kegel*, Internationales Privatrecht, 618; Soergel-*Lüderitz*, Art. 38 EGBGB Anh I Rdnr. 29: Wohnsitz des Bereicherten.

192.

[489] Vgl. Nachweise in FN 487.

[490] Siehe zu diesem Fall der Leistungskondiktion im allgemeinen Soergel-*Lüderitz*, Art. 38 EGBGB Anh I Rdnr. 41.

[491] Anders *Henrich*, Internationales Familienrecht, 26.

gestellt. Auch dies ist keine überzeugende kollisionsrechtliche Lösung für einen Auseinandersetzungsanspruch zwischen nichtehelichen Lebenspartnern. Aus Gründen der Gleichberechtigung muß vielmehr ein Anknüpfungsmoment gewählt werden, welches auf beide Partner abstellt.

Auch für das Bereicherungsrecht stellt Art. 41 Abs. 1, 2 Nr. 1 EGBGB nunmehr klar, daß sich aus dem tatsächlichen Verhältnis der Beteiligten eine engere Verbindung zu einer anderen Rechtsordnung ergeben kann.

ee) Vertragsrecht

Im deutschen Sachrecht existiert auch die Überlegung, Zuwendungen zwischen nichtehelichen Partnern nach deren Trennung über verschiedenste vertragliche Instrumentarien wie Schenkungswiderruf, Darlehensrückzahlung oder Arbeitsrecht abzuwickeln[492]. Auf kollisionsrechtlicher Ebene sind die entsprechenden Kollisionsregeln vom Ergebnis her aber wiederum nicht geeignet. In Anwendung von Art. 28 EGBGB würde primär über Art. 28 Abs. 2 EGBGB das Recht am Ort des gewöhnlichen Aufenthalt des Schenkers/Darlehensgebers/Arbeitnehmers anzuwenden sein. Diese einseitige Anknüpfung an einen Partner wird dem Gesamtkomplex des Zusammenlebens bei der Rückabwicklung von Vermögenszuwendungen zwischen den Partnern nicht gerecht. Über die Ausweichklausel des Art. 28 Abs. 5 EGBGB kommt man daher wieder zu einer Prüfung ausgerichtet am Wesen der Partnerschaft.

ff) Wegfall der Geschäftsgrundlage

Ein weiterer Vorschlag der deutschen Rechtsprechung in Inlandfällen ist die Abwicklung nach den Grundsätzen des Wegfalls der Geschäftsgrundlage[493]. Eine entsprechende Qualifikation im Kollisionsrecht hätte eine Anknüpfung an das Grundverhältnis zur Folge[494]. Diese Qualifikation ist damit der einzige schuldrechtliche Ansatz, der nicht nur über eine Ausweichklausel sondern von den grundsätzlichen Interessen der Kollisionsregel auf das Zusammenleben des Paares als Schwerpunkt abstellen würde.

gg) Zusammenfassung

Die für schuldrechtliche Kollisionsnormen ausschlaggebenden Interessen entsprechen mehrheitlich nicht denen, die bei Einordnung der Rechtswirkungen einer partnerschaftlichen Personenverbindung als überwiegend angesehen wurden. Es wird stets nach dem wirtschaftlichen Schwerpunkt einzelner schuldrechtlicher Beziehungen gesucht, ohne die Interessen der dahinter stehenden

---

[492] Dazu *Giesen*, Familienrecht, 254, 255.
[493] Statt aller *OLG Karlsruhe*, FamRZ 1994, 377; *BGH*, NJW 1991, 830.
[494] MünchKomm-*Spellenberg*, Vor Art. 11 Rdnr. 160 m.w.N. in FN 395; vgl. auch Art. 32 EGBGB.

Personengemeinschaft in die Betrachtung einzubeziehen. Dies führt zur Anwendung einzelner Rechtsnormen ohne Beachtung des Gesamtkomplexes. Folge können Anpassungsprobleme sein. Außerdem resultiert daraus ein nicht zu rechtfertigender Arbeitsaufwand für den zur Entscheidung berufenen Richter.

Gesetzliche Vermögensausgleichsansprüche zwischen nichtehelichen Partnern werden in einigen ausländischen Rechtsordnungen ähnlich dem Zugewinnausgleich im deutschen Eherecht unabhängig von der Eigentumslage zugesprochen[495] bzw. ins Ermessen des Richters gestellt[496]. Dies geschieht im Hinblick auf die vorab nicht nur von Eigeninteressen gesteuerten Vermögensverschiebungen, die denen in einer Ehe ähneln, und die man zum Teil nicht mehr nachvollziehen kann. Auch die Rechtsordnungen, welche gesetzlich eine solche umfassende Vermögensauseinandersetzung für diese Paare nicht kennen, versuchen zum Teil auf anderem Weg, Ausgleichsansprüche losgelöst von der jeweiligen Eigentumslage an den einzelnen Gegenständen zu konstruieren[497]. Es wird auch hier auf das Wesen der Gemeinschaft als eheähnlich abgestellt, welches für die Transaktionen letztendlich ausschlaggebend war. Damit wird klar, daß kollisionsrechtlich wie vorgeschlagen eine personenbezogene Anknüpfung hinsichtlich dieser besonderen, aus der Gemeinschaft resultierenden Vermögensauseinandersetzung, nötig ist.

Die unbefriedigenden Ergebnisse der schuldrechtlichen Kollisionsnormen resultieren aus den Besonderheiten einer Kollisionsnorm gegenüber einer Sachnorm. Hier geht es um die Zuordnung einer Rechtsordnung, dort um ein bestimmtes Ergebnis. Anders als eine Sachnorm kann eine schuldrechtliche Kollisionsnorm nicht notwendig zu eheähnlichen Ergebnissen führen. Dies ist nur über Ausweichklauseln möglich, die das komplexe familienrechtliche Rechtsverhältnis in den Mittelpunkt der Betrachtung stellen. Ausweichklauseln sind aber nur für den Ausnahmefall bestimmt, wenn die einer Kollisionsnorm zugrunde liegende Interessenabwägung im Einzelfall nicht greift. Ist dagegen wie für den vorliegenden Untersuchungsgegenstand von vornherein absehbar, daß die primär zur Verfügung gestellten Anknüpfungsmechanismen wegen einer abweichenden kollisionsrechtlichen Interessenlage nicht passen, so hilft diese Qualifikation nicht weiter. Die nichteheliche Partnerschaft ist im Kollisionsrecht besser von vornherein ihrer sozialen Bedeutung entsprechend normativ personenrechtlich zu qualifizieren[498]. Sonst würde man sich im Kreis drehen, wenn man bei grundsätzlich schuldrechtlicher Qualifikation über die dort vorhandene Ausweichklausel letztendlich doch personenbezogen anknüpfen würde.

---

495 Siehe nur als Beispiel der im Teil A) dargestellten Rechtsordnungen Art. 162, 168 des Familiengesetzbuches 1972 in Bolivien, abgedr.in: Bergmann/Ferid, Bolivien, 8ff; Art. 1, 8 des Gesetzes Nr. 115 v. 29.12.1982 über die Regelung der faktischen Ehe in Ecuador, abgedr.in: Bergmann/Ferid, Ecuador, 48, 49.

496 Vgl. dazu *Müller-Freienfels*, Festschrift Gernhuber, 737, 746.

497 Siehe A) IV. 1. a) aa) (4) (b).

498 So für das materielle Recht schon *Lipp*, AcP 180, 558f.

b) Schwierigkeiten materiellrechtlicher Qualifikation unter schuldrechtliche Normen

Nachteilig kommt noch hinzu, daß ein Vermögensauseinandersetzungsanspruch nach Trennung einer nichtehelichen Verbindung schon materiellrechtlich nur schwer unter schuldrechtliche Ausgleichsinstrumentarien zu subsumieren ist. Hier setzen sich einerseits die Schwierigkeiten des Sachrechts einer solchen Einordnung fort. Darüber hinaus hat sich das Kollisionsrecht mit fremden gesetzlichen Regelungen auseinanderzusetzen.

aa) Gemeinschaft

Die nichteheliche Partnerschaft ist keine Bruchteilsgemeinschaft ähnlich §§ 741ff. BGB[499]. Dies gilt für alle Formen. Eine gemeinsame Innehabung von Rechten liegt in der Regel nicht vor bzw. ist gerade durch die besonderen Verhältnisse in einer nichtehelichen Lebensgemeinschaft modifiziert[500]. Grundsätzlich fällt zwar auch Mitbesitz unter § 741 BGB[501], so daß eine Bruchteilsgemeinschaft hinsichtlich der in einer gemeinsamen Wohnung des Paares befindlichen Gegenstände in Betracht gezogen werden könnte. Dies gilt aber nur dann, wenn der eine Mitbesitzer die Berechtigung des anderen nicht jederzeit beenden kann. Es muß sich um Teilung der Sachherrschaft und nicht lediglich um eine Nutzungsgestattung handeln. Lebt ein Paar lediglich auf Probe zusammen oder möchte es rechtlichen Bindungen durch die Nichteingehung einer Ehe gerade aus dem Weg gehen, wird der Eigentümer aber die Herrschaftsgewalt über den Gegenstand in vollem Umfang behalten wollen. Er wird dem anderen Partner nur die Mitbenutzung bis zur Auflösung der Gemeinschaft gestatten[502]. Für eine Auseinandersetzung einer Bruchteilsgemeinschaft ist dann kein Raum. Auch eine registrierte Verbindung oder ein Paar, dem trotz Wunsch die Eingehung einer rechtlich geregelten Verbindung verwehrt ist, stellt keine Bruchteilsgemeinschaft dar. Allein der Sachverhalt einer Lebensgemeinschaft reicht für die Annahme einer solchen nicht aus. Sie ist stets nur hinsichtlich eines bestimmten Vermögensgegenstandes möglich, muß für jeden Gegenstand gesondert festgestellt werden[503]. Trennt sich ein Paar, so geht es im Rahmen der Vermögensauseinandersetzung aber gerade um die Frage, ob unabhängig von der existierenden sachenrechtliche Lage ein besonderer Vermögensausgleichsanspruch zu gewähren ist, der die gesamte Vermögenslage einschließt. Ein solcher ist § 749 BGB

---

[499] Anders *Derleder*, NJW 1980, 545, 550. Bislang von der Rechtsprechung allerdings nicht übernommen; vgl. *BGH*, FamRZ 1970, 19.

[500] Wie für die eheliche Lebensgemeinschaft angesprochen in: MünchKomm-*Schmidt*, § 741 BGB Rdnr. 38.

[501] A.A. *Lipp*, JuS 1982, 17, 19f.

[502] Dazu auch *Lipp*, JuS 1982, 17, 19.

[503] MünchKomm-*Schmidt*, § 741 BGB Rdnr. 2.

nicht vergleichbar. Eine Qualifikation als umfassende Gemeinschaft i.S.d. §§ 741ff. BGB an allen Vermögenswerten ist nicht möglich.

bb) Sachenrecht

Aus eben diesem Spezialitätsgrundsatz kann ein Vermögensausgleichsanspruch auch nicht sachenrechtlich gelöst werden. Das Sachstatut erfaßt lediglich dingliche Rechte an einer bestimmten Sache. Die Frage nach einem Ausgleichsanspruch eines der Partner nach der Trennung schließt jedoch regelmäßig als Bezugspunkt die gesamte Vermögenslage beider Partner ein. Es ist zu untersuchen, inwieweit während der Dauer des Zusammenlebens eine Vermögensverschiebung erfolgt ist, welche dem einen Partner über die Trennung hinaus ungerechtfertigterweise zugute kommt[504]. Für die Ehe werden daher für güterrechtliche Fragen auch Art. 14 und 15 EGBGB herangezogen[505], um der Komplexität dieses Lebenssachverhalts gerecht zu werden.

cc) Geschäftsführung ohne Auftrag

Aufwendungen eines Partners während des Bestehens einer Lebensgemeinschaft sind auch keine Geschäftsführungen ohne Auftrag. Eine Geschäftsführung ohne Auftrag setzt einen Fremdgeschäftsführungswillen voraus[506]. Sie kommt daher dann nicht in Betracht, wenn der Geschäftsführer dem Geschäftsherrn gegenüber zur Führung des Geschäfts berechtigt war[507]. Jede andere Ansicht würde Sinn und Zweck dieses Instituts unterlaufen[508]. Innerhalb einer nichtehelichen Partnerschaft wird jedoch regelmäßig zumindest konkludent ein Einverständnis des Partners mit der Besorgung von Geschäften, welche dem Interesse gemeinsamer Lebensführung dienen, vorliegen. Das wird man bei Paaren, die eine rechtliche Bindung wünschen, nicht bezweifeln können. Aber auch die Paare, die generell eine gesetzliche Regelung ablehnen, haben den Willen, ihr Leben zumindest in Teilbereichen aufeinander abzustimmen. Geschäfte, die dieser gemeinsamen Lebensführung dienen, werden auch hier konkludent vom Partner genehmigt. Sie werden regelmäßig durch Gegenleistungen ausgeglichen. Eine Geschäftsführung ohne Auftrag kommt folglich nur dann in Betracht, wenn unabhängig von internen Gegenleistungen Leistungen erbracht werden, etwa

---

[504] Aus eben diesen Gründen verweist Art. 15 EGBGB für die ehelichen Güterverhältnisse auf eine Rechtsordnung, ungeachtet des Lageorts der einzelnen Sachen. Zur Abgrenzung des Ehegüterrechts vom Sachenrecht siehe etwa MünchKomm-*Siehr*, Art. 15 EGBGB Rdnr. 105ff.

[505] Für Eigentumsvermutungen unabhängig vom jeweiligen Güterstand: Soergel-*Schurig*, Art. 14 EGBGB Rdnr. 65 m.w.N. in FN 21; Staudinger-*v.Bar/Mankowski*, Art. 14 EGBGB Rdnr. 322 m.w.N. Für Vermögensauseinandersetzungsansprüche: Staudinger-*v.Bar/Mankowski*, Art. 15 EGBGB Rdnr. 273ff.

[506] MünchKomm-*Kreuzer*, II Vor Art. 38 EGBGB Rdnr. 2.

[507] Palandt-*Sprau*, § 677 Rdnr. 11.

[508] Ähnlich auch *Lipp*, JuS 1982, 17, 21.

Altschulden des Partners getilgt werden[509]. Diese Ansprüche sind aber dem Vermögensausgleich nicht vergleichbar. Es handelt sich um keine Rechtswirkung, die aus der Partnerschaft selbst erwächst. Dies sind Zahlungen, die schon nach der Vorstellung der Partner unabhängig vom Bestehen der Beziehung ausgeglichen werden sollen.

dd) Bereicherungsrecht

Die Schwierigkeiten einer bereicherungsrechtlichen Qualifikation wurden schon bei der Trennung zwischen Leistungs- und Eingriffskondiktion aufgezeigt. Die nichteheliche Partnerschaft selbst ist grundsätzlich Rechtsgrundlage aller während ihres Bestehens erfolgten Vermögensverschiebungen. Der Wunsch nach rechtlicher Unverbindlichkeit spricht bei einem Teil der Paare dagegen, eine spätere Eheschließung als über diesen Rechtsgrund hinausgehenden Zweck der Zuwendung anzusehen. Über eine solche zusätzliche Zweckbestimmung, die einen bereicherungsrechtlichen Ausgleich bei Verfehlung nach sich zieht, muß eine tatsächliche Einigung zwischen den Partnern bestehen[510]. Ein dem anderen Partner erkennbares Motiv reicht nicht aus[511]. Leistungen zwischen diesen Lebenspartnern werden jedoch freiwillig und ohne einen zusätzlich vereinbarten Zweck zur Unterhaltung der gegenwärtigen Beziehung erbracht. Dieser Zweck ist nicht verfehlt, wenn die Beziehung irgendwann einmal auseinanderbricht. Zwischen Partnern, die eine Ehe gar nicht eingehen können bzw. eine alternative Partnerschaftsform wählten, besteht ebenfalls keine zusätzliche Zweckvereinbarung. Gegenseitige Zuwendungen dienen vielmehr auch hier allein der bestehenden Partnerschaft.

ee) Schenkungs-/Darlehens-/Arbeitsvertrag

Abgesehen von ausdrücklichen Verträgen ist es auch falsch, bei jeder Zuwendung innerhalb einer nichtehelichen Lebensgemeinschaft einen konkludenten Vertragsschluß anzunehmen. Dagegen spricht schon der wiederholt angesprochene Grundsatz, daß innerhalb einer solchen Gemeinschaft Leistungen grundsätzlich durch den erbracht werden, der dazu in der Lage ist, ohne eine konkrete Gegenleistung zu erwarten. Diese Leistungen sind aber auch nicht als unentgeltlich anzusehen. Es handelt sich vielmehr um im Gegenseitigkeitsverhältnis stehende sog. „unbenannte Zuwendungen"[512]. Eine Reduzierung auf das einzelne Schuldvertragsverhältnis ist nicht möglich.

---

[509] Z.B. der Fall, wenn der eine Partner über den Trennungszeitpunkt hinaus aus einem Kredit verpflichtet ist, den er zur Ablösung vorgemeinschaftlicher Schulden des Partners aufnahm, *OLG Frankfurt a.M.*, NJW 1985, 810.

[510] *BGH*, NJW 1992, 2690.

[511] Palandt-*Thomas*, § 812 Rdnr. 86.

[512] *Giesen*, Familienrecht, 255.

ff) Wegfall der Geschäftsgrundlage

Gegen den Wegfall der Geschäftsgrundlage bei Trennung der Partner spricht, daß ein solcher Anspruch dann auszuschließen ist, wenn die Partner sich bewußt auf das Risiko einlassen, daß die Beziehung irgendwann beendet sein kann. Geschäftsgrundlage sind nach ständiger Rechtsprechung die bei Abschluß des Vertrages zutage getretenen, dem anderen Teil erkennbar gewordenen und von ihm nicht beanstandeten Vorstellungen der einen Partei oder die gemeinsamen Vorstellungen beider Parteien von dem Vorhandensein oder dem zukünftigen Eintritt bestimmter Umstände, sofern der Geschäftswille der Parteien auf diesen Vorstellungen aufbaut[513]. Der Annahme, daß das Fortführen des nichtehelichen Zusammenlebens grundsätzlich die Geschäftsgrundlage für vorher erbrachte Zuwendungen darstellt, steht bei einigen Paaren wiederum der Wunsch nach rechtlicher Unverbindlichkeit entgegen. Sie nehmen das Risiko einer Trennung in Kauf. Lediglich bei institutionalisierten Formen ausländischen Rechts[514] und Paaren, denen die Eingehung der Ehe verwehrt ist, kann man einen Rechtsbindungswillen überhaupt annehmen. Nur hier ist konstruktiv überhaupt ein Rechtsverhältnis nachweisbar, für dessen Eingehung eine bestimmte Erwartung Geschäftsgrundlage gewesen sein kann. Die Lehre vom Wegfall der Geschäftsgrundlage ist Mittel der Vertragsanpassung und somit nur anwendbar, wenn überhaupt ein Vertrag existiert[515]. Beweisbar ist er lediglich dann, wenn eine Registrierung der Verbindung erfolgte. In diesen Fällen existieren aber stets besondere gesetzliche Vermögensausgleichsansprüche in Anlehnung an das Eherecht[516], so daß auch hier eine Qualifikation als Ausgleichsanspruch wegen Wegfalls der Geschäftsgrundlage ausscheidet.

c) Beispiel Verpflichtungsermächtigung

Eine weitere Frage in Verbindung mit nichtehelichen Lebenspartnern, an der sich die Unzulänglichkeit schuldrechtlicher Kollisionsnormen zeigt, ist die nach einer Mithaftung des Lebenspartners aus Geschäften des täglichen Lebens[517]. Sucht man nach einer passenden schuldrechtlichen Kollisionsnorm, so wäre das Vollmachtsstatut zur Entscheidung berufen[518]. Nach vorherrschender Ansicht im

---

[513] BGHZ 121, 378, 391; *BAG*, NJW 1991, 1563 m.w.N.

[514] Siehe A) IV. 2. c) und e).

[515] *Giesen*, Familienrecht, 259.

[516] Vgl. oben A) IV. 2. c) und e).

[517] In Deutschland bislang einhellig abgelehnt, siehe Nachweise oben FN 93; gesetzlich verankert z.B. in Norwegen gem. §§ 3 Lov om registrert partnerskap, 41 Lov om ekteskap 1991; in Frankreich gem. Art. 515-4 Code Civil; in Katalonien gem. Art. 5, 24 Ley 15 Julio 1998; in Aragón gem. Art. 5 IV Ley 6/1999, de 26 de marzo, relativa a Parejas estables no casadas.

[518] So *Striewe*, Ausländisches und Internationales Privatrecht der nichtehelichen Lebensgemeinschaft, 359, der unter Verweis auf *BGH* , NJW 1982, 2733 unstrittig an das Vollmachtsstatut anknüpft.

deutschen Kollisionsrecht ist die Vollmacht separat anzuknüpfen[519], es entscheidet grundsätzlich das Recht am Wirkungsort[520]. So würde man bei den in Frage stehenden Geschäften des täglichen Lebens meist zum Recht am gemeinsamen gewöhnlichen Aufenthalt des Paares zur Zeit der vorgenommenen Handlung kommen. Problematisch an einer solchen Qualifikation ist, daß es sich dann, wenn in den Rechtsordnungen besondere Vertretungsregeln existieren, nicht um eine rechtsgeschäftliche Vertretungsmacht sondern um Fälle gesetzlicher Vertretung handelt, die aus dem besonderen Rechtsverhältnis des Paares resultiert[521]. Eine Anknüpfung an den Wirkungsort läßt auch hier das personale Element und die damit verbundenen Interessen außer acht. Einer Einordnung dieser Rechtsfrage im Vollmachtsstatut ohne Beachtung des dahinterstehenden Verhältnisses kann daher nicht zugestimmt werden[522].

d) Zusammenfassung

Die Schwierigkeiten schuldrechtlicher Lösungsansätze für Rechtsfragen nichtehelicher Paare im deutschen Sachrecht spiegeln sich in der Unzulänglichkeit der entsprechenden Kollisionsnormen wider. Das Qualifikationsproblem tritt hier gegenüber dem deutschen Sachrecht noch in verstärktem Maße zutage. Denn in inländischen Rechtsfällen hat man sich nicht mit gesetzlichen Regelungen auseinanderzusetzen, die nichteheliches Zusammenleben anderswo erfahren hat. Eine Subsumtion unter einzelne schuldrechtliche Vorschriften erscheint daher im Ausgangspunkt möglich und wird von der deutschen Rechtsprechung bewußt vom Ergebnis her gesucht. Wie im Teil A) gezeigt geht man hier aber nur von den Paaren aus, die keine umfassende rechtliche Bindung wünschen. In einem Fall mit Auslandsbezug ist jedoch notwendig, auch fremde Regelungen in die Suche nach einer passenden Kollisionsregel einfließen zu lassen. Jede Orientierung nur an der eigenen gesetzlichen Ausgestaltung schafft hier Regelungslücken und Anknüpfungswidersprüche. Es zeigte sich, daß für die in ausländischen Rechten existierenden umfassend geregelten Partnerschaften die schuldrechtlichen Institute gar nicht passen. Dies resultiert aus der wesenseigenen Beschränkung dieser Normen auf einzelne vermögensrechtliche Probleme.

---

519 Soergel-*Lüderitz*, Anh Art. 10 EGBGB Rdnr. 92.

520 H.M. in der deutschen Rechtsprechung, vgl. BGHZ 64, 183, 192; *BGH*, NJW 1982, 2733. Dazu Soergel-*Lüderitz*, Anh Art. 10 EGBGB Rdnr. 98. Auch zu abweichenden Ansichten in der Literatur *Kropholler*, 278ff.

521 Siehe die Beispiele oben FN 408.

522 Wird auch im deutschen internationalen Eherecht nicht befürwortet sondern es wird für eine Anwendung des allgemeinen Ehewirkungsstatuts plädiert; vgl. Soergel-*Schurig*, Art. 14 Rdnr. 44 m.w.N. in FN 4; Staudinger-*v.Bar/Mankowski*, Art. 14 Rdnr. 315 m.w.N.

5. Nachteile des zweigliedrigen Ansatzes Henrichs
a) Henrichs Lösungsvorschlag und weitere Vertreter

In seiner ersten ausführlichen Auseinandersetzung mit den kollisionsrechtlichen Problemen nichtehelicher Verbindungen führte *Henrich* für eine Einordnung einer nichtehelichen Partnerschaft im Kollisionsrecht als entscheidungserheblich an, ob die Verbindung eheähnliche Wirkungen nach den beteiligten Heimatrechten oder dem Recht des Eingehungslandes auslöst oder nicht[523]. Ist dies der Fall, so seien die Normen des internationalen Eherechts - also ein Gesamtstatut - anzuwenden, anderenfalls die einzelne geltend gemachte Rechtswirkung zu qualifizieren und allgemeinen schuldrechtlichen Normen zu unterstellen. Eine ähnliche Lösung vertritt *Denker*[524], der sich aber nur auf die Probleme der Auseinandersetzung einer beendeten nichtehelichen Lebensgemeinschaft zwischen bzw. mit türkischen Staatsangehörigen in der Bundesrepublik beschränkt. Eine Abgrenzung erfolgt auch seiner Meinung nach dergestalt, daß die Ansicht der ausländischen Rechtsordnung entscheidend sein soll, ob es sich um eine Ehe oder ein eheähnliches familienrechtliches Rechtsinstitut handelt[525]. *Coester* will demgegenüber allein das Personalstatut jedes Partners darüber entscheiden lassen, ob eine zivilrechtlich anerkannte und mit spezifischen Rechtswirkungen ausgestattete Partnerschaft vorliegt, welche nach Art. 14f. EGBGB zu behandeln wäre[526]. *Schurig* folgt einem ähnlichen Ansatz[527]. Er trennt in freie nichteheliche Lebensgemeinschaften und institutionalisierte Verbindungen. Letztere unterwirft er grundsätzlich dem Ehestatut, für erstere trennt er nach der Art der einzelnen geltend gemachten Sachnorm und favorisiert eine eherechtliche oder schuldrechtliche Anknüpfung[528]. *Finger* verweist ebenfalls auf die rechtliche Einordnung im ausländischen Recht[529], wobei er gleichgeschlechtliche Lebensgemeinschaften in diese Abgrenzung einschließt[530]. Das Güterrechtsstatut will er jedoch stets wandelbar anknüpfen[531].

---

523 *Henrich*, Festschrift Beitzke, 507, 511, 513ff.
524 *Denker*, Die Auflösung von nichtehelichen Lebensgemeinschaften zwischen bzw. mit Türken in der Bundesrepublik Deutschland - Aus internationalprivatrechtlicher Sicht, Diss. 1991.
525 A.a.O., 70. Die türkische materiellrechtliche Behandlung stimmt hier jedoch weitestgehend mit der deutschen überein, es stellt sich daher gar kein Einordnungsproblem, da alle Qualifikationsmethoden zu demselben Recht führen würden.
526 MünchKomm-*Coester*, Art. 13 EGBGB Rdnr. 6.
527 Soergel-*Schurig*, Vor Art. 13 EGBGB Rdnr. 29ff.
528 Soergel-*Schurig*, Vor Art. 13 EGBGB Rdnr. 30.
529 Böhmer/Siehr-*Finger*, 2 8/4 Rdnr. 5 und 8/13 Rdnr. 32.
530 Böhmer/Siehr-*Finger*, 2 8/17 Rdnr. 35, 36, 9/31 Rdnr. 77, 78, 9/74 Rdnr. 93.
531 Böhmer/Siehr-*Finger*, 2 9/74 Rdnr. 94, 95.

b) Wertung

Diese Lösungsansätze sind ebenfalls abzulehnen. Sie stellen lediglich eine Zusammenfassung von Untersuchungen einzelner Kollisionsnormen dar, in deren Ergebnis die Autoren feststellten, daß das internationale Eherecht für einige nichteheliche Verbindungen paßt, für andere Fragen hingegen schuldrechtliche Lösungen ausreichend sind. Zu diesem Ergebnis kam man aber nur deshalb, weil die einzelnen Partnerschaften stets ausgehend von den sachlichen Interessen, die den ausländischen Regelungen zugrunde liegen, qualifiziert wurden. Die vorangegangenen Ausführungen zeigen jedoch, daß die schuldrechtlichen Kollisionsnormen aufgrund anderer kollisionsrechtlicher Interessenlagen auch dann nicht passen, wenn im Einzelfall eine Subsumtion unter Abwägung materiellrechtlicher Interessen und Ergebnisse möglich erscheint.

Außerdem sieht man sich stets dem praktischen Problem einer Qualifikation im Einzelfall unter Beachtung eines dem Richter unbekannten ausländischen Rechts ausgesetzt. Das bringt große Unsicherheit in die Bestimmung des anwendbaren Rechts, der mittels einer einheitlichen Anknüpfung aus dem Weg gegangen würde. Auch wenn *Henrich* in einer neueren Darstellung von der Prüfung einer Institutionalisierung der Gemeinschaft nach dem Heimatrecht des Paares oder des Eingehungslandes[532] zu der des einzelnen geltend gemachten Anspruchs übergegangen ist[533], ändert sich an dem Problem nichts, daß es schwierig ist, hier eine Qualifikationsentscheidung zu treffen. Es wird stets eine wenig praktikable Einzelfallentscheidung sein. Natürlich gibt es Ansprüche, die eindeutig aus zwischen dem Paar geschlossenen schuldrechtlichen Verträgen resultieren und für die daher eine schuldrechtliche Qualifikation unstrittig ist. Darauf wurde schon hingewiesen. Die gibt es auch zwischen einem Ehepaar. Es sind aber doch die Ansprüche nach Auflösung der Gemeinschaft durch Tod eines Partners oder Trennung des Paares oder besondere persönliche Ansprüche, welche wegen ihres familienrechtlichen Charakters die eigentlichen Abgrenzungsschwierigkeiten bereiten und für die entgegen der Ansicht *Henrichs* nicht einfach auf die Bezeichnung im Klagebegehren zurückgegriffen werden kann. Es ist aus der Sicht des deutschen Richters schwer zu bestimmen, ob unbekannte gesetzliche und richterrechtliche Lösungsansätze fremder Rechtsordnungen eheähnlich sind oder nicht. Auf das Bestehen von umfassenden gesetzlichen Regelungen allein wird man nicht abstellen können[534], und ob die ausländische Rechtsprechung eine Institutionalisierung unterstützt, wird zum Teil schwer festzustellen sein. Die Übergänge sind fließend. Nicht selten befinden sich entsprechende Regelungen wie gezeigt auch außerhalb des jeweiligen Familienrechts, rufen letztendlich aber doch eheähnliche Folgen hervor. Es gehört ein umfangreiches Verständnis der ausländischen Rechtsordnung dazu, diese An-

---

532 Festschrift Beitzke, 513ff.

533 Internationales Familienrecht, 24.

534 So aber *Henrich;* Festschrift Beitzke, 507, 514.

sprüche zu qualifizieren. Am Ende würde man stets eine Doppelqualifikation durchzuführen haben, da man erst die ausländische Lösung zu analysieren und dann in das deutsche Lösungsgefüge vergleichend einzuordnen hat. Dies für jeden Einzelfall und für jede sich stellende Rechtsfrage zu tun, kann dem Richter nicht zugemutet werden. Hier ist vielmehr nach einer einheitlichen und einfach zu handhabenden Lösung zu suchen.

III. Nachteile vorhandener Kollisionsregeln

1. Überblick

Sucht man innerhalb vorhandener Kollisionsnormen nach einer Grundsatzkollisionsnorm für nichteheliches Zusammenleben, so kommt entsprechend sachrechtlicher Überlegungen eine Einordnung im internationalen Schuldvertragsrecht, Gesellschaftsrecht oder Eherecht in Betracht. Diese Ansätze passen jedoch weder begrifflich noch von den zugrunde liegenden Interessenabwägungen für alle Arten nichtehelicher Verbindungen.

2. Internationales Schuldvertragsrecht

a) Nichteheliches Zusammenleben als umfassender Schuldvertrag

Im deutschen Sachrecht hat *Roth-Stielow* die Überlegung angeregt, aus den sozialen Gegebenheiten und dem Verhalten des Paares einen konkludenten Partnerschaftsvertrag als Vertrag *sui generis* herzuleiten[535]. Nichteheliches Zusammenleben könnte folglich auch kollisionsrechtlich als Schuldvertrag angesehen und damit alle Rechtswirkungen sowie Eingehungs- und Auflösungsvoraussetzungen Art. 28 EGBGB unterstellt werden. Eine solche Qualifikation wurde jedoch schon für Inlandfälle in der deutschen Literatur zu recht einhellig abgelehnt[536]. Gegen die Annahme eines umfassenden Zusammenlebensvertrages spricht zum einen, daß bei formlosem Zusammenleben als Alternative zur Ehe oder um eine solche zu „proben" der Wille der Partner gerade darauf gerichtet ist, umfassenden rechtlichen Bindungen zu entgehen[537]. Hier würde es sich um die nachträgliche Festlegung eines „mutmaßlichen" Parteiwillens anhand objektiver Kriterien handeln[538]. Eine solche Konstruktion könnte im Ergebnis einen Verstoß gegen die Privatautonomie der Parteien i.S. negativer Vertragsfreiheit darstellen[539]. Die Annahme eines umfassenden Vertrages würde mit einem

---

[535] JR 1978, 233ff.

[536] *Giesen*, Familienrecht, 248; *Schreiber*, 47.

[537] Zu den verschiedenen Erscheinungsformen nichtehelichen Zusammenlebens generell und den besonderen Verhältnissen in Deutschland siehe oben A) II. und A) IV. 1. a) aa).

[538] Nach *Coester-Waltjen*, Die nichteheliche Lebensgemeinschaft, NJW 1988, 2089, am Ende eine Entscheidung nach Recht und Billigkeit.

[539] So auch *Giesen*, Familienrecht, 248.

Grundmerkmal vieler Gemeinschaften kollidieren - der jederzeitigen Auflösbarkeit. Aber auch hinsichtlich der Paare, die die ihnen nach ausländischem Recht mögliche Registrierungsmöglichkeit nutzen bzw. eine rechtlich verbindliche Partnerschaft eingehen möchten, dies nach der anwendbaren Rechtsordnung aber nicht können, ist eine schuldvertragliche Qualifikation fraglich. Die möglichen und erwünschten Registrierungen ziehen nach den entsprechenden Sachrechten weitreichende Rechtsfolgen auch persönlicher Natur nach sich. Diese werden gesetzlich verliehen und sind nur eingeschränkt abdingbar. Ein klassischer Schuldvertrag liegt auch hier nicht vor. Es handelt sich vielmehr wie bei einer Ehe um einen Vertrag besonderer Art mit gesetzlichen Rechtsfolgen.

Ein konkludenter Vertragsschluß käme auch lediglich hinsichtlich vermögensrechtlicher Aspekte innerhalb einer nichtehelichen Partnerschaft in Betracht. Die personale Seite sowie Außenwirkungen auf Rechtsverhältnisse zu Dritten sind zwingenden Vereinbarungen regelmäßig entzogen[540]. Gerade hierfür wird aber eine Kollisionsregel gesucht. Denn gerade diese Rechtswirkungen erwachsen aus dem familienrechtlichen Charakter dieser Partnerschaften und stehen damit auf der Grenze zwischen Schuld- und Familienrecht. Bei registrierten Verbindungen erwachsen diese Rechtswirkungen gesetzlich, wenn die Partnerschaft wirksam eingegangen wurde. Folglich ist hier eine schuldrechtliche Qualifikation ohnehin nicht möglich.

b) Schuldvertragsstatut und nichteheliches Zusammenleben

Hinzu kommt wiederum, daß dem Schuldvertragsstatut andere kollisionsrechtliche Interessen zugrunde liegen. Die objektive Anknüpfung eines Schuldvertrags erfolgt im deutschen IPR über Art. 28 EGBGB[541]. Nach dem Willen des deutschen Gesetzgebers soll ein Vertrag dem Recht des Staates unterliegen, zu dem er gem. Art. 28 Abs. 1 Satz 1 EGBGB „die engsten Verbindungen aufweist". Dies muß für jeden Einzelfall orientiert an der Art des Vertrages bestimmt werden. Um diese Entscheidung praktisch handhabbar zu machen, hat man mittels Art. 28 Abs. 2 bis 4 EGBGB versucht, bestimmte Vermutungsregeln für einzelne Verträge aufzustellen[542]. Nach der Grundregel des Art. 28 Abs. 2 Satz 1 EGBGB wird vermutet, daß ein Vertrag grundsätzlich am engsten mit der Rechtsordnung verbunden ist, in der der Schuldner der charakteristischen Leistung dieses Vertrages im Zeitpunkt des Vertragsabschlusses seinen gewöhnlichen Aufenthalt hat. Ist eine solche nicht feststellbar, ist unter Gesamtschau aller Umstände die engste Verbindung zu ermitteln, Art. 28 Abs. 2 Satz 3, Abs. 1 EGBGB. Auch wenn nachweisbar ist, daß trotz Vorliegen einer charakteristischen Leistung der Vertrag mit einer anderen Rechtsordnung enger verbunden

---

540 Siehe oben A) IV. 2. a) cc).

541 Dessen Anknüpfungssystem basierend auf Art. 4 des EG- Schuldvertragsübereinkommens vom 1980; abgedr.in: Jayme/Hausmann, Nr. 43.

542 Daran anschließend in Art. 29, 30 EGBGB durch Regelungen für besondere Vertragstypen ergänzt.

ist, ist eine Prüfung unter Ansehung aller Umstände durchzuführen, Art. 28 Abs. 5 EGBGB.

Die Anwendung von Art. 28 Abs. 2 EGBGB auf nichteheliche Paare ist abzulehnen. Eine charakteristische Leistung eines der Partner liegt bei partnerschaftlichem Zusammenleben regelmäßig nicht vor[543]. Dies gilt für alle Typen. Vermögenstransaktionen innerhalb einer Partnerschaft laufen regelmäßig beidseitig ab, können schwer isoliert betrachtet werden. Sie werden auch eher durch gegenseitige emotionale Verbundenheit als wirtschaftliche Eigenerwägungen eines der Partner gesteuert[544]. Somit ist kein Vertragspartner feststellbar, der dem Grundgedanken des Art. 28 Abs. 2 Satz 1 EGBGB entsprechend schutzwürdiger erscheint. Der aus der Schweizer Rechtsliteratur stammenden Ansicht von *Meier*[545], daß es sich hier um eine „schuldvertragsähnliche einfache Gesellschaft" handelt, deren charakteristische Leistung das „Führen eines eheähnlichen Verhältnisses" ist, und der so zum gemeinsamen Wohnsitzrecht gelangt, kann nicht zugestimmt werden. Die Systematik des Art. 28 EGBGB spricht dafür, daß die dort vorhandenen Vermutungsregeln Anknüpfungerleichterungen bringen sollen in einem Schuldverhältnis, in dem die Interessen der beteiligten Parteien an der Anwendung einer ihr eng verbundenen Rechtsordnung grundsätzlich gleich stark zu bewerten sind. Es wurde in Absatz 2 die Entscheidung getroffen, daß der Erbringer der charakteristischen Vertragsleistung aus vorab genannten Gründen grundsätzlich schutzbedürftiger ist. Stellt man nun auf die charakteristische Leistung beider - das Zusammenleben - ab, ist damit der Sinn dieser Vermutungsregel verfehlt.

Da keine charakteristische Leistung feststellbar ist, ist in Anwendung von Absatz 1 eine Untersuchung vorzunehmen, zu welcher Rechtsordnung das Paar die räumlich engste Verbindung aufweist. Es ist nach einem Anknüpfungsmoment zu suchen, daß sich an der Partnerschaft selbst orientiert. An dieser Stelle ist eine Prüfung losgelöst von der einzelnen schuldrechtlichen Beziehung orientiert am Wesen der Partnerschaft zu führen. Hierfür wird aber gerade eine Kollisionsregel gesucht. Die schuldvertragliche Kollisionsnorm des Art. 28 EGBGB bietet mithin keine Hilfe.

3. Internationales Gesellschaftsrecht

a) Nichteheliches Zusammenleben als Gesellschaft bürgerlichen Rechts

Nichteheliche Lebensgemeinschaften sind allein wegen des Entschlusses der Partner, ihr Leben aufeinander abzustimmen, keine Gesellschaften des bürgerlichen Rechts. Diese entstehen nach deutschen Rechtsvorstellungen, wenn mehre-

---

[543] Abzulehnen insofern die Ansicht, daß man als charakteristische Leistung die Leistung des haushaltsführenden Ehegatten ansehen könnte; vgl. *Weber*, in: Frank/Girsberger/Vogt/Walder-Bohner/ Weber, Die eheähnliche Gemeinschaft (Konkubinat) im schweizerischen Recht, 189.

[544] Dazu oben B) I. 1. b) cc).

[545] *Meier*, Die einfache Gesellschaft im Internationalen Privatrecht, Diss. 1980, 156ff.

re Personen einen auf einen gemeinsamen Zweck ausgerichteten Vertrag schließen[546]. Problematisch ist folglich einerseits bei Paaren, die keine rechtlichen Wirkungen wünschen, wie bei konkludenten Partnerschaftsverträgen, entsprechende Willenserklärungen nachzuweisen. Das Führen der Lebensgemeinschaft als solches kann zudem nicht als gemeinsamer Zweck i.S. des § 705 BGB angesehen werden. Die Tatsache, daß diese Partner sich keine Gedanken über vertragliche Bindungen machen, steht der Annahme einer solche Erklärung entgegen. Ihnen fehlt der entsprechende Rechtsbindungswille. Geht es hierbei um die Lebensgemeinschaften, welche geschlossen werden, gerade um den Rechtsbindungen der Ehe zu entgehen[547], würde die Annahme eines umfassenden Gesellschaftsvertrages dem ausdrücklichen Willen der Parteien zuwiderlaufen. Auch die fehlende feste Struktur dieser Verbindungen spricht gegen eine gesellschaftsrechtliche Qualifikation.

Ein Vertragsschluß kann nur dann angenommen werden, wenn die Partner ihren Rechtsbindungswillen nach außen durch einen Registrierungsakt o.ä. dokumentieren oder nachweisen, daß sie eine rechtsverbindliche Partnerschaft wünschen, diese nach gegenwärtiger Rechtslage jedoch nicht eingehen können. Doch auch dann ist eine gesellschaftsrechtliche Qualifikation nicht möglich. Voraussetzung für die Annahme einer Gesellschaft ist nach deutschem Rechtsverständnis grundsätzlich ein nach außen gerichteter wirtschaftlicher Zweck. Die Eingehung der Gemeinschaft an sich kann diesen daher nicht darstellen. Der verfolgte Zweck ist hier nur auf das Innenverhältnis bezogen und nicht wirtschaftlich sondern personenbezogen[548]. Die Partner stellen regelmäßig emotionale Beweggründe in den Vordergrund, haben nicht die Absicht, jede Vermögensdisposition bilanztechnisch abzurechnen. Ein auf den vermögensrechtlichen Bereich beschränkter Gesellschaftsvertrag wäre bloße Fiktion.

Eine gesellschaftsrechtliche Qualifikation kommt zwischen nichtehelichen Lebenspartnern nur dann in Frage, wenn die Partner die Absicht verfolgen, einen wirtschaftlich gemeinsamen Wert zu schaffen, den sie gemeinsam nutzen und der ihnen nach ihrer Vorstellung auch gemeinsam gehören soll[549]. Beschränkt man sich derart auf einen möglichen Anspruch, kommt man jedoch wieder von dem Ziel eines Gesamtstatuts ab.

---

[546] Palandt-*Sprau*, § 705 BGB Rdnr. 1.

[547] Zu den verschiedenen Motiven siehe oben A) II.

[548] So auch die deutsche Rechtsprechung in FN 108; dazu auch *Giesen*, Familienrecht, 249. Im schweizerischen Recht wird die nichteheliche Partnerschaft dagegen als sog. einfache Gesellschaft gem. Art. 530 I OR angesehen, deren gemeinsamer Zweck das Führen des gemeinsamen Haushalts ist; dazu BGE 108 II 209, 109 II 230, 111 II 298, 110 IV 4; *Geiser*, Gleichgeschlechtliche Lebensgemeinschaften in der Schweiz aus rechtlicher Sicht, in: Puff(Hrsg.), Lust, Angst und Provokation, Homosexualität in der Gesellschaft, 216, 220.

[549] Grundsatzentscheidung dazu: BGHZ 77, 55. Auch *KG*, KG-Rp Berlin 1999, 49; *OLG Koblenz*, NZG 1999, 111. Zum Abgehen von der formal-dinglichen Eigentumslage: *BGH*, NJW-RR 1996, 1473.

b) Internationales Gesellschaftsrecht und nichteheliches Zusammenleben

Die Anknüpfungen des internationalen Gesellschaftsrechts passen auch vom Ergebnis her nicht für alle Rechtsfragen nichtehelichen Zusammenlebens.

Im deutschen Internationalen Privatrecht[550] wie auch vielen anderen westeuropäischen Staaten wird im internationalen Gesellschaftsrecht die Sitztheorie[551] favorisiert. Es existieren in Deutschland allerdings weder eine gesetzliche Regelung im EGBGB noch umfassende staatsvertragliche Regelungen[552]. Hauptargument der Anhänger der Sitztheorie ist das Kontrollbedürfnis des Staates, in dem die Gesellschaft ihren tatsächlichen Verwaltungssitz hat, dem genüge getan werden muß[553]. Diese Anknüpfung dient damit in erster Linie dem Verkehrsinteresse. Demgegenüber erscheint das Interesse der Gründer einer Gesellschaft an der kontinuierlichen Anwendung des Rechts am Gründungsort unbedeutend. Zugleich soll vermieden werden, daß die Gründer einer Gesellschaft in ein regelungsarmes Recht fliehen[554] und es sollen so die Gläubiger geschützt werden[555]. Handelt es sich um eine reine Innengesellschaft[556], wird nach herrschender Ansicht im deutschen Recht allerdings eine gesellschaftsrechtliche Qualifikation generell abgelehnt und danach gefragt, ob die einzelnen vertraglichen Beziehungen Art. 27ff. EGBGB unterfallen[557]. Da hier generell gleichgerichtete Verpflichtungen innerhalb einer Zweckgemeinschaft eingegangen werden, läßt sich eine charakteristische Leistung schwer ermitteln und man gelangt über Art. 28 Abs. 1 EGBGB in der Regel ebenfalls zum gemeinsamen Aufenthalts- bzw. Sitzrecht[558].

Auf nichteheliche Paare angewendet hieße das, man würde der Sitztheorie folgend zur Anwendung des Rechts am gemeinsamen gewöhnlichen Aufenthalt bzw. letzten gemeinsamen gewöhnlichen Aufenthalt des Paares kommen. Auch

---

550 *Kropholler*, Internationales Privatrecht, 487, 488; *Derleder*, NJW 1980, 545, 550. Aus der Rechtsprechung (auch zu Aufweichungen): BGHZ 97, 269, 271; *BGH*, ZIP 1991, 1582; *OLG Hamm*, NJW-RR 1995, 469. Die Staaten des *common law* folgen hingegen grundsätzlich der Gründungstheorie; dazu Staudinger-*Großfeld*, Internationales Gesellschaftsrecht, Rdnr. 19, 27ff.

551 Siehe Staudinger-*Großfeld*, Internationales Gesellschaftsrecht, Rdnr. 17, 18, 22ff..

552 Das Haager Abkommen von 1956 (folgte grundsätzlich der Gründungstheorie; Text in RabelsZ 17, 270ff.) ist mangels ausreichender Anzahl von Ratifikationen hinfällig geworden, das EG-Übereinkommen von 1968 (ebenfalls Gründungsrecht; Text: BGBl. 1972 II 370) mangels Ratifikation durch die Niederlande ebenfalls gescheitert.

553 Damit verbunden ist das Bestreben, Eingriffe eines anderen Rechts zu vermeiden.

554 Staudinger-*Großfeld*, Internationales Gesellschaftsrecht, Rdnr. 18.

555 Staudinger-*Großfeld*, Internationales Gesellschaftsrecht, Rdnr. 35.

556 Die Parteien gehen schuldrechtliche Verpflichtungen untereinander ein, treten aber nicht als Gesellschaft nach außen im Rechtsverkehr auf.

557 Soergel-*von Hoffmann*, Art. 37 EGBGB Rdnr. 48, 49; MünchKomm-*Martiny*, Art. 37 EGBGB Rdnr. 47 unter Verweis auf das Ehegüterrecht.

558 So auch Soergel-*von Hoffmann*, Art. 37 EGBGB Rdnr. 49; a.A. MünchKomm-*Martiny*, Art. 37 EGBGB Rdnr. 47: Recht des Ortes, an dem der gemeinsame Zweck hauptsächlich verfolgt wird.

über eine Qualifikation als Innengesellschaft[559] käme man über Art. 28 Abs. 1 EGBGB zu diesem Ergebnis[560]. Handelt es sich um Paare, die unverbindlich zusammenleben möchten oder nach dem anwendbaren Recht eine rechtlich geregelte Partnerschaft nicht eingehen können, so ist mangels formellen Eingehungsaktes eine Anknüpfung - ähnlich eines Gründungsrechts - an den Ort der Eingehung der Partnerschaft wegen der Schwierigkeiten der Feststellbarkeit eines genauen Begründungszeitpunkts ohnehin nicht möglich. Da es keinen „Gesellschaftsvertrag" gibt, ist das Interesse Dritter durch diese bewegliche Anknüpfung an das jeweilige Aufenthaltsrecht - welches meist der Ort sein wird, wo das Paar mit dem Dritten in Kontakt kommt - auch am ehesten gewahrt. Die Anknüpfung an den gewöhnlichen Aufenthalt des Paares ist auch eine an der Verbindung selbst orientierte Entscheidung. Die der Sitztheorie zugrunde liegende Interessenabwägung kann aber nicht auf alle im Teil A) dargestellten Partnerschaftsformen übertragen werden. Auch hinsichtlich der Paare, die mittels förmlichen Eingehungsaktes rechtliche Verbindlichkeit wählten sowie derjenigen, die das gern würden, wegen der objektiven Rechtslage aber daran gehindert sind, würde man die Frage möglicher Rechtswirkungen am räumlichen Schwerpunkt des Verhältnisses ausgerichtet dem Recht des jeweiligen bzw. letzten gemeinsamen Aufenthaltsortes zur Beantwortung überstellen. Dies ist nicht interessengerecht. Anders als die Paare, die rechtlich unverbindlich zusammenleben möchten, machen sich die Partner hier sehr wohl Gedanken über die Anwendung einer bestimmten Rechtsordnung. Ihr Vertrauen auf die Anwendung dieses Rechts ist daher in die Abwägung einzubeziehen. Durch einen Registrierungsakt bringen die Partner zum Ausdruck, daß sie dieses Recht bewußt gewählt haben. Ihr Interesse an der Geltung dieser Normen muß zumindest gegenüber dem des Aufenthaltsstaates an der Anwendung eigener Vorschriften abgewogen werden. Hinzu kommt das Interesse des Eingehungslandes und/oder Heimatlandes an der Geltung eigener Rechtsnormen aufgrund der Anerkennung als familienrechtliches Rechtsinstitut. Diese Interessen sind, wie für die Ehe in Art. 13 Abs. 1, 11 Abs. 1 EGBGB geschehen, in die Abwägung einzustellen[561]. Es ist hier allerdings nicht die Stelle, über Eingehungsvoraussetzungen nichtehelicher Verbindungen abschließend zu entscheiden. Das soll im weiteren unter B) III. 4. b) bb) und B) IV. 1. c) geschehen. Gegen eine gesellschaftsrechtliche Konstruktion ist aber anzuführen, daß für eine solche separate Interessenabwägung hinsichtlich einzelner Partnerschaftsformen und eine Trennung in Eingehungs-, Wirkungs- und Auflösungsstatut im internationale Gesellschaftsrecht kein Raum ist. Ungeachtet der unterschiedlichen Motive nichtehelichen Zusammenlebens und der objektiven Rechtslage in den beteiligten Rechten würden alle nichtehelichen Partnerschaftsformen gleich behandelt.

---

[559] So auch *Abels*, Die Qualifikation der Schenkung, Diss. 1996, 104.

[560] Zur Interessenabwägung im Rahmen des Art. 28 Abs. 1 EGBGB schon oben B) III. 2. b).

[561] Dazu ausführlich unten B) III. 4. b) bb) und B) IV. 1. c).

4. Internationales Eherecht

Auch eine Anwendung des Ehestatuts ist nicht angebracht[562]. Nichteheliche Partnerschaften könnten zwar grundsätzlich unter den Begriff einer „Ehe" im Kollisionsrecht subsumiert werden[563]. Die Normen des deutschen internationalen Eherechts bieten jedoch keine sachgerechten Lösungen für nichteheliches Zusammenleben.

a) Subsumtion unter den Begriff „Ehe" im Kollisionsrecht

aa) Wortlaut

Vom Wortlaut her scheint sich eine Ausdehnung des Begriffs „Ehe" in den Art. 13ff. EGBGB auf „nichteheliches" Zusammenleben zu verbieten. Ehe und nichteheliches Zusammenleben schließen sich begrifflich gegenseitig aus.

bb) Teleologische Auslegung

(1) Keine Übereinstimmung mit dem Ehebegriff im deutschen materiellen Recht, §§ 1303ff. BGB

Dabei kann jedoch nicht stehengeblieben werden. Art. 13ff. EGBGB sind Kollisionsnormen. Sie sind Normen des nationalen Rechts und daher mit nationalen Begriffen ausgefüllt. Der notwendig internationale Bezug einer Kollisionsnorm führt jedoch dazu, daß Rechtsbegriffe im Kollisionsrecht inhaltlich nicht deckungsgleich mit denen des eigenen Sachrechts sein können. Sonst würden für eine Vielzahl ausländischer Institute Regelungslücken bestehen. Charakteristisch für einen bestimmten Rechtsbegriff ist sein Standort in einem bestimmten Bezugssystem[564]. Das Wesen der Kollisionsnormen bedingt, daß sie in ihrer Gesamtheit für alle weltweit existierenden Sachverhalte das anwendbare Recht bestimmen müssen. In diese Systematik müssen sich auch die Normen des internationalen Eherechts einpassen. So können nicht nur die nach deutschem Sachrecht möglichen formalen Eheschließungen eines Mannes und einer Frau

---

[562] Anders *Kropholler*, Internationales Privatrecht, 343; *Kegel*, 685; *Striewe*, Ausländisches und internationales Privatrecht der nichtehelichen Lebensgemeinschaft, 390ff. (für das Innenverhältnis der Partner); *v.Bar*, Internationales Privatrecht II, 82, und Staudinger-*v.Bar*, 12. Aufl. 1992, Anh Art. 13 EGBGB Rdnr. 20ff. sowie Vorbem zu Art. 13 EGBGB Rdnr. 14ff.; auch Staudinger-*v.Bar/Mankowski*, 13. Aufl. 1996, Anh Art. 13 EGBGB Rdnr. 80ff.; *Rauscher*, 157; *von Hoffmann*, 273; *Grziwotz*, 602; *Schreiber*, 15ff. Für gleichgeschlechtliche registrierte Verbindungen: *Jayme*, IPRax 1990, 197; Staudinger-*v.Bar/Mankowski*, 13. Aufl. 1996, Art. 13 EGBGB Rdnr. 180; *Grib*, Die gleichgeschlechtliche Partnerschaft, Diss. 1995. Für eine Analogie zum internationalen Eherecht: MünchKomm-*Winkler von Mohrenfels*, Art. 17 EGBGB Rdnr. 82ff.; MünchKomm-*Siehr*, Art. 14 EGBGB Rdnr. 139f., Art. 15 EGBGB Rdnr. 199ff.

[563] a.A. Palandt-*Heldrich*, Art. 13 EGBGB Rdnr. 3.

[564] *Gernhuber*, Ehe und Familie als Begriffe des Rechts?, FamRZ 1981, 721.

nach §§ 1303ff. BGB unter diesen Begriff fallen, sondern auch Parallelinstitute ausländischen Rechts[565].

(a) Formelle Abweichungen

Der deutsche Gesetzgeber kann fremden Rechtsordnungen nicht vorschreiben, von welchen formellen Voraussetzungen sie das Bestehen einer Ehe abhängig machen. Dem werden die Regelungen in Art. 11 Abs. 1 i.V.m. Art. 13 EGBGB[566] gerecht. Die formellen Voraussetzungen der Eingehung einer Ehe unterliegen kumulativ den Heimatrechten der Partner oder dem Recht des Landes, in dem die Ehe geschlossen wird. Art. 13 Abs. 3 Satz 1 EGBGB hindert lediglich eine solche von deutschen gesetzlichen Vorschriften formal abweichende Eheschließung in Deutschland[567]. So fallen auch Eheformen, denen kein förmlicher Registrierungsakt vorausgeht, unter den kollisionsrechtlichen Ehebegriff, sofern sie nach dem Recht am Eingehungsort oder den Heimatrechten des Paares zulässig sind.

Allein damit läßt sich jedoch eine entsprechende Einordnung bestimmter nichtehelicher Verbindungen nicht begründen. Diese unterscheiden sich von formlosen Ehen inhaltlich. Bei einer formlosen Ehe existiert nach dem ausländischen Sachrecht nur ein Rechtsinstitut der Ehe, lediglich verschiedene Möglichkeiten, diese einzugehen. Unter bestimmten Voraussetzungen entfalten in diesen Ländern auch formlos eingegangene Partnerschaften eines Mannes und einer Frau alle vermögensrechtlichen wie auch persönlichen Rechtswirkungen der förmlichen Ehe. Sie können wie diese auch nur förmlich wieder aufgelöst werden. Zu diesen formlosen Ehen gehören die *common law*-Ehe des amerikanischen Rechtskreises[568], die sog. „faktische

---

[565] *Müller-Freienfels*, Rechtsfolgen nichtehelicher Lebensgemeinschaften und Eheschließungsrecht, Festschrift Gernhuber, 737, 749; MünchKomm-*Coester*, Art. 13 EGBGB Rdnr. 4; *Gamillscheg*, in: Beitzke(Hrsg.), Vorschläge und Gutachten zur Reform des deutschen internationalen Personen-, Familien- und Erbrechts, 245, 246.

[566] Dazu Soergel-*Schurig*, Art. 13 EGBGB Rdnr. 7; Staudinger-*v.Bar/Mankowski*, Art. 13 EGBGB Rdnr. 476; MünchKomm-*Coester*, Art. 13 Rdnr. 110.

[567] Mit der Ausnahme Art. 13 Abs. 3 Satz 2 EGBGB bezüglich der Eheschließung zweier Ausländer.

[568] Die Angaben über die U.S. Bundesstaaten, in denen die Eingehung einer solchen common law marriage noch möglich ist, variieren in den verschiedenen Lehrbüchern. Es dürfte sich derzeit aber wohl noch um 11 Bundesstaaten handeln, und zwar Alabama: *Piel v. Brown*, 361 So.2d 90 (1978), Colorado: *Deter v. Deter*, 484 P.2d 805 (App. 1971), Idaho: Idaho Code sec. 32-301, Iowa: Iowa Code Ann. sec. 595.11, Kansas: Kann. Stat. Ann. sec. 23-101, Montana: Mont. Code Ann. ss. 26-1-602, 40-1-403, 404, Oklahoma: 43 Okl. Stat. Ann. tit. 43 sec. 1, Pennsylvania: Purdon's Pa. Cons. Stat. Ann. tit. 48, sec. 1-23, Rhode Island: *Souza v. O'Hara*, 395 A.2d 1060 (R.I. 1978), South Carolina: S.C. Code Ann. sec. 20-1-360, Texas: Vernon's Tex. Fam. Code Ann. sec. 1.91, District of Columbia: *Johnson v. Young*, 372 A.2d 992 (D.C. App. 1977). In Ohio wurde diese Form der Eheschließung 1991, und in Georgia 1998 abgeschafft. Mein herzlicher Dank gilt Prof. Gozansky (Emory University/Atlanta), der mich bei der Ermittlung dieser Angaben unterstützt hat. Die Voraussetzungen der wirksamen Ehe-

Sowjetehe"[569] wie auch eine Vielzahl von Partnerschaften Lateinamerikas[570]. All diese Eheformen haben eins gemeinsam: erforderlich ist ein Konsens der Part-

---

schließung sind in der Regel folgende: Das Paar muß darin übereinstimmen, derzeit als Ehepaar leben zu wollen. Beide müssen fähig sein, eine Ehe einzugehen. Zum Teil wird darüber hinaus verlangt, daß beide sich nach außen wie ein Ehepaar ausgeben bzw. Dritte einen entsprechenden Eindruck haben. Zur Vertiefung siehe nur *Thomas*, Formlose Ehen, 50ff.

569 In Kontinentaleuropa haben seit den Beschlüssen von Trient im Jahre 1563 alle Rechtsordnungen nach und nach den Grundsatz der förmlichen Eheschließung vor einer Amtsperson übernommen und nicht wieder aufgegeben. Die sog. faktische Sowjetehe stellte die einzige Ausnahme in dieser Entwicklung dar. Im Zuge der totalen Entstaatlichung der Ehe trat am 1.1.1927 in der Sowjetunion ein Gesetzbuch über Ehe, Familie und Vormundschaft in Kraft, nach welchem es für den Eintritt bestimmter Ehewirkungen ausreichte, daß die Partner rein tatsächlich als Eheleute zusammenleben. Eine Registrierung der Ehe war zwar noch möglich, wurde aber zum bloßen Beweismittel. Ab Mitte der dreißiger Jahre begann jedoch der Kampf gegen diese „Nachlässigkeit" in Familienangelegenheiten, es verstärkte sich das Verlangen nach einer „geordneten sozialistischen Familie". Auf Grund des Uniondekrets vom 8.7.1944 (dt. Übersetzung der hier interessierenden Artikel in: *Loeber,*Das Eherecht der Sowjetunion und seine Anwendung im internationalen Privatrecht Deutschlands, Diss. 1950, 10ff.) wurde die Registrierung als Voraussetzung der Eheschließung wieder eingeführt. Entgegen mancher Stellungnahmen in der Literatur lösten diese faktischen Ehen nicht alle Rechtswirkungen der daneben immer noch bestehenden förmlichen Ehen aus. Das russische Familiengesetzbuch von 1927 regelte für diese formlosen Ehen lediglich die güterrechtlichen Verhältnisse in Art. 10, 11 sowie die gegenseitige Unterhaltspflicht in Art. 14-16. Eine Verpflichtung zur Führung eines gemeinsamen Familiennamens und zur ehelichen Lebensgemeinschaft bestand dagegen nicht; *Thomas*, Formlose Ehen, 94 FN 408. Von der formellen Ehe unterschied sich die faktische Sowjetehe auch insbesondere durch die leichte Auflösbarkeit. Es reichte das Einverständnis beider Partner und zum Teil sogar das Trennungsverlangen eines Partners.

570 Alle Ehewirkungen werden faktischen Eheformen zuerkannt in: **Kuba** (Art. 2, 18 Código de la Familia 1975 [Gesetz Nr. 1289]; schon seit 1940 hat in Kuba die Gleichstellung mit der formellen Ehe Verfassungsrang; Voraussetzung ist hier jedoch die Anerkennung durch ein zuständiges Gericht, dann werden Ehewirkungen ex tunc wirksam; dazu *Mannheimer/Scheuer*, FamRZ 1996, 466, 468; *Vaz Ferreira/de Tanzer*, 509, 520f.; *Bluttner*, 291), **Guatemala** (Art. 173ff. Zivilgesetzbuch 1963; auch hier setzte schon die Verfassung von 1947 die formlose Ehe der formellen gleich, überließ jedoch die Anerkennungsvoraussetzungen dem einfachen Gesetzgeber; Voraussetzung der Zuerkennung der Ehewirkungen ist eine Beurkundung der „Ehe" vor dem Bürgermeister oder einem Notar; dabei müssen das Bestehen eines gemeinsamen Heimes und dreijähriges Zusammenleben nachgewiesen werden; dazu *Vaz Ferreira/de Tanzer*, 509, 512f.; *Bluttner*, 292), in den mexikanischen Bundesstaaten **Tamaulipas** (Art. 70; hier war ebenfalls eine Registereintragung notwendig; die Regelung existierte jedoch lediglich von 1940 bis 1954; dazu *Bluttner*, 193; *Vaz Ferreira/de Tanzer*, 509, 519; *Sánchez-Cordero*, Cohabitation Without Marriage in Mexiko, 29 Am. J. Comp. L. 279(1981)) und im mexikanischen Bundesstaat **Hidalgo** (Art. 1, 146-150 FamGB v. 8.11.1983; abgedr.in: Bergmann/Ferid, Mexiko, 1, 4; Gleichstellung mit der Ehe bei Eintragung nach mindestens fünfjährigem Zusammenleben; dazu *von Sachsen-Gessaphe*, Das Konkubinat in den mexikanischen Zivilrechtsordnungen, 59ff.) sowie in **Honduras** (vgl. *Bluttner,* 293). Zur Regelung nichtehelicher Lebensgemeinschaften und formloser Ehen in Lateinamerika in rechtsvergleichender Sicht *Bluttner*, Das Recht der nichtehelichen Lebensgemeinschaft in Panama und anderen lateinamerikanischen Staaten, Diss. 1990.

ner, als ein „Ehepaar" auf Dauer zusammenzuleben[571]. Das Interesse des Paares ist daher regelmäßig auf rechtliche Verbindlichkeit gerichtet, und auch der Staat hat ein Interesse daran, hier zum Schutz der Ehe als Institut diese faktischen Verbindungen „einzufangen" und zwingendem Eherecht zu unterstellen[572]. Diese Verbindungen sind nach dem Verständnis des ausländischen Staates und des Paares „Ehe". Die Einordnung im deutschen internationalen Eherecht ist daher unschwer möglich[573]. Probleme ergeben sich einzig und allein aus *ordre public*-Gesichtspunkten[574].

Nichteheliche Verbindungen entsprechen in ihren Rechtswirkungen jedoch nicht denen der Ehe und unterliegen auch separaten Trennungsvorschriften. Die Partner wollen zum Teil auch gerade keine rechtsverbindliche Partnerschaft eingehen. Diese Verbindungen sind aus der Sicht des ausländischen Staates und des Paares keine Ehe. Damit hat die formlose Eingehung Auswirkungen auf den Umfang verliehener Rechtswirkungen und eine Einordnung unter Art. 13ff. EGBGB ist problematisch.

(b) Abweichende materielle Voraussetzungen

Der deutsche Gesetzgeber kann fremden Rechtsordnungen nicht nur nicht vorschreiben, welche Formvorschriften sie an die Wirksamkeit einer Eheschließung knüpfen, er kann auch nicht bestimmen, welche materiellen Wirksamkeitsvoraussetzungen sie festlegen. Gem. Art. 13 Abs. 1 EGBGB läßt man aus diesem Grund das Heimatrecht eines jeden Partners entscheiden. Nur in den Fällen des Art. 13 Abs. 2 EGBGB sieht man das Interesse des deutschen Staates, darüber zu befinden, als überwiegend an. Auch Ehen, welche unter vom deutschen Recht abweichenden materiellrechtlichen Voraussetzungen zustande kommen, sind in den kollisionsrechtlichen Ehebegriff eingeschlossen, sofern das Heimatrecht des Verlobten diese zuläßt. Unter materielle Eheschließungsvoraussetzungen i.S.v. Art. 13 Abs. 1 EGBGB fallen auch Ehehindernisse, wie etwa die Doppelehe[575]. Im Ausland nach dem Heimatrecht der Ehegatten wirksam

---

[571] Siehe etwa zur Abgrenzung der common law marriage zur nichtehelichen Lebensgemeinschaft im amerikanischen Recht *Pielmaier*, Die nichteheliche Lebensgemeinschaft im Staate New York, Diss. 1996.

[572] Zumeist rückwirkend auf den Beginn der Beziehung.

[573] Schon das Reichsgericht hat anerkannt, daß die common law-Ehe und sog. faktische Sowjetehe unter den kollisionsrechtlichen Ehebegriff fallen; vgl. RGZ 138, 214; 157, 257; *RG*, JW 1931, 1334; Rechtsprechung und Schrifttum sind im wesentlichen dieser Ansicht gefolgt, vgl. *Thomas*, 107, 108 m.w.N. in FN 469; MünchKomm-*Coester*, Art. 13 EGBGB Rdnr. 4; a.A. bei Beteiligung eines Deutschen *Raape* in: Staudinger-*Raape*, 9. Aufl., Art. 13 EGBGB Anm. C III 1 c. Ebenso wird hinsichtlich der nach islamischem Recht formlos gültigen Eheschließungen argumentiert; statt aller *Schreiber*, 19ff.

[574] Dazu auch *Striewe*, Ausländisches und Internationales Privatrecht der nichtehelichen Lebensgemeinschaft, 370; *Thomas*, 106.

[575] Im deutschen Recht § 1306 BGB.

geschlossene Mehrehen werden in Deutschland grundsätzlich anerkannt[576]. Auch hier steht die Zuerkennung bestimmter Rechtswirkungen bei hinreichendem Inlandsbezug allerdings wieder unter dem Vorbehalt des *ordre public*. So ist die Eingehung in Deutschland nicht möglich[577]. Diese Verbindungen unterfallen aber dem kollisionsrechtlichen Ehebegriff[578].

Die zu polygamen Ehen getroffenen Überlegungen könnten in der vorliegenden Bearbeitung hinsichtlich gleichgeschlechtlicher Ehen bzw. registrierter homosexueller Partnerschaften bedeutsam sein. Die Ausgangslage scheint vergleichbar. Trotz fehlender ausdrücklicher gesetzlicher Regelung stellt Gleichgeschlechtlichkeit in Deutschland wie das Bestehen einer anderen Ehe ein Ehehindernis dar[579]. In Ansehung der Rechtsprechung zu polygamen Ehen kann dies allein einen Ausschluß aus dem Ehebegriff des Kollisionsrechts damit nicht rechtfertigen[580]. Allerdings besteht ein Unterschied zwischen beiden Verbindungen dergestalt, daß die bislang existierenden registrierten Partnerschaften nach dem Willen der ausländischen Gesetzgeber gerade keine Ehen darstellen. Darauf weisen die Gesetzesmaterialien stets ausdrücklich hin[581]. Sie lösen auch nie alle Ehewirkungen aus[582]. Polygame Ehen sind jedoch nach den Heimatrechten des Paares vollwirksamen Ehen[583]. Hinzu kommt, daß polygame Ehen auch im deutschen Sachrecht bis zur möglichen Aufhebung als Ehen angesehen werden, vgl. §§ 1306 i.V.m. 1314 Abs. 1, 1318 BGB. Sie ziehen nach Aufhebung u.U. Scheidungsfolgen nach sich, § 1318 BGB[584]. Eine Verbindung zweier Personen gleichen Geschlechts kann demgegenüber nach deutschem Recht keine Ehe sein[585]. Damit handelt es sich hier nicht nur um eine abweichende materielle Eingehungsvoraussetzung. Ihre Einordnung im internationalen Eherecht ist gesondert zu prüfen. Die Überlegungen zu polygamen Ehen können nicht direkt übernommen werden.

---

[576] *Henrich*, Festschrift Beitzke, 511; MünchKomm-*Coester*, Art. 13 Rdnr. 45 m.w.N. in FN 215. Aus der Rechtsprechung siehe nur: *BVerwG*, JZ 1985, 740.

[577] *Striewe*, Ausländisches und Internationales Privatrecht der nichtehelichen Lebensgemeinschaft, 372.

[578] Siehe MünchKomm-*Coester*, Art. 13 EGBGB Rdnr. 4, 44ff.

[579] Vgl. Rechtsprechungsnachweise oben FN 220/221; beispielhaft *LG Frankfurt*, NJW 1993, 1998: „...es fehlt an einer Ehevoraussetzung, denn unter dem Rechtsbegriff der Ehe ist die mit Eheschließungswillen eingegangene, grundsätzlich unauflösbare Lebensgemeinschaft zwischen einem Mann und einer Frau zu verstehen."

[580] Rechtsvergleichend zur Anerkennung dieser Verbindungen *Wardle*, 29 Fam. L.Q. 495ff. mit anschließenden Beiträgen von *MacDougall* zu Kanada auf S. 541ff.; *Freeman* zu England S. 549ff.; *Ceschini* zu Italien S. 567ff.; *Akiba* zu Japan S. 589ff.; *Wha-Sook* zu Korea S. 603ff.; *Dyuzheva* zu Russland S. 645ff. und *Siegenthaler* zur Schweiz S. 685ff.

[581] Siehe oben A) IV. 2. c) dd).

[582] Siehe oben A) IV. 2. c) cc).

[583] Regelungsinteressen der Ehepartner und des Staates entsprechen sich folglich.

[584] Siehe auch schon zu §§ 5, 21 EheG a.F. *Henrich*, Festschrift Beitzke, 507, 511: „Vor der Nichtigerklärung ist die „nichtige" Ehe somit existent. Für den kollisionsrechtlichen Ehebegriff ist deswegen erst recht davon auszugehen, daß auch eine Doppelehe eine Ehe sein kann."

[585] *BVerfG*, NJW 1993, 3058.

(c) Scheinehen

Eine Scheinehe[586] ist nach herrschender Ansicht im deutschen Recht kein Ehehindernis[587]. Die Frage, ob einem Verlobten eine solche Ehe möglich ist, unterstellt man trotzdem einhellig Art. 13 Abs. 1 EGBGB[588]. Eine Einordnung im internationalen Eherecht wird nicht bezweifelt. Auch dies kann jedoch eine entsprechende Einordnung nichtehelicher Paare nicht direkt unterstützen. Eine Scheinehe ist, sofern einmal geschlossen, nach deutschem Sachrecht eine voll wirksame Ehe, eine nichteheliche Gemeinschaft gerade nicht.

(d) Ergebnis

Aus der bislang vorliegenden Rechtsprechung und Literatur zur Entwicklung des kollisionsrechtlichen Ehebegriffs lassen sich keine weitergehenden Schlüsse für die Behandlung nichtehelicher Partnerschaften ziehen, als daß der kollisionsrechtliche Ehebegriff nicht auf den des deutschen materiellen Recht, §§ 1303ff. BGB, zu begrenzen ist.

(2) Keine Begrenzung auf den verfassungsrechtlichen Begriff der Ehe

Nichteheliche Partnerschaften einschließlich gleichgeschlechtlicher Verbindungen unterfallen nicht dem Schutz des Art. 6 Abs. 1 GG[589]. Unter dieser Vorgabe lehnen einige Autoren eine Ausdehnung der Art. 13ff. EGBGB auf diese Verbindungen wegen drohenden Verstoßes gegen Art. 6 Abs. 1 GG ab[590]. Dieser Begrenzung des kollisionsrechtlichen Ehebegriffs auf den verfassungsrechtlich geschützten ist jedoch zu widersprechen. Seit der Entscheidung des Bundesverfassungsgerichts vom 4.5.1971[591] ist zwar anerkannt, daß die Normen des IPR wie auch das durch sie berufene fremde Recht im Einzelfall an den Grundrechten zu messen sind. Ein direkter Verstoß gegen Art. 6 Abs. 1 GG ist

---

[586] D.h. Ehen, welche nur zur Erlangung der Aufenthaltserlaubnis geschlossen werden, ohne Absicht, eine eheliche Gemeinschaft führen zu wollen.

[587] Dem Standesbeamten spricht man lediglich das Recht zu, in evidenten Mißbrauchsfällen die Mitwirkung an der Trauung zu verweigern. MünchKomm-*Coester*, Art. 13 EGBGB Rdnr. 43; *Andrae*, 63. A.A. Staudinger-*v.Bar/Mankowski*, Art. 13 EGBGB Rdnr. 339.

[588] Staudinger-*v.Bar/Mankowski*, Art. 13 EGBGB Rdnr. 338ff. m.w.N.; MünchKomm-*Coester*, Art. 13 EGBGB Rdnr. 43, 125; Soergel-*Schurig*, Art. 13 EGBGB Rdnr. 22.

[589] Schon BVerfGE 36, 146, 165, 167; nunmehr auch indirekt im Zurückweisungsbeschluß hinsichtlich einer Verletzung von Art. 6 GG in NJW 1993, 3058; *BVerfG*, NJW 1993, 3316f. hinsichtlich einer in Deutschland als nichteheliche Partnerschaft angesehene „Sinti- Ehe"; *BVerwG*, InfAuslR 1995, 403 und NVwZ 1997, 189, 190. Dazu auch *Hausmann*, 8ff.; *Niemeyer*, FuR 1993, 29; *Jarass/Pieroth*, Art. 6 Rdnr. 2. Siehe zum Versuch, Art. 6 I GG auf diese Gemeinschaften auszudehnen: BT-Drucks. 12/6000.

[590] So *Grib*, 305, unter Bezug auf homosexuelle Paare; im Ergebnis ähnlich Palandt-*Heldrich*, Art. 13 EGBGB Rdnr. 3.

[591] BVerfGE 31, 58.

jedoch durch eine Ausdehnung des kollisionsrechtlichen Ehebegriffs auf nichteheliche Partnerschaften nicht zu befürchten. Das Internationale Privatrecht hat die Aufgabe, losgelöst von eigenen sachrechtlichen Wertungen neutral das dem Sachverhalt am nächsten stehende Recht zu ermitteln. Die Bestimmung einer Rechtsordnung, die dem Sachverhalt nichtehelichen Zusammenlebens am engsten verbunden ist, zieht nicht notwendigerweise eine Abwertung des Rechtsinstituts der Ehe nach sich. Es kann sowohl eine Rechtsordnung zur Anwendung kommen, die dem deutschen Recht inhaltlich ähnelnde Regelungen trifft, als auch eine solche, die unserem Rechtssystem widersprechende Vorschriften beinhaltet. Der Anwendung letzterer kann man sich nicht schon auf der Ebene der kollisionsrechtlichen Entscheidung verschließen. Hinsichtlich des hier interessierenden Sachverhalts nichtehelichen Zusammenlebens kann es bei der Bestimmung der dem Sachverhalt am engsten verbundenen Rechtsordnung folglich nicht um Konkurrenzschutz für die Ehe als einzig anerkannter Zusammenlebensform eines Mannes und einer Frau gehen. Die Auslegung eines kollisionsrechtlichen Rechtsbegriffs kann durchaus entgegen der deutschen Auffassung vom Wesen einer Rechtseinrichtung vorgenommen werden[592]. Das Risiko der Entwertung der Ehe stellt sich erst dann, wenn die berufene materielle Rechtsordnung im Ergebnis durch die Zuerkennung umfangreicher Rechtswirkungen andere Partnerschaftsformen aufwertet. Hier ist die deutsche Rechtsordnung bei hinreichendem Inlandsbezug zu fragen, ob die Anwendung der entsprechenden ausländischen Regelungen derart gegen eigene materiellrechtliche Vorstellungen - insbesondere Verfassungsgrundsätze - verstößt, daß man dies auf deutschem Boden vermeiden sollte. Diese Überlegung ist wie bei anderen Sachverhalten mit Auslandsbezug aber erst auf der Ebene der *ordre public* Prüfung anzustellen, nicht im Rahmen der sachrechtneutralen Kollisionsentscheidung. Unter den kollisionsrechtlichen Ehebegriff können daher auch andere Partnerschaften fallen als die, die Art. 6 Abs. 1 GG zu schützen bestimmt ist, sofern die kollisionsrechtlichen Interessen vergleichbar sind.

cc) Historische und systematische Auslegung
(1) Art. 14 Abs. 1 EGBGB als Grundsatzkollisionsnorm

Mittels der Regelung in Art. 14 Abs. 1 EGBGB und der Verweisung auf diese Norm in anderen familienrechtlichen Kollisionsregeln hat der Gesetzgeber in der IPR-Reform von 1986 versucht, eine Grundsatzkollisionsnorm für die Verhältnisse in einer Ehe bereitzustellen[593]. Man war bemüht, die Verhältnisse innerhalb dieses familienrechtlichen Gesamtkomplexes wie auch die allgemeinen Wirkungen auf die Umgebung einem Recht zu unterstellen. Art. 14 Abs. 1 EGBGB gilt zwar unmittelbar nur für allgemeine Wirkungen einer Ehe, über Verweisung allerdings auch für den Güterstand, Art. 15 Abs. 1 EGBGB, Schei-

---

[592] A.A. *Andrae*, 398.
[593] BT-Drucks. 10/504, 50.

dung und Scheidungsfolgen, Art. 17 Abs. 1 Satz 1, Abs. 3 Satz 1 EGBGB, Abstammung eines während der Ehe geborenen Kindes, Art. 19 Abs. 1 Satz 3 EGBGB n.F., Annahme als Kind, Art. 22 Satz 2 EGBGB n.F., wenn auch der jeweilige Anknüpfungszeitpunkt unterschiedlich gewählt ist. Nicht unter Art. 14 Abs. 1 EGBGB sondern unter Sonderstatute fallen dagegen bestimmte Ehewirkungen wie der Ehename[594] und etwaige Unterhaltsansprüche[595]. Die Vorschriften gelten für die Ehe, da man nur diese als umfassend institutionalisiertes familienrechtliches Rechtsinstitut kannte. Das heißt aber nicht, daß man sie bewußt auf die nach deutschem Recht mögliche Ehe beschränken wollte. Ausländische Rechte messen auch anderen familienrechtlichen Verhältnissen, als man sie in Deutschland kennt, Bedeutung bei. Sind die Regelungen im deutschen Kollisionsrecht notwendigerweise von eigenen sachrechtlichen Erwägungen beeinflußt, so muß für diese fremdartig anmutenden Gebilde Raum sein. Es darf hier keinen „familienrechtlichen numerus clausus" geben[596]. Daß dies auch nicht angenommen wird, hat die bisherige Entwicklung des kollisionsrechtlichen Ehebegriffs gezeigt. Durch die Regelung in Art. 13 Abs. 1, 11 Abs. 1 EGBGB entscheiden letztendlich die Heimatrechte der Partner, was eine Ehe ist und grenzen sie zu nichtehelichen Gemeinschaften ab. Darüber hinaus ist auch in Rechtsprechung und Literatur anerkannt, daß Eingehung, Rechtswirkungen und Auflösung eines Verlöbnisses Art. 13ff. EGBGB unterfallen können[597]. Ebenso ist anerkannt, daß unter den Begriff der „Scheidung" in Art. 17 EGBGB auch die nach ausländischen Rechten vorgesehene Trennung ohne Auflösung des Ehebandes fällt, ein dem deutschen Sachrecht unbekannter Vorgang[598]. Ausschlaggebend für eine Anwendung des internationalen Eherechts sind nicht nationale Begriffe allein sondern Funktionen, Sinn und Rechtswirkungen der jeweiligen ausländischen Gemeinschaften[599]. Insofern ist auch eine Beschränkung auf die im nationalen Recht am meisten institutionalisierte Zusammenlebensform zwischen Mann und Frau abzulehnen[600]. Als grundsätzliches Merkmal wird man ausgehend von den Gesetzesmaterialien lediglich das Bestehen eines tatsächlichen komplexen Partnerschaftsverhältnisses voraussetzen müssen.

---

594 Art. 10 EGBGB.

595 Art. 18 EGBGB.

596 So treffend formuliert von *Striewe*, Ausländisches und Internationales Privatrecht der nichtehelichen Lebensgemeinschaft, 385.

597 *LG Bochum*, FamRZ 1990, 882; BGHZ 28, 375, hinsichtlich Ansprüchen aus Rücktritt Heimatrecht des Verpflichteten; *OLG Düsseldorf*, FamRZ 1983, 1229; *LG Essen*, FamRZ 1990, 884; *KG*, FamRZ 1990, 45. Aus der Literatur: MünchKomm-*Coester*, Vor Art. 13 EGBGB Rdnr. 2, 4; Staudinger-*v.Bar/Mankowski*, Anh zu Art. 13 EGBGB Rdnr. 10, 23ff.

598 BGHZ 47, 324.

599 Dafür oben die Ausarbeitung in Teil A).

600 Für eine Ausgrenzung alternativer Lebensformen *Abels*, Die Qualifikation der Schenkung, Diss. 1996, 106.

(2) Anwendung auf nichteheliche Lebensgemeinschaften

Die Gesetzesmaterialien geben keine Auskunft darüber, ob die Regelung in Art. 13ff. EGBGB bewußt auf eheliche Verbindungen unter Ausschluß nichtehelicher Partnerschaften begrenzt wurde. Aus der damaligen Rechtslage im deutschen Sachrecht kann man aber schließen, daß der Gesetzgeber davon ausging, daß diese keine umfassend geregelten Partnerschaftsverbindungen darstellen und daher auch keiner besonderen Kollisionsregel bedürfen. Der heutige Blick über die Landesgrenzen hinweg zeigt jedoch, daß dies ein Irrtum ist. In Ansehung ihrer weltweit zumindest tatsächlichen Anerkennung als familienrechtlicher Sachverhalt ist auch hier ein Gesamtstatut zu favorisieren[601]. Der deutsche Gesetzgeber konnte diese Überlegungen im Zeitpunkt der Schaffung der Art. 13ff. EGBGB nicht einfließen lassen. Die meisten der modernen gesetzlichen Regelungen, insbesondere die Registrierungsmöglichkeiten in Europa, existierten damals noch nicht. Auch die tatsächliche Anerkennung anderer nichtehelicher Partnerschaftsformen hat sich erst in den letzten Jahren verbreitet. Für eine Einbeziehung in den kollisionsrechtlichen Ehebegriff spricht unter systematischen Gesichtspunkten, daß im internationalen Raum keine einheitliche Trennung zwischen Ehe, nichtehelicher Partnerschaft und Verlöbnis möglich ist. Die Grenzen sind hier fließend[602]. Das ständige Wechselspiel zwischen diesen Partnerschaftsverbindungen spricht aus Gründen der Rechtssicherheit für eine einheitliche Einordnung im Kollisionsrecht. Auch praktische Erwägungen spielen hier eine Rolle. Eine Qualifikation nach dem ausländischen Recht noch vor Anwendung der Kollisionsnorm wäre unpraktikabel. Aus der Sicht des deutschen Rechts aber kann im Einzelfall schwer bestimmbar sein, ob eine ausländische Verbindung einen gewissen Institutionalisierungsgrad erreicht hat, der eine Anwendung des internationalen Eherechts rechtfertigt. Eine einheitliche Entscheidung wäre daher hilfreich.

dd) Zwischenergebnis

Das Ziel der Art. 13ff. EGBGB, für Ehen und vergleichbare Rechtsinstitute ausländischen Rechts Kollisionsnormen bereitzustellen, sowie die aus den Gesetzesmaterialen erkennbaren Absichten des deutschen Gesetzgebers, ein möglichst einheitliches Familienstatut zu schaffen, sprechen dafür, auch Rechtsfragen nichtehelicher Paare dort anzusiedeln. Eine solche Einordnung wird nicht durch besondere verfassungsrechtliche oder einfachgesetzliche Vorgaben gehindert. Ob die Anwendung der Normen des internationalen Eherechts im Ergebnis für alle Verbindungen eine befriedigende Lösung bietet, muß allerdings noch anhand der ihnen zugrunde liegenden Systematik überprüft werden. Nicht jedes

---

601 Siehe oben B) II. 3.

602 Siehe dazu im Hinblick auf die dänische registrierte Partnerschaft *Sloane*, 5 Cardozo J. Int'l & Comp. L. 189.

im Ausgangspunkt eheähnliche Verhältnis ist u.U. in allen Punkten kollisionsrechtlich „eheähnlich“[603].

b) Systematik der Art. 13ff. EGBGB

aa) Das Staatsangehörigkeitsprinzip im Recht der allgemeinen Ehewirkungen

(1) Vorbemerkung

Primäres Anknüpfungskriterium des Personalstatuts in Deutschland ist die Staatsangehörigkeit. Traditionell gehört dazu auch der Bereich des Eherechts[604]. Daher unterliegen auch die allgemeinen Ehewirkungen primär dem gemeinsamen Heimatrecht des Paares, Art. 14 Abs. 1 Nr. 1 EGBGB, und nur bei unterschiedlicher Staatsangehörigkeit dem Recht am gemeinsamen gewöhnlichen Aufenthalt, Art. 14 Abs. 1 Nr. 2 EGBGB. Hilfsweise wird in Art. 14 Abs. 1 Nr. 3 EGBGB an das Recht angeknüpft, dem die Ehegatten auf andere Weise am engsten verbunden sind. Die primäre Anknüpfung an das Heimatrecht wird durch Art. 16 EGBGB zum Schutz Dritter in Deutschland in gewissem Umfang relativiert.

Die Anknüpfung der Rechtswirkungen einer Ehe an die Staatsangehörigkeit schafft eine relativ stabile Grundlage zur Ermittlung der anwendbaren Rechtsordnung für ein umfassend geregeltes familienrechtliches Rechtsinstitut. Das Paar hat mit der Eheschließung einen familienrechtlichen Status erlangt, der ihnen über Ländergrenzen hinaus folgen soll. Dem Interesse des Paares an der Anwendung seiner heimatlichen Rechtsordnung wird Vorrang eingeräumt vor dem Interesse des es umgebenden Rechtsverkehrs an der Anwendung einer räumlich orientierten und flexiblen Anknüpfung. Damit wird gleichzeitig dem Interesse des internationalen Rechtsverkehrs an sicherer und vorhersehbarer Entscheidung über Rechtswirkungen eines familienrechtlichen Rechtsinstituts genüge getan.

Im folgenden geht es darum, die Anwendbarkeit dieser Regelung auf nichteheliches Zusammenleben zu untersuchen. Als Alternative bietet sich an, trotz grundsätzlich familienrechtlicher Qualifikation primär auf den gemeinsamen Wohnsitz oder gewöhnlichen Aufenthalt des Paares als sog. „tatsächlichen Daseinsschwerpunkt“ abzustellen. Dabei darf nicht aus den Augen verloren werden, daß die Anknüpfung des Personalstatuts an die Staatsangehörigkeit ein tragendes Prinzip des deutschen internationalen Familienrechts[605] ist. Von diesem kann bei grundsätzlich familienrechtlicher Qualifikation im Interesse innerer Entscheidungsharmonie nur dann abgewichen werden, wenn sich überzeugende Gründe für ein vorrangiges Abstellen auf ein anderes Anknüpfungsmoment wie Wohnsitz oder gewöhnlichen Aufenthalt des Paares finden lassen.

---

[603] So aber im Ergebnis z.B. *Kropholler*, Internationales Privatrecht, 343.

[604] *Kropholler*, Internationales Privatrecht, 239.

[605] Staudinger-*v.Bar/Mankowski*, Anh zu Art. 13 EGBGB Rdnr. 25.

Man sieht sich hier einem Problem ausgesetzt, welches das Kollisionsrecht schon seit Jahren beschäftigt - dem Widerspruch zwischen Staatsangehörigkeits- und Domizilprinzip im internationalen Familienrecht der verschiedenen Staaten[606]. Naturgemäß steht bei einem familienrechtlichen Sachverhalt das Parteiinteresse an der Anwendung einer der Person nahestehenden Rechtsordnung auf Rechtwirkungen, die dieser Sachverhalt auslöst, im Vordergrund[607]. Jeder Mensch hat ein Interesse daran, gerade in persönlichen Dingen nach einem Recht beurteilt zu werden, dem er sich eng verbunden fühlt. Die Meinungen darüber, ob dies das Heimatrecht oder das Recht an seinem Wohnsitz bzw. gewöhnlichen Aufenthaltsort ist, sind jedoch geteilt. Im folgenden sollen für und wider beider Alternativen in Bezug zu dem hier interessierenden Sachverhalt nichtehelichen Zusammenlebens abgewogen werden. Um Vor- und Nachteile in dieser speziellen Situation prüfen zu können, ist es jedoch notwendig, beide Anknüpfungsprinzipien für das Ehewirkungsrecht kurz vergleichend vorzustellen.

Zu dem hier verwendeten Begriff „Domizil" sei noch folgendes vorangestellt. Er wird im folgenden synonym mit dem Begriff „Wohnsitz" gebraucht, obwohl es eigentlich angebracht ist, den englischen Begriff dem englischen und amerikanischen Recht vorzubehalten, da zwischen diesen beiden und dem deutschen Begriff „Wohnsitz" bedeutsame Unterschiede bestehen. Das englische und amerikanische Recht haben entgegen dem deutschen gemeinsam, daß es weder ein doppeltes Domizil noch Domizillosigkeit gibt[608] und sich der Begriff auf ein Territorium und nicht nur einen einzelnen Ort erstreckt[609]. Außerdem bestehen auch zwischen dem englischen und amerikanischen Domizilbegriff Unterschiede. Das englische *domicile* ist ähnlich starr und schwer wandelbar wie die Staatsangehörigkeit. Jeder Mensch hat ein *„domicile of origin"*, welches nur unter Einhaltung strenger Voraussetzungen durch ein *„domicile of choice"* ersetzt wird und welches man auch zurückerlangt, wenn man das *„domicile of choice"* wieder aufgibt[610]. Im amerikanischen Recht ist die Begründung eines neuen Domizils dagegen leichter möglich[611]. Im folgenden Abschnitt sollen diese Begriffe trotzdem einheitlich in Abgrenzung zur Staatsangehörigkeit als Anknüpfungsmoment benutzt werden. Dies gilt auch für den gewöhnlichen Aufenthalt des Paares, obwohl auch dieser sich vom Wohnsitz unterscheiden kann. Als alternatives Anknüpfungsmoment wird so auf den „Mittelpunkt tatsächlicher Lebensverhältnisse" abgestellt. In einem späteren Abschnitt wird genauer darauf

---

606 Eine Übersicht der Staaten, welche diesen Prinzipien folgen, findet sich bei *Raape/Sturm*, Internationales Privatrecht I, 115f. Ausführlich zu diesen beiden Prinzipien *De Winter*, Rec. des Cours 128 (1969 III), 347ff.

607 Grundlegend zum Parteiinteresse *Kegel*, Internationales Privatrecht, 118ff.

608 Siehe für das englische Recht Rule 5 und Rule 6, Dicey & Morris I, 119.

609 *Kropholler*, Internationales Privatrecht, 241.

610 Siehe grundlegende *Dicey & Morris* I, 119 sowie *De Winter*, Rec. des Cours 128 (1969 III), 347, 419, 420.

611 Siehe *De Winter*, Rec. des Cours 128 (1969 III), 347, 421. Die Begriffe unterscheiden sich hier aber zwischen den Bundesstaaten; *Scoles/Hay*, § 4.4, 165.

eingegangen, was unter dem „gewöhnlichen Aufenthalt“ einer Person zu verstehen ist und ob er dem Begriff „Wohnsitz“ vorzuziehen ist[612].

(2) Staatsangehörigkeits- versus Domizilprinzip im Ehewirkungsrecht
(a) Staatsangehörigkeitsprinzip
(aa) Beispiel Deutschland

Bis zum Ende des 19. Jahrhunderts war im deutschen Kollisionsrecht - beeinflußt durch *Savigny* - das Domizilprinzip für das gesamte Personalstatut vorherrschend gewesen[613]. Unter dem Einfluß *Mancinis*[614] und aufgrund neuerwachten Nationalbewußtseins ging man in der Folgezeit jedoch mehr und mehr zum Staatsangehörigkeitsprinzip über, welche 1900 auch im EGBGB verankert wurde[615]. Ein Übergang vom Staatsangehörigkeitsprinzip zurück zum Wohnsitzprinzip - bzw. zum „gewöhnlichen Aufenthalt“ beim Personalstatut wurde in der IPR-Reform von 1986 zwar diskutiert[616], letztendlich jedoch insbesondere aus Gründen der Rechtssicherheit verworfen[617]. Ergänzend wurde darauf verwiesen, daß der Hauptteil der Heimatländer der sich in der Bundesrepublik aufhaltenden Ausländer ebenfalls dem Staatsangehörigkeitsprinzip folge und daher der äußeren Entscheidungsharmonie gedient würde[618]. Die allgemeinen Wirkungen einer Ehe unterstehen folglich primär dem gemeinsamen Heimatrecht des Paares, Art. 14 Abs. 1 Nr. 1 EGBGB.

(bb) Vor- und Nachteile

Unterstellt man die allgemeinen Wirkungen einer Ehe dem Heimatrecht des Paares, so wird das Interesse des Paares an der kontinuierlichen Anwendung seines Heimatrechts auch bei Wohnsitzverlagerung in ein anderes Land gewahrt, sog. „Kontinuitätsinteresse“. Außerdem werden Entscheidungen vorhersehbar, da die Staatsangehörigkeit in der Regel leicht bestimmbar und schwer zu manipulieren ist. Dies ist für einen familienrechtlichen Status ein nicht zu übersehender Vorteil, liegt sowohl im Partei- als auch im Interesse des Rechtsverkehrs. Durch das Abstellen auf die gemeinsame Staatsangehörigkeit wird eine stabile Anknüpfung der Rechtswirkungen dieses Instituts gesichert. Auch das Interesse eines Staates an der Weitergeltung der eigenen Rechtsordnung für seine Staats-

---

612 Siehe unten B) IV. 1. b).
613 Bis zu Beginn des 19. Jahrhunderts galt allgemein die lex domicilii; dazu *Raape/Sturm*, 114.
614 Siehe *Mancini*, Diritto internazionale-Prelezioni, 1873, 5. Zur Geschichte dieser beiden Prinzipien sehr ausführlich *De Winter*, Rec. des Cours 128 (1969 III), 347, 361ff.
615 Guter Überblick zur geschichtlichen Entwicklung bei *Brandi*, 37ff.
616 *Stoll*, in: Beitzke (Hrsg.), Vorschläge und Gutachten zur Reform des deutschen internationalen Personen-, Familien- und Erbrechts, 94, 96.
617 BT-Drucks. 10/504, 30, 31.
618 BT-Drucks. 10/504, 31. Dazu auch *Kegel*, in: Beitzke(Hrsg.), Vorschläge und Gutachten zur Reform des deutschen internationalen Personen-, Familien- und Erbrechts, 114, 121.

bürger außerhalb der Landesgrenzen wird bei dieser Anknüpfung beachtet - von besonderer Bedeutung für die sog. Auswanderungsländer.

Nachteilig am primären Abstellen auf das Heimatrecht eines Paares ist, daß hier für den Richter häufig ausländisches Recht anzuwenden sein wird. Gerichtsstand und anzuwendendes Recht werden häufiger als bei der Anwendung des Rechts am Wohnsitz der Parteien auseinanderfallen. Natürlich sollten diese praktischen Erwägungen allein nicht ausschlaggebend für die Bildung einer Kollisionsregel sein. Sie können aber unter dem Gesichtspunkt der Wahrung von Verkehrs- und Ordnungsinteressen relevant werden[619]. Dem Rechtsverkehr ist gedient, wenn man einfach und schnell zu einer Entscheidung gelangt. Dies ist unter Anwendung des eigenen Rechts eher möglich. Dem Richter werden regelmäßig Kenntnisse ausländischen materiellen Rechts fehlen. Dadurch ist man längerer Verfahrensdauer und höheren Kosten durch aufwendige Gutachtertätigkeiten ausgesetzt. Eine grundsätzliche Anknüpfung an das Heimatrecht ist damit kostenspieliger und aufwendiger. Nachteilig ist zudem, daß man für Paare mit unterschiedlicher Staatsangehörigkeit nach einem anderen Anknüpfungsmoment suchen muß. Die generelle Anknüpfung an Wohnsitz oder gewöhnlichen Aufenthalt würde dagegen eine einheitliche Anknüpfungsmöglichkeit an den Lebensmittelpunkt dieser Paare bieten. Ein Nachteil der Anwendung des Heimatrechts im Bereich allgemeiner Ehewirkungen ist auch, daß damit für Dritte, mit denen die Partner rechtsgeschäftlich in Kontakt treten, oft eine unerwartete Regelung Anwendung findet[620]. Für in Deutschland vorgenommene Rechtsgeschäfte wird dieser Nachteil durch Art. 16 EGBGB etwas abgeschwächt. Dies ist aber nur eine einseitige Norm und hilft damit nicht allen Problemen ab. Eine Anknüpfung an die gemeinsame Staatsangehörigkeit ist zudem der Integration von Ausländern hinderlich[621].

(b) Domizilprinzip

(aa) Beispiel USA

Aus der Sicht des anglo-amerikanischen Rechtskreises ist das Recht am *Domicile* einer Person am besten geeignet, das auf personenrechtliche und vermögensrechtliche Verhältnisse anwendbare Recht zu bestimmen. Es stellt dort daher das primäre Anknüpfungskriterium des Personalstatuts dar und gilt auch im internationalen Eherecht. Über Rechtswirkungen einer Ehe entscheidet danach das Recht am gemeinsamen bzw. letzten Domizil des Paares[622]. Dafür führt man neben rechtlichen auch folgende praktische Gründe an. Eine Anknüpfung an das Domizil führt auch inneramerikanisch zu geeigneten kollisionsrechtlichen Lösungen. Außerdem ist die Betrachtungsweise individualistischer. Man möchte

---

619 Siehe dazu ausführlich *Kegel*, Internationales Privatrecht, 384ff.

620 Für das Ehegüterrecht *De Winter*, Rec. des Cours 128 (1969 III), 347, 398.

621 *Gollrad*, Staatsangehörigkeit und gewöhnlicher Aufenthalt als funktionelle Anknüpfungspunkte im Bereich des internationalen Eherechts, Diss. 1973, 42.

622 *Scoles/Hay*, § 14.4, 468.

dem Interesse einer Person an der Bestimmung des anwendbaren Rechts durch Wahl ihres Domizils dienen. Damit ist man mehr am Ergebnis orientiert als im deutschen Recht. Nicht unbedeutend ist auch der Gedanke, daß ein Einwanderungsland wie die USA auf diesem Weg zugewanderte ausländische Staatsangehörige eher dem Geltungsbereich der *lex fori* unterwerfen kann.

(bb) Vor- und Nachteile

Auch die Staaten, die im Eherecht dem Domizilprinzip folgen, begründen dieses primäre Anknüpfungsmoment mit dem Parteiinteresse an der Anwendung der dem Paar am engsten verbundenen Rechtsordnung. Es wird aber davon ausgegangen, daß ein Paar in der Mehrzahl der Fälle nach Wechsel seines Wohnsitzes bemüht ist, sich an seine neue Umgebung, und damit auch an das es nunmehr umgebende Recht, anzupassen. Damit würde es in seinem überwiegenden Interesse liegen, diesem Recht unterstellt zu werden, wenn durch die Begründung eines Wohnsitzes eine enge Beziehung zu dem Aufenthaltsstaat aufgebaut hat. Mit der Änderung des Domizils wird generell auch eine Wahl eines neuen gesellschaftlichen Umfeldes getroffen. Und damit ist zumindest indirekt auch eine Wahl der für dieses geltenden Rechtsnormen verbunden[623]. Dies gilt auch für Wirkungen eines familienrechtlichen Status. Eine Vielzahl von Ehewirkungen beruht auf ökonomischen, politischen und sozialen Gegebenheiten in einem Staat[624]. Ein Paar wird überdies täglich mit dem der Veränderung unterworfenen gesellschaftspolitischen Ehebild des Aufenthaltsstaates auf verschiedensten Wegen konfrontiert werden. Es bietet sich daher an, mit dem Aufenthaltsrecht ein Recht anzuwenden, welches mit diesen Vorgaben am engsten verbunden ist. Die Anwendung des Rechts am Wohnsitz einer Partei läßt sich zudem mit dem Verkehrsinteresse begründen[625]. Es ist für die Umwelt regelmäßig angenehmer, ihr eigenes Recht auf Beziehungen zu einem ausländischen Paar anzuwenden und damit auf den Schwerpunkt der tatsächlichen Lebensverhältnisse und nicht die bloße Statusbezeichnung abzustellen. Die Anhänger des Domizilprinzips verweisen auch darauf, daß einer Person das Recht am Wohnsitz eher vertraut ist[626]. Richtig daran ist wohl zumindest, daß es in der Regel einfacher ist, sich über dieses Recht zu informieren. Grundsätzlich besteht auch ein Interesse, in persönlichen Rechtsfragen des Recht anwendet zu wissen, wo sie auftreten. Dies wird regelmäßig im Aufenthaltsstaat sein[627]. Auch der Richter hat ein Interesse daran, das ihm bekannte eigene materielle Recht anzuwenden. Das wird bei Anwendung von Wohnsitzrecht wegen häufiger Übereinstimmung mit dem Gerichtsstand eher der Fall sein. Wie oben schon zum Staatsangehörigkeitsprinzip als Nachteil angeführt, sind die Verfahren damit kostengünstiger. Die Fehler-

---

[623] Ähnlich *De Winter*, Rec. des Cours 128 (1969 III), 347, 407.
[624] Z.B. im Sozial- und Steuerrecht.
[625] *Kegel*, Internationales Privatrecht, 392.
[626] *Raape/Sturm*, 117.
[627] Vgl. *De Winter*, Rec. des Cours 128 (1969 III), 347, 409.

quote in der Anwendung materiellen Rechts wird erwartungsgemäß geringer sein. Von Vorteil ist die Anknüpfung an den Wohnsitz bzw. gewöhnlichen Aufenthalt eines Paares daher insbesondere für Staaten mit einem hohen Ausländeranteil. Verträge mit außenstehenden Dritten werden generell auch dem Recht unterliegen, wo die Gemeinschaft gelebt wird. Für Außenwirkungen der Partnerschaft auf diese, wie Mitverpflichtung des Partners oder Gutglaubensschutz, ist die Anwendung eines einheitlichen Rechts von Vorteil. Als Vorteil wird zudem genannt, daß Wohnsitz oder gewöhnlicher Aufenthalt im Gegensatz zur Staatsangehörigkeit zu räumlich enger begrenzten Territorien führen können. Dies ist insbesondere für föderalistische Staaten von Bedeutung.

Nachteilig ist, daß der Wohnsitz einer Person nicht nur u.U. schwer festzustellen sondern auch einfach zu manipulieren ist. Dies erleichtert die Umgehung zwingender gesetzlicher Vorschriften und es kann größere Rechtsunsicherheit auftreten. Außerdem gibt es keine einheitliche Definition des Begriffs „Wohnsitz"[628]. Stellt man aus diesem Grund auf den „gewöhnlichen Aufenthalt" einer Person ab, so ist die Bestimmung noch unsicherer und das Anknüpfungsmoment noch einfacher zu manipulieren. Bedenklich ist auch, ein solch flüchtiges Element überhaupt über persönliche Dinge entscheiden zu lassen. Es besteht die Gefahr, daß dem objektiv bestimmbaren geographischen Element gegenüber den inneren Beziehungen einer Person zu einer Rechtsordnung, die in persönlichen Dingen bestimmend sein sollten, zu große Bedeutung beigemessen wird[629].

(c) Wertung

Werden die grundlegenden Interessen, welche die Staaten dazu bewegen, einem der beiden Prinzipien im Eherecht zu folgen, näher beleuchtet, kann man kein Schwergewicht zugunsten eines der Prinzipien feststellen, das im Ergebnis eine generelle Anwendung auf alle familienrechtlich geprägten Sachverhalte - und daher auch auf Rechtswirkungen einer nichtehelichen Verbindung - fordern würde. Beide Anknüpfungsmechanismen existieren im internationalen Eherecht und haben sich bewährt. Vor- und Nachteile halten sich annähernd die Waage. Es ist ohne Betrachtung des einzelnen Partnerschaftsverhältnisses nicht bestimmbar, ob ein Paar sich eher seinem Heimatrecht oder dem Recht am tatsächlichen Schwerpunkt der Lebensverhältnisse verbunden fühlt. Hier spielen neben dem Zeitfaktor auch andere Punkte, wie etwa die Absicht, eines Tages in das Heimatland zurückzukehren, oder der Charakter des einzelnen, in Frage stehenden Rechtsverhältnisses, eine Rolle. Auch das Interesse des Forums, möglichst im Einklang mit Entscheidungen anderer Staaten zu stehen, ändert an der Balance nichts. Die Anzahl der Länder, welche beiden Prinzipien folgen, ist nahezu gleich groß[630]. Es bleibt daher unter Betrachtung der verschiedenen Sachverhalte

---

[628] Dazu oben schon unter B) III. 4. b) aa) (1); auch *De Winter*, Rec. des Cours 128 (1969 III), 347, 419.
[629] *Kropholler*, Internationales Privatrecht, 255.
[630] Siehe dazu die Übersicht bei *Raape/Sturm*, 115f.

nichtehelichen Zusammenlebens zu untersuchen, ob eines der angesprochenen Interessen derart überwiegt, daß eine klare Entscheidung zugunsten eines der Prinzipien getroffen werden kann.

(d) Exkurs: Abzulehnende Kompromißvorschläge

Jeder Versuch, zwischen den beiden Prinzipien einen Kompromiß zu schaffen, ist abzulehnen.

(aa) Alternativanknüpfungen

Vorgeschlagen wird beispielsweise eine Alternativanknüpfung[631]. Eine solche Lösung wurde auch bei der Reform des deutschen internationalen Eherechts angedacht[632]. Allerdings ging man dort von der Annahme aus, daß es dem typischen Parteiwillen entsprechen wird, die Rechtsordnung anzuwenden, die der Eheschließung am günstigsten ist[633]. Da ein großer Teil nichtehelicher Paare jedoch gerade aus dem Wunsch nach rechtlicher Unverbindlichkeit heraus keine Ehe eingeht, ist ein solcher Parteiwille bei diesen Verbindungen in der Regel nicht gegeben. Es spricht keine Vermutung dafür, die Rechtsordnung anzuwenden, nach der die Partnerschaft wirksam zustande kam oder eine bestimmte Rechtswirkung auslöst. Hier ist vielmehr nach einem neutralen Kriterium zu suchen. Auch die Rechtssicherheit wäre mittels einer solchen Lösung gefährdet. Das anwendbare Recht sollte leicht voraussehbar sein.

(bb) Einbau zeitlicher Elemente

Es existiert auch der Vorschlag, das Personalstatut grundsätzlich an die Staatsangehörigkeit anzuknüpfen, nach Ablauf einer gewissen Zeitdauer oder bei Vorliegen bestimmter Umstände aber ausreichende Integration in das Umweltrecht anzunehmen und dieses anzuwenden. Entsprechende Vorschläge sind zu verschiedenen internationalen Abkommen gemacht worden[634]. Auch die Schweizer Rechtsliteratur hatte sich vor Erlaß des IPR-Gesetzes mit dem Gedanken getragen, nach Ablauf einer bestimmten Zeit auf nichteheliche Partner-

---

[631] Sog. *better-law-approach*; dazu *Juenger*, NJW 1973, 1521, 1525.

[632] *Stoll*, in: Beitzke (Hrsg.), Vorschläge und Gutachten zur Reform des deutschen internationalen Personen-, Familien- und Erbrechts, 94, 96ff.

[633] *Stoll*, a.a.O., 98.

[634] Siehe Art. 3 Abs. 2 Haager Erbrechtskonvention: „Die Erbfolge unterliegt ebenfalls dem Recht des Staates, in dem der Erblasser im Zeitpunkt des Todes seinen gewöhnlichen Aufenthalt hatte, wenn er sich unmittelbar vor seinem Tod während eines Zeitraums von mindestens fünf Jahren in diesem Staat aufgehalten hatte.“; dazu *Brandi*, 96, 98. Weitere Nachweise bei *Kropholler*, Internationales Privatrecht, 256 FN 3. Außerdem Haager Güterrechtsübereinkommen 1976, Art. 4, 7.

schaften in der Schweiz Schweizer Recht anzuwenden[635]. Diese Ansicht hat sich aber letztendlich nicht durchgesetzt. Einer solchen Lösung ist auch vorzuwerfen, daß sie stets willkürlich sein wird. Dies gilt auch für Rechtswirkungen nichtehelicher Partnerschaften. Es kann nicht für alle Partnerschaften abstrakt festgelegt werden, daß nach Ablauf eines bestimmten Zeitdauer das Parteiinteresse an kontinuierlicher Fortgeltung des Heimatrechts dem an Anpassung an die neue Rechtsordnung am gewöhnlichen Aufenthalt weicht. Man wird daher mittels einer Ausweichklausel Raum schaffen müssen für Weitergeltung des Heimatrechts in besonderen Fällen[636]. Und damit ist der angestrebten vorhersehbaren Lösung nicht gedient. Diese Kompromißüberlegungen sind wohl nur der Befürchtung zu danken, daß Staaten, welche dem Staatsangehörigkeitsprinzip folgen, in nächster Zukunft von diesem nicht abkehren werden. Um der Rechtssicherheit willen sollte man sich davon aber nicht leiten lassen und eine einheitliche Anknüpfung anstreben.

(3) Nachteile einer primäre Anknüpfung an die gemeinsame Staatsangehörigkeit für Rechtswirkungen nichtehelicher Partnerschaften

Eine Anknüpfung von Rechtswirkungen einer nichtehelichen Lebensgemeinschaft an die gemeinsame Staatsangehörigkeit ist nicht sachgerecht.

Im Mittelpunkt kollisionsrechtlicher Betrachtung steht bei diesen Paaren aufgrund ihres Wesens[637] das Parteiinteresse an der Anwendung der der Partnerschaft am engsten verbundenen Rechtsordnung. Es stellt sich ebenso wie bei einem Ehepaar die Frage, ob dies generell das Heimatrecht oder das Recht am Mittelpunkt tatsächlicher Lebensverhältnisse ist. Das Familienrecht ist aber auch ein Rechtsgebiet, auf dem privatautonome Entscheidungen aus Gründen der Rechtssicherheit und aufgrund der verfassungsmäßigen Obhutsaufgabe des Staates für Ehe und Familie nicht uneingeschränkt möglich sein können[638]. Für die objektive Anknüpfung der Rechtswirkungen einer solchen Verbindung ist daher zu bedenken, daß das Parteiinteresse an der Anwendung einer eng verbundenen Rechtsordnung zwar von überragender Bedeutung ist, daneben aber auch die Staatsinteressen an der Anwendung eigener zwingender Normen auf diesem Rechtsgebiet sehr groß sein können. Sie müssen daher in die Abwägung einfließen. Diese Staatsinteressen sind insbesondere dann bedeutsam, wenn eine familienrechtliche Institutionalisierung vorliegt, die eine Entwertung der Ehe be-

---

[635] Und zwar nach einem Jahr; vgl. *Schwander*, Lausanner Kolloquium über den deutschen und den schweizerischen Gesetzesentwurf zur Neuregelung des Internationalen Privatrechts, 86, 87.

[636] So auch die Regelung in der Haager Konvention, vgl. Art. 3 Abs. 2 S. 2.

[637] Siehe oben B) II. 3.

[638] Daraus kann auch die eingeschränkte Rechtswahlmöglichkeit erwachsen, siehe oben B) III. 4. b) dd).

fürchten ließe[639]. Man kommt nicht umhin, eine getrennte Analyse für die verschiedenen Partnerschaftsformen vorzunehmen.

Es existieren zum einen die faktisch gelebten Partnerschaften, die keinerlei rechtliche Bindung wünschen. Deren tatsächliche Existenz wird zwar zunehmend anerkennt, man versieht sie aber zumeist nicht mit umfangreichen familienrechtlichen Regelungen[640]. Nur ausnahmsweise spricht man Rechtswirkungen trotz fehlendem Eingehungs- bzw. Anerkennungsakt zu[641]. Materiellrechtliche Regelungen sollten zwar nicht allein für die kollisionsrechtliche Entscheidung ausschlaggebend sein[642]. Versucht man aber, für einen Sachverhalt abstrakt zu bestimmen, wie groß das Interesse einer Person oder eines Staates an der Geltung einer bestimmten Rechtsordnung ist, so geben die weltweit existierenden Regelungen Hinweise für die Intensität dieses Interesses. Für die vorliegenden Sachverhalte heißt dies, daß Partner, welche unverbindlich und formlos zusammenleben, auch bei gemeinsamer Staatsangehörigkeit in der Regel kein Interesse daran haben werden, auf diese Partnerschaft das Heimatrecht kontinuierlich angewendet zu wissen. Denn dieses faktische Zusammenleben und seine Anerkennung wird entscheidend durch die Umgebung geprägt. Meinungen zu und Bewertungen dieser Zusammenlebensform sind auch heute noch sehr geteilt. In vielen Ländern nur als tatsächliches Phänomen anerkannt, in anderen zum Teil zu einem eigenständigen Rechtsinstitut erstarkt, stellt es ein Faktum dar, welches in besonderem Maße durch die Anschauungen der es umgebenden Rechtsordnung und nicht durch das Vertrauen des Paares auf sein Heimatrecht oder des Eingehungslandes auf eine Weitergeltung seiner Rechtsregeln geprägt ist. Der Grad der Verrechtlichung dieser Beziehungen ist in großem Maße abhängig von den moralischen Vorstellungen und sozialen Gegebenheiten in der Gesellschaft. In dem Kampf zwischen Kontinuitäts- und Anpassungsinteresse wird man folglich dem Anpassungsinteresse größeres Gewicht beimessen müssen. Weder das Paar selbst noch der Eingehungsstaat können demgegenüber darauf vertrauen, daß Rechtswirkungen bzw. Fehlen solcher in anderen Ländern anerkannt werden. Wegen des fehlenden Registrierungsaktes rückt überdies das Verkehrsinteresse mehr in den Mittelpunkt. Dritte haben ein Interesse daran, das ausländische Paar dem Umweltrecht, in dem es lebt und mit der Außenwelt in Kontakt tritt, zu unterstellen. Das anwendbare Recht ist so einfacher zu bestimmen und Entscheidungen eher voraussehbar. Schaut man sich die weltweit existierenden materiellrechtlichen Regelungen faktischen Zusammenlebens an, so ist auch auffällig, daß hauptsächlich nur vermögensrechtliche Regelungen getroffen wurden[643]. Das Paar selbst wird ein Interesse daran haben, diese vermögensrechtlichen Wirkungen dem Recht zu unterstellen, wo sie auftreten. Eine solche

639 Siehe dazu oben A) IV. 1. a) bb).
640 Siehe dazu oben A) IV. 1. a) aa).
641 Siehe oben A) IV. 1. b) aa).
642 Zur Unterscheidung von kollisionsrechtlich und materiellrechtlich relevanten Interessen vgl. *Kegel*, Internationales Privatrecht, 117ff.
643 Siehe oben A) IV. 1. b) und c).

Anknüpfung schafft nicht nur bessere Klarheit über Verpflichtungen gegenüber Dritten, in vermögensrechtlichen Aspekten ist auch generell die Verbindung zur Heimat schwach. Eine Anknüpfung an den gewöhnlichen Aufenthalt oder Wohnsitz des Paares sollte daher für die Mehrzahl dieser Paare auch unter diesem Aspekt eher dem Parteiinteresse entsprechen.

Noch ein weiteres Argument kann dafür angeführt werden, primär nicht auf gemeinsame Staatsangehörigkeit sondern räumlich an gemeinsames Domizil oder gewöhnlichen Aufenthalt anzuknüpfen. Eine der wichtigsten Rechtswirkungen, welche Zusammenleben in nichtehelicher Lebensgemeinschaft erzeugen kann, auch wenn keine Wunsch nach Rechtsbindung besteht, ist eine gegenseitige Unterhaltspflicht. Für diese gilt nach hier vertretener Lösung[644] Art. 18 EGBGB. Gem. Art. 18 Abs. 1 Satz 1 wird somit primär an den gewöhnlichen Aufenthalt des Unterhaltsberechtigten angeknüpft und nur sekundär an gemeinsames Staatsangehörigkeitsrecht. Es bietet sich an, Fragen eines etwaigen Vermögensausgleichs nach Trennung des Paares, die grundsätzlich eng mit Unterhaltsregeln zusammenhängen, dem gleichen Recht zu unterstellen.

Überdies zeigen Entwicklungen der letzten Jahre, daß man mehr und mehr dazu übergeht, selbst in Fragen, die traditionell dem Personalstatut unterfallen, auf ein mehr auf den tatsächlichen Schwerpunkt des Sachverhalts orientiertes Moment abzustellen. So orientiert sich das Kindschaftsrecht zunehmend am Aufenthaltsrecht, vgl. Art. 19ff. EGBGB n.F. Das neue Gesetz zum Internationalen Privatrecht für außervertragliche Schuldverhältnisse und für Sachen vom 21. Mai 1999 spricht ausdrücklich eine Ausnahme von den Primäranknüpfungen an, sofern die Beteiligten ihren gemeinsamen gewöhnlichen Aufenthalt in einem Staat haben[645]. Innerhalb der EU-Länder verliert die Nationalität als Anknüpfungspunkt ebenfalls sichtlich an Gewicht, selbst im familienrechtlichen Bereich[646]. Das Streben nach einheitlichen kollisionsrechtlichen Entscheidungen spricht daher ebenfalls für ein verstärktes Abstellen auf den gemeinsamen gewöhnlichen Aufenthalt. Dies gilt insbesondere in einem Bereich wie dem vorliegenden, wo die sachrechtliche Gestaltung so vielgestaltig ist, daß einer einheitlichen kollisionsrechtlichen Entscheidung überragende Bedeutung zukommt. Daß man hier dem Kampf zwischen Staatsangehörigkeits- und Domizilprinzip ausgesetzt ist, sollte eine solche nicht hindern. Zumindest auf kollisionsrechtlicher Ebene sollte man kompromißbereit sein. Es besteht ausreichend Veranlassung, für diese Paare vom Staatsangehörigkeitsprinzip abzuweichen und dem Recht am Ort, wo die Gemeinschaft tatsächlich gelebt wird, größeres Gewicht beizumessen.

Auch hinsichtlich der Paare, welche eine nach dem Recht des Eingehungslandes mögliche registrierte Partnerschaftsform eingingen bzw. dies

---

[644] Siehe oben B) II. 2. e) bb)

[645] Vgl. Art. 40 Abs. 2 für unerlaubte Handlungen, Art. 41 Abs. 2 Nr. 2 für ungerechtfertigte Bereicherung und Geschäftsführung ohne Auftrag.

[646] Siehe die Analyse von *Henrich*, Family Law Across Frontiers: Facts, Conflicts, Trends, 41, 50.

gern möchten, ist eine Abkehr vom Staatsangehörigkeitsprinzip empfehlenswert. Ist Registrierung erfolgt, wurde zwar ein der Ehe vergleichbarer familienrechtlicher Status geschaffen. Es besteht damit ein Verkehrsinteresse, daß dieser erhalten bleibt. Die Partner haben durch einen nach außen erkennbaren Registrierungsakt zum Ausdruck gebracht, daß sie Rechtsbindungen wünschen und haben daher ebenso wie Eheleute ein Interesse an der Weitergeltung dieser Rechtswirkungen über Landesgrenzen hinaus. Zudem ist das Interesse des Eingehungslandes, daß diese Verbindungen anderswo anerkannt werden, zu beachten. Die Interessenlage ist somit der bei Behandlung einer Ehe durchaus vergleichbar. Dies spricht aber nicht zwingend für eine Anknüpfung an die gemeinsame Staatsangehörigkeit. Beim Auseinanderfallen von Eingehungsland und Heimatstaat des Paares zeigt sich, daß für die Rechtswirkungen einer solchen Verbindung die Anwendung des Heimatrechts nicht sachgerecht ist. Stellt man die Motive nichtehelichen Zusammenlebens in den Mittelpunkt kollisionsrechtlicher Betrachtung, ist vielmehr auf das Recht des Eingehungslandes abzustellen. Denn diese Paare haben das Recht des Eingehungslandes bewußt gewählt. Sie haben sich diesen Normen durch einen formellen Akt unterworfen und daher ein Interesse daran, daß sie ihnen auch über Ländergrenzen hinweg folgen. Diesem Parteiinteresse muß die überragende Bedeutung zukommen. Hinzu kommt, daß die weltweit existierenden Vorschriften zur Registrierung nichtehelicher Partnerschaften anders als die der Ehe so speziell sind, daß man Eingehungsvoraussetzungen und Wirkungen nicht trennen sollte. Würde man nach Registrierung in einem anderen Staat hinsichtlich der Rechtswirkungen einer solchen Verbindung auf das Heimatrecht des Paares abstellen, bestünde die Gefahr eines Normenmangels. Es existieren anders als bei der Ehe keine beliebig austauschbaren Wirkungsstatute. Eine derartige Bevorzugung des Rechts des Eingehungslandes gegenüber dem Heimatrecht scheint zwar für den Fall, daß zwei Personen sich in einem anderen Staat registrieren lassen, nur weil ihnen dies nach Heimatrecht nicht möglich ist, keine befriedigende Lösung zu bieten. Der Gefahr einer bewußten Umgehung des Heimatrechts kann man jedoch vorbeugen, indem man das Heimatrecht hinsichtlich der Eingehungsvoraussetzungen ein Mitspracherecht einräumt[647]. Für die Rechtswirkungen einer solchen Partnerschaft sollte es jedoch nicht entscheidend sein. Auch hier bestehen ausreichend Gründe, von der primären Anknüpfung an das gemeinsame Heimatrecht abzugehen.

Auch für die letzte Gruppe, die zwar eine rechtliche Bindung wünschen, denen dies aber nach gegenwärtiger Rechtslage nicht möglich ist, ist von der gemeinsamen Staatsangehörigkeit als primärem Anknüpfungsmoment abzurücken. Aufgrund fehlenden Bekundungsaktes nach außen gewinnt auch hier wie bei den beiden ersten Arten das Verkehrsinteresse an der Anwendung des Rechts an Bedeutung, wo die Partnerschaft tatsächlich gelebt wird. Dem steht hier schon deshalb kein Parteiinteresse an Geltung gemeinsamen Heimatrechts entgegen, weil sich mangels erlangten Status die Kontinuitätsfrage gar nicht

---

[647] Dazu im folgenden c).

stellt. Eine Anknüpfung an das Recht des Eingehungslandes würde vielmehr gerade im Interesse dieser Paare stehen.

bb) Selbständige Anknüpfung der Vorfrage

Abweichend von der Regelung in Art. 13, 11 Abs. 1 EGBGB bietet sich bei Rechtswirkungen nichtehelicher Partnerschaften eine selbständige Anknüpfung der Vorfrage nach der wirksamen Eingehung des diese Rechtswirkungen auslösenden Sachverhalts nicht an.

(1) Regelung in Art. 13, 11 Abs. 1 EGBGB

Im deutschen Recht hat man entschieden, die Frage nach dem wirksamen Zustandekommen einer Ehe separat anzuknüpfen, Art. 13 EGBGB. Gem. Art. 13 Abs. 1 EGBGB werden die sachlichen Voraussetzungen der Eheschließung für jeden Verlobten durch sein Heimatrecht bestimmt[648]. Nur im Ausnahmefall ist gem. Art. 13 Abs. 2 EGBGB deutsches Recht anzuwenden. Der Begriff der sachlichen Voraussetzungen ist weit zu fassen. Es fallen hierunter Ehehindernisse, die Mitwirkung Dritter, die Unzulässigkeit der Eheschließung und auch Willensmängel[649]. Maßgeblich ist der Zeitpunkt kurz vor der Eheschließung. Die Form der Eheschließung richtet sich gem. Art. 11 Abs. 1 i.V.m. Art. 13 Abs. 1 EGBGB nach dem Ortsrecht oder kumulativ nach den Heimatrechten der Verlobten[650]. Gem. Art. 13 Abs. 3 Satz 1 EGBGB kann die Ehe in Deutschland allerdings nur in der hier vorgeschriebenen Form eingegangen werden[651].

(2) Funktion

Durch die Regelung in Art. 13 EGBGB wird anerkannt, daß man den Akt der Eheschließung als einen von den Rechtswirkungen dieses Rechtsverhältnisses zu trennenden Sachverhalt ansieht, der einer anderen Rechtsordnung enger verbunden sein kann. Mit der Anknüpfung an die eigene Staatsangehörigkeit für jeden Verlobten gesteht man zu, daß Personen dann eine Ehe eingehen dürfen, wenn sie die Voraussetzungen des heimatlichen Eheschließungsrechts erfüllen. Die sachlichen Voraussetzungen einer Ehe gehören zu den Fragen, die die persönlichen Rechtsverhältnisse einer natürlichen Person betreffen. Für diese Fragen hat man im deutschen Recht entschieden, sie einer einheitlichen Rechtsordnung - dem Personalstatut - zu unterstellen, und knüpft sie alle an die Staatsangehörigkeit der Person[652]. Dem Heimatrecht spricht man damit die Befugnis zu, darüber zu entscheiden, welche familienrechtlichen Rechtsinstitute die eigenen

---

[648] Soergel-*Schurig*, Art. 13 EGBGB Rdnr. 1.
[649] BR-Drucks. 222/83, 52.
[650] Soergel-*Schurig*, Art. 13 EGBGB Rdnr. 8.
[651] Mit der Ausnahme des Art. 13 III 2 EGBGB für ausländische Verlobte.
[652] So auch *Andrae*, 32.

Staatsbürger eingehen können. Seine Anwendung rechtfertigt der Gesetzgeber aus den allgemein die Anknüpfung an die Staatsangehörigkeit in personen- und familienrechtlichen Angelegenheiten tragenden Erwägungen[653]. Bei einer Eheschließung stellt er das Stabilitätsinteresse zur Vermeidung hinkender Rechtsverhältnisse und den Gedanken des internationalen Entscheidungseinklangs in den Vordergrund und läßt dahinter andere Ziele, wie etwa die Erleichterung der Rechtsanwendung und der Eheschließung überhaupt, zurücktreten[654]. Art. 13 Abs. 2 EGBGB schränkt diesen Grundsatz aus *ordre public*-Erwägungen nur dann ein, wenn die Versagung der Eheschließung der Eheschließungsfreiheit widerspräche[655].

Die Form der Eheschließung wird alternativ angeknüpft, um aus Gründen der Rechtssicherheit und im Interesse der Parteien möglichst zu einer wirksamen Ehe zu gelangen. Das Prinzip, wonach im Inland eine Ehe nur nach deutschen Formvorschriften geschlossen werden kann, wurde jedoch beibehalten. Die geschah zum einen, um die Richtigkeit deutscher Personenstandsbücher zu wahren. Des weiteren ist dies auch Folge des Grundsatzes der obligatorischen Zivilehe in Deutschland[656].

(3) Nachteile einer Anwendung auf nichteheliches Zusammenleben

Eine Anknüpfung der Vorfrage nach dem wirksamen Zustandekommen einer nichtehelichen Partnerschaft entsprechend der ehelichen Regelung empfiehlt sich nicht. Zum einen greifen wie schon angesprochen die für eine Anknüpfung an die Staatsangehörigkeit generell angeführten Argumente nicht. Darüber hinaus paßt die Systematik der ehelichen Normen nicht. Auch hier kommt man nicht umhin, die verschiedenen Arten nichtehelichen Zusammenlebens getrennt zu betrachten.

Unverbindlichem Zusammenleben ohne förmlichen Eingehungsakt werden weltweit spezielle Rechtswirkungen nur ausnahmsweise und unter zum größten Teil detailliert geregelten und stark voneinander abweichenden Voraussetzungen zugesprochen[657]. Die Mehrzahl der Staaten läßt nur eine analoge Anwendung verschiedenster schuldrechtlicher Normen zu. Es existiert kein von den Rechtswirkungen einer solchen Verbindung zu trennender Eingehungsakt. Ein eigenes Formstatut ist hier mithin unnötig. Die an die Zuerkennung von Rechtswirkungen gestellten Voraussetzungen - insbesondere zeitliche Anforderungen -

---

[653] BR-Drucks. 222/83, 52.
[654] BR-Drucks. 222/83, 52.
[655] BR-Drucks. 222/83, 52.
[656] BR-Drucks. 222/83, 53.
[657] Siehe oben A) IV. 2. b) und c). Die vielerorts existierende punktuellen gesetzlichen Unterhaltsregeln setzen beispielsweise gerade keinen förmlichen Eingehungsakt voraus. Siehe in diesem Zusammenhang auch MünchKomm-*Siehr*, Art. 18 EGBGB Anh I Rdnr. 259, der sich für eine Anwendung von Art. 14 EGBGB ausspricht.

sind derart verschieden[658], daß es praktisch jede einzelne Vorschrift nur selbst vermag, entsprechende Wirksamkeitsvoraussetzungen aufzustellen. Diese Aufgabe einer anderen Rechtsordnung zu überantworten, ist verfehlt. Spricht man Rechtswirkungen zu, so sind dies meist vereinzelte gesetzliche Regelungen, die zum Schutz des schwächeren Partners getroffen wurden[659]. Damit allein ist keine umfassende Anerkennung als Rechtsinstitut verbunden. Eine förmliche Eingehung wird deshalb nicht vorausgesetzt. Es wird in den entsprechenden Normen selbst nur auf einen bestimmten Zeitraum des Zusammenlebens abgestellt, um flüchtige Verhältnisse auszuschließen[660]. Eine Trennung von Eingehungs- und Wirkungsstatut würde die Normen in ihren Tatbestandsvoraussetzungen und Rechtsfolgen entstellen[661]. Das über die Rechtswirkung zur Entscheidung berufene Recht sollte daher auch darüber bestimmen, ob die entsprechenden Tatbestandsvoraussetzungen vorliegen[662]. Dagegen spricht auch nicht die Möglichkeit eines erleichterten Wechsel des Wirkungsstatuts. Flexibilität erscheint bei diesen unverbindlichen Verbindungen vielmehr begrüßenswert. Die Partner müssen sich im Hinblick auf die weltweit so unterschiedlichen Regelungen auf eine Wandelbarkeit des Wirkungsstatuts einstellen, können nicht auf die Weitergeltung eines einmal errungenen Status vertrauen. Anders als bei der Ehe sollte auch nicht auf alternative Rechte abgestellt werden, um leichter zur Wirksamkeit zu gelangen. Denn unter diesen faktischen Partnerschaft gibt sowohl diejenigen, die eine Regelung wünschen, als auch die, die ihr gerade ausweichen wollen. Die Vorfrage nach der wirksamen Begründung eines zum Unterhalts verpflichtenden Tatbestandes nichtehelichen Zusammenlebens ist daher unselbständig anzuknüpfen[663].

Registrierte Verbindungen haben einen abgrenzbaren Eingehungsakt, der einem eigenen Statut unterworfen werden könnte. Hier ist auch die Bestimmung eines Formstatuts notwendig. Stellt man für diese Partnerschaften jedoch nach hier vertretener Ansicht hinsichtlich der Rechtswirkungen nicht wandelbar auf das Recht des jeweiligen gewöhnlichen Aufenthalts sondern das des Eingehungsortes ab, so bietet sich eine Prüfung der Eingehungsvoraussetzungen nach diesem Recht an. Registrierte Partnerschaftsformen neben der Ehe sind moderne Rechtsinstitute, die bislang nur in wenigen Staaten existieren. Entsprechend werden auch nur in diesen Staaten besondere Form- und Sachvoraussetzungen bestehen. Hier kumulativ die Heimatrechte entscheiden zu lassen, um dann u.U. zur Verleihung umfangreicher Rechtswirkungen ohne entsprechenden förmli-

---

[658] Siehe beispielsweise zu den kanadischen Regelungen oben FN 195.
[659] Siehe A) IV. 1. b) und c).
[660] Siehe Beispiele in FN 195.
[661] Ähnlich auch *Rauscher*, 157, 158.
[662] So trotz grundsätzlicher Analogie zum internationalen Eherecht nunmehr auch *Rauscher*, 158.
[663] So auch Erman-*Hohloch*, Vor Art. 13 EGBGB Rdnr. 11, der aber ohnehin eine schuldrechtliche Qualifikation verfolgt. Die Nichtanwendung von Art. 13 EGBGB ist dann nur konsequent.

chen Akt zu gelangen, würde zu einer Entstellung bestehender Rechtsregeln führen. Regelmäßig wird man in anderen Rechten keine entsprechenden formellen Voraussetzungen zur Verfügung stellen. Eingehungs- und Wirkungsstatut sind nicht wie bei einer Ehe unter Betrachtung kollisionsrechtlicher Interessen trennbar. Eine Anwendung des jeweiligen Heimatrechts der Partner ist jedoch hinsichtlich der Frage, ob die Partner materiellrechtlich eine solche verbindliche Partnerschaft eingehen können, zu befürworten. Dazu gehört auch die Frage, ob daneben eine andere Partnerschaft oder sogar eine Ehe bestehen kann. Dafür spricht, daß die Regelung in Art. 13 Abs. 1 EGBGB auch dem Grundsatz entspringt, daß das jeweilige Heimatrecht entscheiden soll, welche familienrechtlichen Bande eigene Staatsangehörige eingehen[664]. Dies ist hier zwar nicht zuvörderst aus Schutzgesichtspunkten zu befürworten. Die Partner haben sich vielmehr bewußt für diese Rechtswirkungen entschieden. Registrierte Partnerschaften stellen aber in dem ausländischen Recht familienrechtliche Rechtsinstitute dar. Es ist daher das der Schaffung des Art 13 Abs. 1 EGBGB zugrunde liegende Interesse der Heimatstaaten der Partner zu wahren, darüber entscheiden zu können, welche familienrechtliche Rechtsinstitute ihre eigenen Staatsangehörigen eingehen können.

Paare, denen die Eingehung einer rechtsverbindlichen Verbindung nicht möglich ist, können im Hinblick auf besondere Voraussetzungen verliehener Rechtswirkungen nicht anders als die Paare behandelt werden, die gewollt nur faktisch zusammenleben. Auch hier gibt es kein besonderes Vertrauensinteresse der Paare oder beteiligter Staaten wegen eines einmal geschaffenen Status.

Für eine Regelung entsprechend Art. 13 Abs. 3 EGBGB besteht kein Anwendungsbereich. Dies würde zu abstrusen Ergebnissen führen. Eine nichteheliche Partnerschaft kommt in Deutschland durch faktisches Zusammenleben zustande. Eine Anwendung von Art. 13 Abs. 3 Satz 1 EGBGB würde dazu führen, daß auch nach ausländischen Rechten an einen förmlichen Eingehungsakt gebundene Partnerschaften in Deutschland formlos begründbar wären. Damit würde man aber die Schutzaspekte der ausländischen Formvorschriften übersehen. Auch der deutsche *ordre public* verlangt keine Anwendung des Art. 13 Abs. 3 Satz 1 EGBGB. Diese Norm soll allein der Sicherung der obligatorischen Zivilehe auf deutschem Boden dienen.

cc) Sonderregelung des Güterrechtsstatuts
(1) Regelung in Art. 15 Abs. 1 EGBGB

Eine der wichtigsten Rechtswirkungen einer Ehe, das Güterrecht, wird gem. Art. 15 EGBGB einer separaten Kollisionsnorm unterworfen. Im Unterschied zu den allgemeinen Rechtswirkungen einer Ehe wird hier unwandelbar

---

[664] Ähnliche Überlegungen für das internationale Eherecht bei *Gollrad*, Staatsangehörigkeit und gewöhnlicher Aufenthalt als funktionelle Anknüpfungspunkte im Bereich des internationalen Eherechts, Diss. 1973, 120.

auf das Ehewirkungsstatut zum Zeitpunkt der Eheschließung abgestellt, Art. 15 Abs. 1 i.V.m. Art. 14 EGBGB.

(2) Funktion

Der deutsche Gesetzgeber hat die Entscheidung getroffen, für alle güterrechtlichen Fragen einer Ehe eine eigene Kollisionsnorm zu schaffen, die dem allgemeinen Ehewirkungsstatut im Anwendungsbereich vorgeht. Zweck dieser gesonderten Vorschrift ist es, „das für die Sonderordnung des Vermögens von Mann und Frau während und aufgrund der Ehe maßgebliche Recht zu bestimmen und dieser Bestimmung Bestand zu verleihen."[665]. Aus Gründen der Rechtssicherheit hielt man bei der Neuregelung des IPR im Jahre 1986 an der Unwandelbarkeit des Güterrechtsstatuts entgegen den Vorschlägen und Gutachten des Deutschen Rates fest[666]. Eine einmal begründete güterrechtliche Lage soll beständig sein. Man rückt damit das Interesse an vorhersehbaren und unabänderlichen güterrechtlichen Entscheidungen und die Vermeidung von Übergangsproblemen gegenüber dem etwaigen Interesse an Anpassung an die jeweilige Verlagerung des kollisionsrechtlichen Schwerpunktes in den Vordergrund[667]. Die unwandelbare Festlegung des auf die Vermögensverhältnisse in einer Ehe anwendbaren Rechts wird als gerechtfertigt angesehen, weil die Ehepartner bei Eingehung der Ehe um die Rechtsverbindlichkeit wissen mußten und sich daher darauf einstellen konnten. Die Unwandelbarkeit vermeidet auch automatische Statutenwechsel mit gesetzlich kaum lösbaren Übergangsproblemen[668]. Unbilligen Fallkonstellationen können Ehegatten mittels Rechtswahl aus dem Weg gehen[669]. Diese erscheint praktisch vorzugswürdig vor einer generell wandelbaren Anknüpfung. Ein etwaiger Auseinandersetzungsanspruch z. B. schließt in den verschiedenen Sachrechten generell die Vermögensverhältnisse während der gesamten Dauer der Ehe ein. Würde man verschiedene Rechte hinsichtlich unterschiedlicher Zeiträume zur Anwendung bringen, so ergäben sich Anpassungsschwierigkeiten.

(3) Abweichende Interessenlage bei nichtehelichen Partnerschaften

Bei unverbindlich zusammenlebenden Partnern und denen, die keine Rechtsgemeinschaft eingehen können, ist es schon schwierig, einen exakten Zeitpunkt für den Beginn der nichtehelichen Partnerschaft festzulegen. Dieser kann sich über einen längeren Zeitraum erstrecken. Dem Vorschlag, hier auf den

---

[665] Vgl. Begründung Regierungsentwurf eines Gesetzes zur Neuregelung des Internationalen Privatrechts, BR-Drucks. 222/83, 57.

[666] BR-Drucks. 222/83, 57. Vgl. *Beitzke*(Hrsg.), Vorschläge und Gutachten zur Reform des deutschen internationalen Personen-, Familien- und Erbrechts, 1981, 5.

[667] BR-Drucks. 222/83, 57.

[668] BR-Drucks. 222/83, 58.

[669] Vgl. Art. 15 Abs. 2 EGBGB. BR-Drucks. 222/83, 58.

Zeitpunkt des Zusammenziehens abzustellen[670], kann nicht zugestimmt werden. Er sieht die gemeinsame Wohnung als konstitutiv für eine nichteheliche Partnerschaft an, eine Ansicht, die den heutigen tatsächlichen Gegebenheiten, unter denen die Partner berufsbedingt häufig getrennt wohnen, widerspricht. Schon unter diesem praktischen Aspekt ist die Anwendung des Art. 15 Abs. 1 EGBGB fragwürdig[671]. *Henrich* versucht diesem Problem mittels einer Anknüpfung an den Zeitpunkt der Auflösung der Gemeinschaft aus dem Weg zu gehen[672]. Diese Ansicht ist zwar im Ergebnis richtig. Werden Rechtswirkungen während einer faktischen Partnerschaft wie hier vertreten dem jeweiligen Aufenthaltsrecht unterstellt, so sollten Trennungsfolgen einheitlich nach dem Recht am letzten gemeinsamen gewöhnlichen Aufenthalt behandelt werden, um Übergangsschwierigkeiten zu vermeiden. Anders als in der Systematik der Art. 14ff. EGBGB sind bei der hier vertretenen Lösung aber nicht ausschließlich güterrechtliche Wirkungen erfaßt. Art. 15 Abs. 1 EGBGB paßt daher nicht. Es ist zudem nicht überzeugend, allein aus Gründen der Nichtfeststellbarkeit des gesetzlichen Anknüpfungszeitpunkts willkürlich einen anderen zu wählen. Für den Auflösungszeitpunkt sprechen außer einer einheitlichen Behandlung der Trennungsfolgen keine überzeugenden Argumente. Im Einzelfall kann auch der Auflösungszeitpunkt, der sich gewissermaßen als „Auseinanderleben" über einen langen Zeitraum hinziehen kann, schwer bestimmbar sein. Dies ist dann anders, wenn einer nichtehelichen Verbindung im nachhinein nach späterer Registrierung oder gerichtlicher Anerkennung mit Wirkung ex tunc güterrechtliche Wirkungen zugesprochen werden[673]. Hier könnte man auf den Registrierungs- bzw. Anerkennungszeitpunkt für alle güterrechtlichen Wirkungen abstellten. Eine solche Lösung ist jedoch ebenfalls im Ergebnis nicht überzeugend. Wegen der Rückwirkung könnte ein Recht Anwendung finden, zu dem das Paar während der gesamten Dauer tatsächlichen Zusammenlebens keine Beziehung hatte. Dies erscheint willkürlich. Es darf auch nicht vergessen werden, daß es sich zumeist lediglich um faktische, nicht rechtlich anerkannte Beziehungen handelt. Der Tatbestand faktischen Zusammenlebens erneuert sich ständig. Es wird kein andauernder, fester Status geschaffen, auf den die Parteien selbst oder außenstehende Dritte vertrauen können. Es muß daher kein Vertrauen durch eine feste Anknüpfung geschützt werden. Es kann anders als bei der Ehe auch nicht gesagt werden, daß die Partner sich bewußt diesem Recht unterworfen haben und daher mit seiner Anwendung rechnen mußten. Nichteheliches Zusammenleben dieser Art ist vor allem ein faktisches Phänomen, welches durch unterschiedliche Motive der Partner zum Zusammenleben gekennzeichnet ist[674]. Dieses Motivationen können sich während des Zusammenlebens ändern. So ist es etwa denkbar, daß eine Beziehung, die am Anfang als „Ehe auf Probe" gedacht war, später nach der Vor-

---

670 Staudinger-*v.Bar/Mankowski*, Anh zu Art. 13 Rdnr. 82.
671 So auch MünchKomm-*Siehr*, Art. 15 EGBGB Rdnr. 190.
672 *Henrich*, Internationales Familienrecht, 24.
673 Siehe oben A) IV. 1. b) aa) (1).
674 Siehe oben A) II.

stellung der Parteien als dauerhafte nichteheliche Verbindung fortgeführt wird. Hier ändern sich regelmäßig auch die Vorstellungen hinsichtlich der wirtschaftlichen Sphäre. Eine unwandelbare Regelung erscheint daher verfehlt. Unförmliches Zusammenleben wird darüber hinaus auch wie schon angesprochen eher durch das es umgebende Recht als durch eine Rechtsordnung zu einem bestimmten Zeitpunkt geprägt. Seine Wirkungen sollten daher generell wandelbar an das „Umweltrecht" angeknüpft werden. Das gilt auch für güterrechtliche Aspekte. Es gelten insofern ergänzend die oben unter B) III. 4. b) aa) angeführten Argumente gegen ein primäres Anknüpfen an ein relativ stabiles Kriterium wie die gemeinsame Staatsangehörigkeit und für ein wandelbares Kriterium wie den gemeinsamen gewöhnlichen Aufenthalt.

Für registrierte Paare könnte eine Anwendung des Art. 15 Abs. 1 EGBGB in Betracht gezogen werden[675]. Denn diese müssen sich auf dieses Recht einlassen, da sie es bewußt gewählt haben. Die Interessenlage entspricht der einer Ehe. Da es weltweit jedoch nur wenige Rechte gibt, die eine solche Registrierungsmöglichkeit zur Verfügung stellen, wurde schon darauf hingewiesen, daß eine generelle Anknüpfung aller Rechtswirkungen an das Recht des Eingehungsortes am besten den Interessen der beteiligten Personen und Rechtsordnungen entspricht. Für eine separate Anknüpfung des Güterrechtsstatuts entsprechend Art. 15 Abs. 1 EGBGB ist dann kein Platz mehr.

dd) Die beschränkte Rechtswahl im deutschen internationalen Eherecht
(1) Regelung in Art. 14 Abs. 2, 3, Art. 15 Abs. 2 EGBGB

Nach Art. 14 Abs. 2, 3 EGBGB haben Ehegatten zwei Möglichkeiten, das allgemeine Ehewirkungsstatut festzulegen. Sie können nach Absatz 2 bei Mehrstaatlichkeit eines der Ehegatten auch ein anderes als sein effektives Heimatrecht wählen, wenn diesem Staat auch der andere Ehegatte angehört. Überdies können sie gem. Absatz 3 das Heimatrecht eines der Ehegatten wählen, wenn die Voraussetzungen des Art. 14 Abs. 1 Satz 1 EGBGB nicht vorliegen und kein Ehegatte dem Aufenthaltsstaat angehört bzw. die Ehegatten den gewöhnlichen Aufenthalt nicht in einem Staat haben. Die Rechtswahl ist also nur in sehr begrenztem Umfang möglich.

Im Ehegüterrecht wurden die Rechtswahlmöglichkeiten demgegenüber etwas erweitert. Die nach Art. 14 Abs. 2, 3 EGBGB getroffene Rechtswahl erstreckt sich zum einen über Art. 15 Abs. 1 EGBGB auch auf das Güterrechtsstatut. Darüber hinaus können die Ehegatten gem. Art. 15 Abs. 2 EGBGB das Heimatrecht oder Aufenthaltsrecht eines jeden Ehegatten wählen und für unbewegliches Vermögen das Recht am Lageort.

Die Rechtswahl wird im Inland notarieller Beurkundungspflicht unterworfen, Art. 14 Abs. 4 Satz 1, Art. 15 Abs. 3 EGBGB. Die Form im Ausland geschlossener Rechtswahlverträge wird dem für Eheverträge geltenden dortigen

675 So etwa auch MünchKomm-*Siehr*, Art. 15 EGBGB, Rdnr. 199.

Ortsrecht oder dem gewählten Recht unterstellt, Art. 14 Abs. 4 Satz 2, 15 Abs. 3 EGBGB.

(2) Funktion

Rechtswahl im Kollisionsrecht kann generell auf zwei Begründungen gestützt werden. Zum einen kann sie aus dem Schutz der materiellrechtlichen Privatautonomie erwachsend als deren kollisionsrechtliches Pendant angesehen werden. Des weiteren kann sie auch dazu dienen, der im Einzelfall unbefriedigenden Lösung der objektiven Anknüpfung abzuhelfen[676]. Diese beiden Argumente, die eine kollisionsrechtliche Rechtswahl generell unterstützen, greifen bei den beiden Tatbeständen der Art. 14 und 15 EGBGB unterschiedlich stark[677]. Entsprechend sind die Rechtswahlmöglichkeiten unterschiedlich breit. Im Ehegüterrecht waren Überlegungen hinsichtlich der materiellrechtlichen Gestaltungsfreiheit von Eheverträgen zumindest mit ausschlaggebend dafür, die Rechtswahl gem. Art. 15 Abs. 2 EGBGB in relativ weitem Umfang zuzulassen[678]. Daneben wird so die schon angesprochene Möglichkeit geschaffen, im Einzelfall von der starren Anknüpfung an den Eingehungszeitpunkt abzuweichen und das Ehegüterrecht an veränderte Lebens- und Vermögensverhältnisse anzupassen[679]. Im Recht der allgemeinen Ehewirkungen dagegen, welches über Art. 17 Abs. 1 Satz 1 EGBGB insbesondere bei der Bestimmung des Scheidungs- und Scheidungsfolgenstatuts Bedeutung erlangt, haben die zumeist zwingenden Scheidungsvorschriften dazu geführt, daß auch der Parteiautonomie nur eingeschränkt Platz eingeräumt wurde. Die Rechtswahlmöglichkeiten in Art. 14 Abs. 2, 3 EGBGB dienen lediglich dazu, Unbilligkeiten der objektiven Anknüpfung abzuhelfen, die sich im Einzelfall aus dem Sprung von Staatsangehörigkeits- zur Aufenthaltsanknüpfung nach Art. 14 Abs. 1 EGBGB ergeben können. Dies wird auch daraus ersichtlich, daß gem. Art. 14 Abs. 3 Satz 2 EGBGB die Wirkungen der Rechtswahl enden, wenn beide Ehegatten eine gemeinsame Staatsangehörigkeit erlangen. Nach dem Willen des Gesetzgebers soll die Rechtswahl dort lediglich subsidiär sein[680].

Es fragt sich, wodurch sich die Einschränkungen der Rechtswahlmöglichkeiten im internationalen Eherecht gegenüber dem internationalen Schuldvertragsrecht überhaupt rechtfertigen. Hauptgrund ist die unterschiedliche Reichweite der Privatautonomie in diesen Bereichen. Im internationalen Schuldver-

---

[676] BR-Drucks. 222/83, 51; *Kühne*, Die außerschuldvertragliche Parteiautonomie im neuen Internationalen Privatrecht, IPRax 1987, 69.
[677] Siehe dazu auch *Stoll, Veit*, Die Rechtswahl im Namens-, Ehe- und Erbrecht, Diss. 1990, 218ff.
[678] *Kühne*, IPRax 1987, 69, 71.
[679] Vgl. BR-Drucks. 222/83, 58.
[680] Vgl. BR-Drucks. 222/83, 56.

tragsrecht beruht die fast unbeschränkte[681] Rechtswahlfreiheit auf der materiellrechtlichen Vertragsfreiheit[682]. Die Einschränkung der Parteiautonomie im Familienrecht erklärt sich demgegenüber aus dem grundsätzlich zwingenden Charakter familienrechtlicher Regelungen. Anders als im Schuldrecht verweigert man den Parteien in diesem Bereich unbegrenzte privatautonome Gestaltungsfreiheit, was sich im internationalen Bereich in eingeschränkter Parteiautonomie hinsichtlich des wählbaren Rechts niederschlägt. Die Prägung eines Rechtsgebiets durch materiellrechtlich zwingende Regelungen steht zwar der Anerkennung von Parteiautonomie grundsätzlich nicht entgegen, wird allerdings regelmäßig die Ausgestaltung der Rechtswahl beeinflussen[683]. Das Interesse des Staates an vorhersehbarer und zwingender Regelung ist im Bereich des Familienrechts besonders groß, ergibt sich aus der ihm obliegenden Schutz- und Obhutspflicht hinsichtlich Ehe und Familie. Schränkt man die Rechtswahlfreiheit ein, so wird den Schutzbedürfnissen der Beteiligten von vornherein Rechnung getragen[684]. Der Rechtssicherheit wird Vorrang vor unbeschränkter Parteiautonomie eingeräumt. Die Abhängigkeit von materiell- rechtlichen Regelungen gerade im internationalen Eherecht erkennt man z. B. auch daran, daß erst mit zunehmender Liberalisierung und Gleichberechtigung des deutschen Eherechts an eine Rechtswahl im internationalen Bereich überhaupt gedacht wurde[685]. Der bei Reform des IPR 1986 unterbreitete Vorschlag einer Arbeitsgruppe des Max-Planck-Instituts/Hamburg, die Rechtswahl auch im Familienrecht immer dann zuzulassen, wenn die Wahl nicht offensichtlich willkürlich erfolgte[686], hat sich aber nicht durchsetzen können[687]. Auch die Rechtswahl im Ehegüterrecht wurde vielmehr entgegen vergleichbarer ausländischer Regelungen eingeschränkt. Der Gesetzgeber sah sich dazu durch bestehende Regelungen des deutschen Rechts - Art. 15 EGBGB und § 1409 Abs. 2 BGB - und das Zusammenspiel mit Art. 14 EGBGB genötigt[688].

---

[681] Siehe Art. 27 Abs. 1 Satz 1 EGBGB mit den Einschränkungen der Art. 27 Abs. 3, 29 Abs. 1, 30 Abs. 1, 34 EGBGB.

[682] Der Ansicht, daß sie sich lediglich aus der Unmöglichkeit rechtfertigt, die Vielfalt der zu berücksichtigenden Interessen angemessen zu beachten (so BR-Drucks. 222/83, 51), kann nicht beigepflichtet werden. Auch diese Interessenvielfalt entstammt den vielfältigen materiellen Gestaltungsmöglichkeiten.

[683] Siehe BR-Drucks. 222/83, 51.

[684] So das ausdrückliche Ziel des deutschen Gesetzgebers; vgl. BR-Drucks. 222/83, 51.

[685] Zur Lage vor der Reform des Internationalen Eherechts siehe etwa *Reinhart*, ZVglRWiss 80 (1981), 150, 154.

[686] *Dopffel/Siehr*, RabelsZ 44 (1980), 344ff. man berief sich hier darauf, daß die Nichtzulassung der Rechtswahl im Eherecht Ausfluß einer überholten obrigkeitsstaatlichen Eheauffassung sei.

[687] Zu den verschiedenen Vorschlägen und ihrem Einfluß auf die Vorschriften des EGBGB siehe *Reinhart*, ZVglRWiss 80 (1981), 150, 156ff. sowie *Sturm*, Festschrift für Ernst Wolf, 637, 646ff. und *Stoll, Veit*, Die Rechtswahl im Namens-, Ehe- und Erbrecht, Diss. 1990, 34ff.

[688] Siehe BR-Drucks. 222/83, 58.

Die notarielle Beurkundungspflicht im Inland entstammt der entsprechenden sachrechtlichen Regelung in § 1410 BGB zur Sicherung der Rechtsklarheit und der Beratungsmöglichkeiten. Der Warn- und Belehrungsfunktion notarieller Beurkundung soll entsprochen werden. Nach herrschender Ansicht wird daher die Einhaltung der Ehevertragsform gefordert[689]. Dies stellt eine Ausnahme zu Art. 11 Abs. 1 EGBGB dar. Die Regelung für das Ausland entspricht der in Art. 11 Abs. 1 EGBGB generell getroffenen. Eheverträge sollen möglichst formwirksam sein.

(3) Ablehnung einer entsprechenden Einschränkung der Rechtswahlfreiheit bei nichtehelichen Paaren

Nach *v.Bar* spricht gerade die beschränkte Rechtswahlmöglichkeit im Internationalen Eherecht für eine analoge Anwendung dieser Vorschriften auf nichteheliche Paare, um die Umgehung deutschen Rechts zu vermeiden[690]. *Winkler von Mohrenfels* spricht sich dagegen wegen eines stark schuldrechtlichen Einschlags nichtehelicher Verbindungen lapidar gegen eine derartige Einschränkung der Parteiautonomie aus[691]. Die für diese sich diametral gegenüberstehenden Ansichten angeführten Argumente überzeugen beide nicht. Sinn und Zweck der eingeschränkten Rechtswahlmöglichkeiten des deutschen internationalen Eherechts sprechen vielmehr gegen eine Ausdehnung auf nichteheliche Paare.

Von den zwei Argumentationen ausgehend, die eine Rechtswahl im Kollisionsrecht generell tragen, ergibt sich folgendes: Es gibt keine Entscheidung für eine Anknüpfung der Rechtswirkungen einer nichtehelichen Partnerschaft an Staatsangehörigkeit oder gewöhnlichen Aufenthalt in allen Sachverhaltskonstellationen. Diesem unbefriedigenden Ergebnis kann man in bestimmten Situationen abhelfen, wenn man den Parteien gestattet, das anwendbare Recht selbst zu bestimmen. So sollte es ihnen trotz der hier vertretenen flexiblen Anknüpfung an das jeweilige Aufenthaltsrecht möglich sein, bei besonders enger Bindung an den Heimatsstaat dessen Recht zur Anwendung zu bestimmen, etwa um sich bestimmte dort existierende gesetzliche Regelungen zu erhalten. Rechtswahl ist unter diesem Aspekt wünschenswert. Sie ist aber auch aus privatautonomen Erwägungen gerechtfertigt. Da nichteheliches Zusammenleben nicht rein schuldrechtlich qualifiziert werden kann, kann dies jedoch nicht aus der allgemeinen Vertragsfreiheit folgen. Nach hier vertretener Ansicht spricht das Wesen faktischer Gemeinschaften dafür, deren Rechtswirkungen objektiv an ihren tatsächlichen Lebensmittelpunkt anzuknüpfen. Damit wird eine gegenüber dem Eherecht flexiblere Anknüpfungsmöglichkeit geschaffen. Dieses objektive Anknüpfungsmoment wurde auch bewußt derart flexibel gewählt, da sich die Beziehung

---

689 Staudinger-*v.Bar/Mankowski*, Art. 14 EGBGB Rdnr. 118, 120.
690 *V.Bar*, Internationales Privatrecht II, 82.
691 MünchKomm-*Winkler von Mohrenfels*, Art. 17 EGBGB Rdnr. 85. So auch *Grziwotz*, 604.

im Laufe des Bestehens von den Beweggründen des Paares ausgehend sowie den sozialen, moralischen und rechtlichen Gegebenheiten des Umweltrechts ändern kann. Damit spielt der Gedanke, stets Rechtssicherheit in den Vordergrund zu rücken, ohnehin nicht die Rolle wie im Eherecht. Dies ist Ausgangspunkt für die Frage der Rechtswahlfreiheit. Eine Umgehung zwingender Vorschriften eines anderen beteiligten Staates ist überdies kaum zu befürchten. Persönliche Rechtswirkungen werden für diese Paare nur ausnahmsweise gesetzlich ausgelöst und sind auch nur sehr eingeschränkt vertraglich vereinbar[692]. Angesichts der meist nur vermögensrechtlichen Regelungen kann gegen eine Einschränkung der Rechtswahl auch eingewendet werden, daß die Regelung in Art. 15 Abs. 2 EGBGB nicht unwesentlich auf der nur engen Rechtswahlmöglichkeit des Art. 14 EGBGB beruht. Diese Systematik kann gar nicht greifen, sofern man wie hier eine andere objektive Anknüpfung vertritt. Dazu kommt, daß für gesetzlich verliehene Rechtswirkungen meist sehr detaillierte Voraussetzungen aufgestellt werden. Zumeist muß sich mindestens einer der Partner im Land aufhalten oder sogar Staatsangehöriger sein[693]. Eine Umgehungsgefahr des Heimatrechts durch die Wahl eines ausländischen Rechts, zu welchem sie keinerlei Kontakt haben, ist für diese nichtehelichen Paare damit kaum zu erwarten. Mehrheitlich werden sie die Voraussetzung des ausländischen Rechts nicht erfüllen. Eine bewußte Umgehung kommt nur dann in Betracht, wenn die ausländische Rechtsordnung keine besonderen formellen Erfordernisse kennt und auch nicht auf Wohnsitz bzw. Staatsangehörigkeit abstellt. Für diese Fälle kann der Gefahr jedoch ausreichend aus dem Weg gegangen werden, indem man eine objektive Beziehung zu dem gewählten Recht verlangt und darüber hinaus, daß die Wahl nicht offensichtlich willkürlich erfolgt ist. Dies ist dann der Fall, wenn das Paar Bezug nur zu einer Rechtsordnung hat und ihnen nach deren zwingenden Vorschriften eine solche Regelung gerade verwehrt ist. Solche zwingenden Normen können nicht abdingbar sein. Die Rechtswahl von vornherein auf bestimmte Rechte einzuschränken, ist aber nicht das mildeste Mittel. Über diese zwingenden Vorschriften des Staates, zu dem alleiniger Bezug besteht, ist freie Rechtswahl zuzulassen.

Für registrierte Partnerschaften wird sich die Rechtswahlfrage separat kaum stellen. Sie haben in der Regel durch den Eingehungsort ihre Wahlmöglichkeit ausgeübt. Andere Länder stellen keine so weitreichenden Rechtsfolgen bereit, wenn sie eine solche Registrierungsmöglichkeit nicht kennen. Hier stellt sich u.U. aber das Problem, daß die entsprechenden Rechtswirkungen nach dem Recht des Eingehungslandes nicht abgewählt werden können. Das Interesses des Eingehungslandes an der Beachtung dieser Normen ist aber auch hier nur dann zu beachten, wenn das Paar Beziehungen nur zu dieser Rechtsordnung hat. Eine generelle Einschränkung der Rechtswahlfreiheit ist auch für diese Partnerschaften nicht zu befürworten.

---

[692] Siehe oben A) IV. 2. a) cc).

[693] Siehe für New South Wales A) IV. b) aa) (2).

Sofern das Paar nicht ausschließlich mit diesem Staat verbunden ist, erfordern zwingende Regelungen des deutschen Sachrechts oder anderer Rechte keine andere Entscheidung. Nach dem Willen des deutschen Gesetzgebers soll deutsches Ehegüterrecht zwar nur für Ehegatten wählbar sein. Für deutsche Eheleute schließt § 1409 BGB überdies die Vereinbarung eines ausländischen Güterstandes aus. Andere Rechtsordnungen kennen aber entsprechende Regelungen auch für nichteheliche Paare. Diesen wäre es daher - sofern eine Verbindung zu diesem Recht besteht - möglich, eine Rechtsordnung zu wählen, nach welcher eine inhaltsgleiche Regelung auch für nichteheliche Paare existiert. Fraglich ist, ob man dies gestatten sollte. Hier streiten die materiellrechtlichen Prinzipien der Vertragsfreiheit der Partner hinsichtlich der Gestaltung ihrer Beziehung und der Eingriffsberechtigung des Staates im Bereich des Eherechts aus Schutzgesichtspunkten. Dieser Streit bestimmt notwendig auch die Ermöglichung einer Rechtswahl im Kollisionsrecht. Die Rechtswahlfreiheit im Hinblick auf materiellrechtliche zwingende Regelungen zu beschränken, sollte jedoch nur dann möglich sein, wenn der jeweilige Staat ein überwiegendes Interesse an der Geltung der eigenen Normen hat. Dies ist nur dann der Fall, wenn eine Beziehung des Paares nur zu diesem Staat besteht. Wendet man dagegen ein, es sei nicht einzusehen, warum man ausländischen Paaren dann eine freie Rechtswahl erlauben, Paaren unter Beteiligung mindestens eines Deutschen aber verbieten sollte, so kann nur darauf hingewiesen werden, daß es nach derzeitiger Rechtslage auch ausländischen Ehegatten trotz § 1409 BGB möglich ist, ausländisches Ehegüterrecht zu vereinbaren. § 1409 dient lediglich dem Verkehrsschutz in Deutschland. Auch hier liegt eine Ungleichbehandlung vor, die man als gerechtfertigt ansieht. Um die Vereinbarung der Normen des deutschen Ehegüterrecht Ehegatten vorzubehalten, ist es ebenfalls nicht notwendig, für nichteheliche Paare kollisionsrechtlich die Rechtswahlfreiheit generell einzuschränken. Ob eine einzelne vertragliche Regelung getroffen werden kann, entscheidet das objektiv auf diesen Partnerschaftsvertrag anzuwendende Recht. Bei einer Wahl deutschen Rechts würde für nichteheliche Paare eine solche Vereinbarung nicht möglich sein. Es ist damit nicht systemwidrig, eine Rechtswahl für nichteheliche Paare zu gestatten, sofern sie nicht zwingenden Vorschriften einem der Verbindung ausschließlich verbundenen Recht widerspricht[694].

Ein nichteheliches Paar ist dann mit einer Rechtsordnung ausschließlich verbunden, wenn beide sowohl Staatsangehörige des Landes sind als auch die Partnerschaft dort leben. Unter diesen Voraussetzungen nur kann auch das Eingehungsland einer registrierten Verbindung eigene zwingende Normen zur Anwendung bringen.

Der Vorschlag, hinsichtlich der Rechtswahlfreiheit zwischen den getroffenen Regeln dergestalt zu unterscheiden, ob es sich um familienrechtsähnliche Normen handelt[695], kann nicht überzeugen. Hier steht man vor der Schwierig-

---

[694] Generell auf das Heimatrecht abstellend *Henrich*, Festschrift Beitzke, 507, 515.
[695] So *Henrich*, Internationales Familienrecht, 22.

keit, eine Abgrenzung zwischen familienrechtlichen und schuldrechtlichen Regelungen noch vor Festlegung der Norm zu treffen. Dies sollte vermieden werden. Für nichteheliche Paare ist die Rechtswahlfreiheit vielmehr generell nicht entsprechend Art. 14 Abs. 2, 3, 15 Abs. 2 EGBGB einzuschränken.

Die Formvorschrift des Art. 14 Abs. 4, 15 Abs. 3 EGBGB ist nicht anzuwenden. Partnerschaftsverträge sind im deutschen Sachrecht anders als Eheverträge nicht an die notarielle Form gebunden. Sie werden nur unter Rechtssicherheitsaspekten meist schriftlich verfaßt. Damit kann dies auch im internationalen Rahmen nicht gefordert werden. Es ist aber zu befürworten, daß die Formvorschriften des gewählten Rechts oder des Rechts am Ort der Rechtswahl anzuwenden sind. Das ergibt sich aber schon aus Art. 11 Abs. 1 EGBGB.

(4) Fallbeispiel

Ein Fallbeipiel soll das soeben Gesagte verdeutlichen:

Sachverhalt:

Ein slowenisches Paar beschließt in Deutschland, in nichtehelicher Lebensgemeinschaft zusammen zu leben. Man schließt schriftlich eine Vereinbarung, daß ihre Verbindung slowenischem Recht unterstehen soll. Als man sich nach zehn Jahren trennt, macht die arbeitslose Frau gegen ihren ehemaligen Lebensgefährten in Deutschland einen nach slowenischem Recht bestehenden güterrechtlichen Auseinandersetzungsanspruch geltend.

Abwandlung 1:
Ein deutsches Paar lebt 15 Jahre in Slowenien in nichtehelicher Lebensgemeinschaft. Zu Beginn ihrer Beziehung haben sie in einem schriftlichen Vertrag vereinbart, daß die Lebensgemeinschaft slowenischem Recht unterstehen solle. Nach der Rückkehr nach Deutschland trennt man sich und die Lebensgefährtin möchte gerichtlich ihren nach slowenischem Recht bestehenden Vermögensauseinandersetzungsanspruch durchsetzen.

Abwandlung 2:
Ein deutsches Paar vereinbart schriftlich die Geltung slowenischen Rechts für ihre Beziehung. Sie leben bis zur Trennung 15 Jahre in Deutschland. Die Lebensgefährtin möchte nunmehr den ihr nach slowenischem Recht zustehenden Vermögensausgleichsanspruch in Deutschland gerichtlich durchsetzen.

Lösung:

In dem Grundsachverhalt sollte man die Rechtswahl zugunsten slowenischen Rechts für das slowenische Paar zulassen. Ein Interesse des deutschen Staates an der Anwendung eigener Rechtsregeln könnte man nur darauf stützen, daß das Paar in Deutschland gelebt hat. Insofern ist aber auch in Betracht zu ziehen, daß das Paar sein gemeinsames Heimatrecht gewählt hat, was ihm in persönlichen Dingen grundsätzlich ermöglicht werden sollte. Die Wahl war damit nicht willkürlich und es existierte auch eine objektive Verbindung zu dem gewählten

Recht. Das Parteiinteresse an der Anwendung eines ihnen nahestehenden Rechts - hier durch ausdrücklich Rechtswahl zum Ausdruck gekommen, ist bei Verbindungen, die allein durch die Entscheidung zum Zusammenleben existieren, in den Mittelpunkt der Betrachtung zu rücken. Gegenüber diesem Interesse des Paares an der Anwendung des gewählten Rechts ist das Interesse des deutschen Staates als Aufenthaltsstaat an der Anwendung eigener Rechtsregeln als gering einzustufen. Dies gilt um so mehr, als es sich um ausländische Staatsangehörige handelt.

Auch für die deutsche Lebensgefährtin in der Abwandlung 1 sollte es möglich sein, vor deutschen Gerichten ihrer Vermögensauseinandersetzungsanspruch durchzusetzen. Der deutsche Staat hat hier zwar ein Interesse daran, hinsichtlich der eigenen Staatsangehörigen darüber zu befinden, welche Rechtsbindungen sie eingehen können. Dieses Interesse kann hier aber die grundsätzliche Parteiautonomie nicht übertreffen. Slowenisches Recht wurde nicht willkürlich gewählt. Das Paar lebte 15 Jahre in Slowenien. Die Rechtswahl erfolgte ebenfalls dort. Es besteht damit ein objektives Anknüpfungskriterium zum gewählten Recht.

In der Abwandlung 2 sollte eine verbindliche Rechtswahl dagegen nicht möglich sein. Zum slowenischen Recht besteht keine objektiv erkennbare Verbindung. Das Recht erscheint damit willkürlich gewählt. Es ist deutsches Recht als Recht am letzten gemeinsamen Aufenthalt anzuwenden. Hier ist allerdings zu prüfen, ob die unwirksame Vereinbarung der Geltung des slowenischen Rechts nicht in eine nach deutschem Recht zulässige Vereinbarung einer umfassenden Güterauseinandersetzung umgedeutet werden kann.

ee) Separates Trennungsstatut
(1) Regelung in Art. 17 Abs. 1, 2 EGBGB

Gem. Art. 17 Abs. 1 Satz 1 EGBGB unterliegt die Scheidung dem zur Zeit der Rechtshängigkeit des Scheidungsantrags auf die allgemeinen Ehewirkungen nach Art. 14 EGBGB anwendbaren Recht. Nach diesem Recht richten sich sowohl die Voraussetzungen, also insbesondere die Scheidungsgründe, als auch die Rechtsfolgen einer Scheidung[696]. Die güterrechtlichen Rechtsfolgen unterfallen allerdings wegen der Spezialität des Art. 15 EGBGB dieser Norm. Die Verweisung schließt das über Art. 14 Abs.2, 3 EGBGB gewählte Recht ein. Gem. Art. 17 Abs. 1 Satz 2 EGBGB unterliegt die Scheidung deutschem Recht, wenn sie nach dem über Satz 1 anwendbaren Recht nicht geschieden werden kann und der die Scheidung begehrende Ehegatte Deutscher ist oder dies bei Eheschließung war. Nach Art. 17 Abs. 2 EGBGB ist Scheidung in Deutschland nur durch ein gerichtliches Urteil möglich.

---

[696] BR-Drucks. 222/83, 60.

(2) Funktion

Durch die Verweisung in Art. 17 Abs. 1 Satz 1 EGBGB auf das Recht der allgemeinen Ehewirkungen wird darauf Rücksicht genommen, daß nach vielen Rechtsordnungen die Pflichten der Ehegatten während der Ehe und die Folgen ihrer Verletzung inhaltlich aufeinander bezogen sind[697]. Die Scheidung kann als Sanktion für bestimmte Verstöße gegen eheliche Pflichten verstanden werden[698]. Die Ehepartner vertrauten ursprünglich auf den lebenslangen Bestand ihrer Beziehung. Aus diesem verletzten Vertrauen erwachsen bestimmt Folgen. Eine einheitliche Anknüpfung bietet sich wegen des sachlichen Zusammenhangs an. Nach dem Willen des Gesetzgebers sollte die als tragfähig und interessengerecht angesehene Leiter des Art. 14 Abs. 1 Satz 1 EGBGB auch der Scheidung zugute kommen[699]. Der deutsche Gesetzgeber knüpft dabei bewußt an den Zeitpunkt der Rechtshängigkeit des Scheidungsantrags an. Bis zu diesem Zeitpunkt ist das Statut wandelbar[700]. Die Voraussetzungen der Scheidung können sich allerdings nur nach einem Recht richten. Damit mußte ein Zeitpunkt festgelegt werden, nach dem sie sich bestimmen. Man hat sich dafür entschieden, daß es nach Rechtshängigkeit während des Scheidungsverfahrens für keinen der Partner mehr möglich sein soll, einen Statutenwechsel herbeizuführen[701].

Die Regelung in Art. 17 Abs. 1 Satz 2 EGBGB erwächst aus einem Schutzbedürfnis zugunsten deutscher Staatsbürger angesichts der Tatsache, daß es noch immer scheidungsfeindliche Rechtsordnungen gibt. Art. 17 Abs. 2 EGBGB wendet sich gegen die anderswo möglichen Privatscheidungen in Deutschland. Es soll Rechtsklarheit geschaffen werden. Außerdem handelt es sich auch hier um einen wesentlichen Grundsatz des deutschen Rechts, der nicht aufgegeben wird[702].

(3) Nachteile einer Anwendung auf nichteheliches Zusammenleben

Da unter B) III. 4. b) aa) (3) die Anwendung des allgemeinen Ehewirkungsstatuts wegen der starren Anknüpfung an die Staatsangehörigkeit abgelehnt wurde, ist eine direkte Anwendung von Art. 17 Abs. 1 Satz 1 EGBGB schon unter den dort aufgeführten Gründen abzulehnen. Allerdings kann die dieser Norm zugrunde liegende Funktion auf einen Teil der Partnerschaften ausgedehnt werden. Trennungsfolgen werden auch bei nichtehelichen Verbindungen mit den während der Partnerschaft bestehenden Pflichten stets in engem Zusammenhang stehen. Dies spricht dafür, sie grundsätzlich nach dem gleichen Recht wie die allgemeine Rechtswirkungen während der Partnerschaft zu

[697] BR-Drucks. 222/83, 60.
[698] So auch Staudinger-*v.Bar/Mankowski*, Art. 17 EGBGB Rdnr. 136.
[699] Staudinger-*v.Bar/Mankowski*, Art. 17 EGBGB Rdnr. 137.
[700] Soergel-*Schurig*, Art. 17 EGBGB Rdnr. 38.
[701] Siehe etwa Staudinger-*v.Bar/Mankowski*, Art. 17 EGBGB Rdnr. 148.
[702] BR- Drucks.222/83, 61.

bestimmen. Bei Paaren, die unverbindlich zusammenleben möchten oder keine Registrierungsmöglichkeit haben, obwohl sie dies wollen, ist allerdings wieder zu beachten, daß mit der Anknüpfung an den gewöhnlichen Aufenthalt dieser Paare eine relativ flexible Anknüpfung gewählt wurde. Wenn ein Paar sich trennt, sollte besser aus Gründen der Rechtsklarheit eine einheitliche Entscheidung hinsichtlich aller Voraussetzungen und Folgen getroffen werden. Das Recht am letzten tatsächlichen Lebensschwerpunkt des Paares - nach hier vertretener Ansicht der letzte gemeinsame gewöhnliche Aufenthalt - sollte Anwendung finden. Eine förmliche Auflösung gibt es im Regelfall nicht. Sollte eine nachträgliche gerichtliche Anerkennung o.ä. aber Voraussetzung bestimmter Trennungsfolgen sein, so würde man mit einer einheitlichen Anknüpfung von Trennungsvoraussetzungen und -folgen gewährleisten, daß diese Rechtsregeln nicht entstellt werden.

Handelt es sich um ein Paar, das einen Registrierungsakt durchlaufen hat, ist auch das Auflösungsstatut an das Recht am Eingehungsort anzuknüpfen. Eine einheitliche Anknüpfung von Eingehungsvoraussetzungen und Rechtswirkungen an das Recht am Eingehungsort wurde empfohlen, weil die weltweit existierenden Normen bislang sehr wenige sind und sich inhaltlich gravierend unterscheiden. Diese Überlegungen greifen auch hinsichtlich des Auflösungsstatuts. Registrierte Partnerschaftsformen existieren anders als die Ehe nicht weltweit. Die Staaten, die ein solches Rechtsinstitut nicht zur Verfügung stellen, werden Mühe haben, gesetzliche Auflösungsvoraussetzungen und -folgen zur Verfügung zu stellen. Daß sie die für die Ehe vorhandenen anwenden, kann nicht ohne weiteres angenommen werden. Es wird folglich Rechtsunsicherheit erzeugt, wenn man die anwendbaren Rechte derartig trennt. Überzeugender erscheint es demgegenüber, daß man bei einheitlicher Anknüpfung von Eingehungs- und Wirkungsstatuts auch die Auflösung und ihre Folgen diesem Recht unterstellt. Nun steht in diesen Fällen das Forum zwar immer noch vor der Frage, welche eigenen Verfahrensvorschriften es auf dieses Institut anwendet. Es gibt es aber ausreichend Beispiele aus der Rechtsprechung, daß man hier einen Weg finden kann. Die kollisionsrechtliche Entscheidung kann davon allein nicht beeinflußt werden.

c) Zwischenergebnis

Die eingehende Untersuchung der Art. 13 ff. EGBGB hat gezeigt, daß die Systematik des deutschen internationalen Eherechts und die diesen Normen zugrunde liegenden Interessenabwägungen nicht auf nichteheliche Verbindungen passen. Es ist daher eine neue Kollisionsregel zu entwickeln.

IV. Entwicklung einer eigenen Kollisionsnorm unter verstärkter Orientierung am Aufenthaltsrecht

1. Besondere Probleme einer neuen Kollisionsnorm

a) Vorgaben der vorangegangenen Untersuchung

Die vorangegangene Untersuchung vorhandener Kollisionsnormen hat für die Bildung einer Kollisionsregel hinsichtlich Rechtswirkungen nichtehelicher Partnerschaften folgende Vorgaben gebracht. Eine separate Anknüpfung einzelner Rechtswirkungen einer nichtehelichen Partnerschaft empfiehlt sich nicht, da das diese Gemeinschaften prägende personelle Element auf diesem Weg vollständig vernachlässigt wird. Das für die kollisionsrechtliche Einordnung maßgebliche Schwergewicht dieser Beziehungen liegt auf personenrechtlichem Gebiet und nicht im schuldrechtlichen Bereich[703]. Entscheidend ist der Wille der Partner, ihr Leben gemeinsam zu gestalten und die dafür ausschlaggebenden Motive. Für alle Rechtswirkungen einer nichtehelichen Partnerschaft ist damit eine einheitliche, am Wesen der Partnerschaft orientierte Kollisionsnorm zur Verfügung zu stellen. Dies gilt sowohl für Innen- als auch Außenwirkungen der Gemeinschaft.

Eine Anknüpfung nur an die Person eines der Partner ist aus Gründen der Gleichberechtigung in einer Personengemeinschaft abzulehnen[704].

Aufgrund unterschiedlicher Interessenlage, insbesondere verschiedener Interessen beteiligter Staaten je nach Motiv der Partner, ist aber in faktische Verbindungen auf der einen Seite und Partnerschaften mit vorangehendem förmlichen Registrierungsakt auf der anderen Seite zu trennen. Zwar steht bei allen Partnerschaften der Parteiwille im Vordergrund. Bei faktischen Verbindungen ist das Parteiinteresse an der Anwendung einer bestimmten Rechtordnung aufgrund verschiedener Motive aus objektiver Sicht jedoch nicht sicher nachweisbar. Ob ein solches Paar auf Probe zusammenlebt, dauerhaft ohne Rechtsbindung leben möchte oder diese erzeugen will, ihm dies jedoch rechtlich nicht möglich ist, kann daher aus Rechtssicherheitsgesichtspunkten keine Auswirkung auf die objektiv anwendbare Rechtsordnung haben. Die Motive der Partner können sich während der Beziehung ändern. Stellt man trotzdem auf die Gemeinschaft ab, kann nur auf ein objektives Anknüpfungsmoment, das alle gemeinsam haben - den Ort tatsächlichen Zusammenlebens - zurückgegriffen werden. Die Kollisionsregel hat sich am Mittelpunkt tatsächlicher Lebensverhältnisse dieser Paare zu orientieren. Es bleibt zu untersuchen, ob man dabei als Anknüpfungsmoment auf das Domizil das Paares oder seinen gemeinsamen gewöhnlichen Aufenthalt abstellen sollte. Dies wird im folgenden unter *bb)* geschehen. Den Paaren ist zum Ausgleich dafür, daß diese Anknüpfung im Einzel-

---

[703] So auch MünchKomm- *Winkler von Mohrenfels*, Art. 17 EGBGB Rdnr. 84.
[704] Siehe oben B) III. 2. b).

fall nicht interessengerecht sein kann, eine weite Rechtswahlmöglichkeit einzuräumen.

Registrierte Partnerschaften haben dagegen mittels des förmlichen Eingehungsaktes zum Ausdruck gebracht, daß sie ihre Partnerschaft rechtsverbindlich gestalten wollen und sich dem Recht am Eingehungsort bewußt unterwerfen wollen. Damit liegt ein Parteiinteresse vor, dieses Recht auch über Ländergrenzen hinweg über Rechtswirkungen der Partnerschaft entscheiden zu lassen. Dieses Kontinuitätsinteresse spricht dafür, das Recht am Eingehungsort als Wirkungsstatut zu benennen. Das Interesse Dritter tritt dahinter zurück. Dies schon aus dem einfachen Grund, daß es derzeit für Außenwirkungen dieser Partnerschaften zugunsten Dritter keine Vertrauenstatbestände wie für die Ehe gibt. Auch das Interesse des Eingehungslandes an der Beständigkeit eigener familienrechtlicher Rechtsinstitute wird damit gewahrt. Dahinter tritt das Interesse des Forums an der Anwendung eigener Normen zumindest dann zurück, wenn keine eigenen Staatsangehörigen beteiligt sind. Aber auch dann kann ihm hier nicht die alleinige Bedeutung beigemessen werden. Denn alle Staaten haben grundsätzlich ein Interesse, daß ein einmal geschaffenes Rechtsinstitut erhalten bleibt und nicht bei jedem Grenzübertritt in Frage gestellt wird. Andernfalls würde der Rechtsunsicherheit Tür und Tor geöffnet. Die Staatsinteressen widersprechen damit dem Parteiinteresse an der Anwendung des Rechts am Eingehungsort nicht.

b) Domizil oder gewöhnlicher Aufenthalt als Anknüpfungsmoment für Rechtswirkungen faktischer Partnerschaftsformen

Der gemeinsame gewöhnliche Aufenthalt ist bei faktischen Partnerschaftsformen als Anknüpfungsmoment gegenüber dem gemeinsamen Wohnsitz zu favorisieren.

aa) Domizil

Der nicht von der Hand zu weisende Nachteil einer Anknüpfung an das Domizil einer Person bzw. an das gemeinsame Domizil eines Paares in persönlichen Angelegenheiten liegt in der Vielgestaltigkeit des Begriffs „Wohnsitz" oder *„Domicile"* im internationalen Rahmen. Es handelt sich um einen Rechtsbegriff, der durch die verschiedenen Rechtsordnungen vorgeprägt wurde. Wie oben unter B) III. 4. b) aa) (1) schon ausgeführt, unterscheidet sich der deutsche Begriff wesentlich vom englischen und amerikanischen *Domicile* und auch zwischen diesen beiden gibt es keine Übereinstimmung. Einig ist man sich einzig darin, daß neben der objektiv-räumlichen Festlegung eines Lebensmittelpunkts auch subjektiv ein Wille nachweisbar sein muß, dort für längere Zeit zu verweilen. Wie stark beide Elemente sein müssen und was erforderlich ist, um eine Wohnsitzänderung herbeizuführen, darüber besteht jedoch große Uneinigkeit. Nicht zu vergessen sind auch die unterschiedlichen Ansichten, inwieweit man mehrere Wohnsitze haben kann bzw. wann und auf welche Art und Weise der alte aufzugeben ist, um wirksam einen neuen begründen zu können, und inwieweit der Wohnsitz durch familienrechtlichen Status von einer anderen Person abhängig sein kann[705]. Da es sich um einen Rechtsbegriff handelt, ist auch die Aufenthaltsberechtigung stets nach dem entsprechenden Recht festzustellen. Versuche, hier durch Festlegung eines Mindestaufenthalts oder einheitliche Definitionen einen einheitlichen Begriff zu entwickeln, sind bislang fehlgeschlagen[706]. Sie sahen sich stets dem Willkürvorwurf ausgesetzt. Der äußere Entscheidungseinklang würde durch Abstellen auf dieses Anknüpfungsmoment nicht gefördert. Im deutschen internationalen Privatrecht und verschiedenen Staatsverträgen wurde der Begriff Wohnsitz daher auch durch den des gewöhnlichen Aufenthalts ersetzt.

bb) Gewöhnlicher Aufenthalt

(1) Personalstatut und gewöhnlicher Aufenthalt einer Person

Alternativ bietet sich eine Anknüpfung an den gewöhnlichen Aufenthalt einer Person an. Der Vorteil gegenüber dem Begriff Wohnsitz besteht darin, daß man hierbei verstärkt auf faktische Umstände abstellt und nicht auf einen in den Rechtsordnungen unterschiedlich definierten Rechtsbegriff. Wann eine Person ihren gewöhnlichen Aufenthalt in einem Staat hat, ist im Unterschied zu Staatsangehörigkeit und Wohnsitz zumeist nicht ausdrücklich geregelt und damit international einheitlicher Auslegung zugänglich, ohne auf bereits jahrzehntelang existierende nationale Begriffsdefinitionen zu stoßen, von denen sich die einzelnen Staaten nur ungern trennen werden. Man hat im deutschen IPR - anders als z. B. in der Schweiz[707] - z.B. ausdrücklich auf eine Definition verzichtet, um eine übernationale Auslegung nicht zu gefährden[708].

Entscheidend ist bei dieser Anknüpfung auch nicht die Aufenthaltsberechtigung einer Person sondern allein die tatsächliche Situation. Dies wird regelmäßig eher dem Parteiinteresse entsprechen.

Von Nachteil ist, daß durch Abstellen allein auf den gewöhnlichen Aufenthalt einer Person ein Statutenwechsel sehr leicht möglich ist. Dies widerspricht dem grundsätzlichen Anliegen, in Dingen, die einer Person persönlich nahegehen, Kontinuität in der Rechtsanwendung zu bieten und dem Schuldner zu erschweren, seinen familienrechtlichen Pflichten durch Statutenwechsel zu entkommen. Allerdings wird durch das Merkmal „gewöhnlich" im Gegensatz zum schlichten Aufenthalt bereits eine gewisse Kontinuität vorausgesetzt.

---

[705] *Kropholler*, Internationales Privatrecht, 256, 257.

[706] Siehe dazu *Raape/Sturm*, 117ff.

[707] Siehe Art. 20 lit. b schweiz. IPR-Gesetz, abgedr.in: Riering, 210ff. Entscheidend ist danach in Abgrenzung zum Wohnsitz ein längeres Verbleiben an einem Ort, auch wenn es von vornherein nur befristet beabsichtigt war. Das objektive Element wird gegenüber dem inneren Willen damit eindeutig in der Vordergrund gerückt.

[708] BT-Drucks. 10/504, 41.

Schlichter Aufenthaltswechsel würde danach nicht genügen, um eine Änderung des Wirkungsstatuts hervorzurufen. Das Anknüpfungsmoment des gewöhnlichen Aufenthalts hat sich auch bereits bewährt. Dieser Begriff wird im deutschen Recht auch in anderen Gesetzen verwendet[709]. Auch in Kollisionsregeln, die eng mit der Person verbunden sind, findet er zunehmend Anerkennung[710]. So gilt er etwa bei unterschiedlicher Staatsangehörigkeit im allgemeinen Ehewirkungsstatut, Art. 14 Abs. 1 Nr. 2 EGBGB, und für Staatenlose nach Art. 5 Abs. 2 EGBGB. Neben der Staatsangehörigkeit ist der gewöhnliche Aufenthalt im deutschen Kollisionsrecht das zweite bedeutende Anknüpfungsmoment und nicht der Wohnsitz. Er wird zunehmend auch in internationalen Abkommen verwendet[711]. Auch der Europarat hat schon 1972 in einer Empfehlung einen Auslegungsvorschlag unterbreitet[712]. Eine Anknüpfung an den gewöhnlichen Aufenthalt einer Person statt ihres Wohnsitzes würde demnach den inneren und äußeren Entscheidungseinklang fördern. Der Einwand der Rechtsunsicherheit kann zu keinem anderen Ergebnis führen. Zugegebenermaßen ist bei einem nur auf tatsächlichen Gegebenheiten basierenden Begriff eine abschließende Definition nicht möglich. Der gewöhnliche Aufenthalt einer Person kann jedoch hinreichend genau umschrieben werden. Im Steuerrecht sieht man den gewöhnlichen Aufenthalt einer Person beispielsweise dort, wo sie „sich unter Umständen aufhält, die erkennen lassen, daß sie an diesem Ort oder in diesem Gebiet nicht nur vorübergehend verweilt“[713]. In der kollisionsrechtlichen Literatur wird unter verschiedenen Formulierungen auf den Ort abgestellt, wo der tatsächliche Lebensmittelpunkt einer Person liegt[714]. Der Begriff „gewöhnlicher Aufenthalt einer Person“ setzt voraus, daß sich an diesem Ort der Schwerpunkt der tatsächlichen Lebensverhältnisse der Person befindet. Physische Anwesenheit ist hierfür unabdingbar. Ob sich die Person berechtigt an diesem Ort befindet, ist dagegen nicht erheblich, da allein die tatsächliche Situation interessiert. Im Unterschied zum schlichten Aufenthalt ist eine gewisse Dauer tatsächlicher Verlagerung des Lebensmittelpunktes notwendig, die Person muß sich „in der Regel“ und nicht nur vorübergehend an diesem Ort aufhalten. Vorübergehende Arbeit in einem anderen Staat unter Beibehaltung der alten Wohnung reicht nicht aus. Da das subjektive Element anders als beim Wohnsitz aber nicht von überragender Bedeutung ist, heißt dies nicht, daß eine Verlagerung des Daseinsmittelpunktes auf

---

709 Siehe etwa § 9 S. 1 AO, § 30 Abs. 3 Satz 2 SGB I.

710 Vgl. Art. 18, 19ff., 16 EGBGB und als Rechtswahlalternative Art. 10 Abs. 2 Nr. 2, Abs. 3 Nr. 2, 14 Abs. 3, 15 Abs. 2 Nr. 2 EGBGB.

711 Die Haager Konferenz hat den Begriff „résidence habituelle“ das erste Mal in dem Zivilprozeßübereinkommen von 1896 aufgenommen, vgl. RGBl. 1899, 285. Später wurde er auch des öfteren für die Anknüpfung des Personalstatuts angedacht. Erwähnung findet er etwa in Art. 1 MSA, BGBl. 1971 II 217.

712 *Loewe*, Die Empfehlung des Europarats zur Vereinheitlichung der Rechtsbegriffe „Wohnsitz“ und „Aufenthalt“, ÖJZ 1974, 144.

713 § 9 S. 1 AO.

714 *Kropholler*, Internationales Privatrecht, 259; Soergel-*Kegel*, Art. 5 EGBGB Rdnr. 44 mit vielen Nachweisen aus der Rspr. in FN 2, 3; *v.Bar*, Internationales Privatrecht I, 461.

unbegrenzte Dauer verlangt wird. Der Aufenthalt kann vielmehr von vornherein zeitlich begrenzt sein. Auch schadet es nicht, daß die Person innerlich diesen Ort nicht als Schwerpunkt ihrer Lebensverhältnisse empfindet, da sie von Anfang an den Willen hatte, nach gewisser Zeit in einen anderen Staat zurückzukehren. Entscheidend ist allein die objektive regelmäßige Anwesenheit für einen längeren Zeitraum. Zeitweilige Abwesenheit schadet dabei nicht[715]. Von dem Aufenthalt einer anderen Person kann der gewöhnliche Aufenthalt nicht abhängig sein. Sonst würde man formelle Voraussetzungen wieder für beachtlich erklären, die mittels Schwergewicht auf tatsächlichen Gegebenheiten gerade vermieden werden sollten. Letztendlich wird der Einzelfall zu entscheiden haben, ob ein gewöhnlicher Aufenthalt zu bejahen ist oder nicht. Damit kann mittels dieses Anknüpfungsmoments flexibel auf besondere Situationen reagiert werden.

(2) Gemeinsamer gewöhnlicher Aufenthalt und nichteheliches Zusammenleben

Gerade für den hier interessierenden Problemkreis der Rechtswirkungen faktischen nichtehelichen Zusammenlebens gewinnen die Vorteile des gewöhnlichen Aufenthalts gegenüber dem Domizil als Anknüpfungsmoment an Bedeutung. Ausgehend vom Wesen dieser mannigfaltigen Partnerschaften, die entscheidend durch die Motive der Partner und die Ansichten der sie umgebenden Rechtsordnung geprägt werden, wird diese faktische Anknüpfung eher im Interesse der Parteien und Rechtsordnungen liegen als eine formell vorbestimmte. Die Partnerschaften werden effektiv gelebt und es gibt daher zwangsläufig einen tatsächlichen Lebensmittelpunkt des Paares. Ein gemeinsamer Wohnsitz wäre dagegen an besondere gesetzliche Voraussetzungen gebunden, die bei relativ unstabilem Zusammenleben oft nicht gegeben sein werden. Entscheidend ist für die Begründung eines Wohnsitzes z.B. das subjektive Element, an diesem Ort auf ungewisse Dauer leben zu wollen. Bei einem gemeinsamen Wohnsitz bedeutet dies, man möchte mit dem Partner auf ungewisse Zeit an diesem Ort zusammenleben. Und dies wird der inneren Einstellung der Partner zum Teil nicht gerecht werden. Nichteheliche Lebensgemeinschaften werden aus unterschiedlichen Motiven eingegangen. Regelmäßig macht man sich keine Gedanken darüber, den Lebensmittelpunkt auf Dauer zu verlegen. Den Schwerpunkt auf faktische Gegebenheiten zu setzen, erscheint für diese Gemeinschaften empfehlenswerter. Auch getrennte Wohnungen in einem Land sollten dann nicht gegen den gemeinsamen gewöhnlichen Aufenthalt in einem Staat sprechen. Dies ist heute durchaus üblich. Das Abstellen auf den gewöhnlichen und nicht schlichten Aufenthalt erlaubt die Annahme eines solchen auch dann, wenn einer der Partner kurzfristig in einem anderen Staat arbeitet. Primäres Anknüpfungsmoment für die Rechtswirkungen einer faktischen Personenverbindung sollte der gemeinsame gewöhnliche Aufenthalt des Paares sein.

---

[715] Soergel-*Kegel*, Art. 5 EGBGB Rdnr. 55 m.w.N. aus der Rspr. in FN 2;

c) Eingehungsstatut

Das Eingehungsstatut faktischer Partnerschaftsformen ist unselbständig an das Wirkungsstatut nichtehelicher Partnerschaften anzulehnen. Auf die Vorteile dieser unselbständigen Anknüpfung angesichts der mannigfaltigen Regelungen nichtehelichen Zusammenlebens wurde schon ausführlich eingegangen[716]. Es kann an dieser Stelle daher auf die vorangegangenen Ausführungen verwiesen werden. Eine faktische Verbindung hat wesensgemäß kein eigentliches abtrennbares Eingehungsstatut. Die Voraussetzungen einer bestimmten geltend gemachten Rechtswirkung sind folglich wie diese selbst nach dem Recht am jeweiligen gewöhnlichen Aufenthalt des Paares zu bestimmen. Bei einer registrierten Verbindung kann dagegen ein Eingehungsstatut bestimmt werden. Formelle und materielle Eingehungsvoraussetzungen richten sich wegen der Spezialität dieser Regelungen nach dem Recht am Ort der Registrierung. Auch hierauf wurde schon ausführlich eingegangen.

Da die registrierten Partnerschaften nach dem Recht des Eingehungsstaates wie auch rechtsvergleichend aus deutscher Sicht familienrechtliche Rechtsinstitute darstellen, hat darüber hinaus allerdings die Wertung des Art. 13 Abs. 1 EGBGB in die Kollisionsregel einzufließen. Die Eingehung einer solchen Partnerschaft sollte einer Person nur dann möglich sein, wenn sie nach dem eigenen Heimatrecht dazu in der Lage ist. Das Heimatland einer Person hat ein grundlegendes Interesse daran, darüber entscheiden zu können, welche familienrechtlichen Rechtsinstitute eigene Staatsbürger eingehen können. Diesem Interesse ist zu entsprechen. Die Heimatrechte der Partner sind daher kumulativ zu befragen, ob sie die Eingehung einer solchen Partnerschaft für eigene Staatsangehörige zulassen.

d) Auflösungsstatut

Die Auflösung einer faktischen Verbindung richtet sich nach dem Recht am letzten gemeinsamen gewöhnlichen Aufenthalt des Paares[717]. Dazu gehört insbesondere die Frage der Notwendigkeit eines formellen Trennungsakts. Aus Gründen einheitlicher Rechtsanwendung und sonst drohendem Normenmangel ist die Auflösung einer registrierten Verbindung dagegen dem Recht am Eingehungsort zu unterstellen. Auf die Vorteile dieser Anknüpfungen wurde ebenfalls bereits eingegangen. Es kann daher auch hier auf die vorangegangenen Ausführungen verwiesen werden. Eventuelle Auflösungsfolgen sollten ebenfalls diesem Auflösungsstatut unterstehen, um eine einheitliche Rechtsanwendung sicherzustellen.

e) Der Partnerschaftsvertrag

---

[716] Siehe oben B) III. 4. b) bb) (3).

[717] Siehe oben B) III. 4. b) ee) (3).

Partnerschaftsverträge sollten an das objektive Wirkungsstatut zum Zeitpunkt des Vertragsschlusses angeknüpft werden. Damit wird ein einheitlicher Anknüpfungsmechanismus mit objektiven Rechtswirkungen einer solchen Verbindung erreicht.

Zwar könnten diese Verträge mangels bindender persönlicher Vereinbarungen[718] auch als schuldvertraglich eingeordnet werden. Eine solche Qualifikation ist vom Ergebnis des Art. 28 EGBGB jedoch abzulehnen. Diese Vereinbarungen schließen - ob während der Beziehung oder bei Trennung getroffen - regelmäßig Vereinbarungen über die Übertragung verschiedenster Vermögensgüter bzw. eine aufeinander abgestimmte Regelung von Unterhaltsleistungen und einmaligen Vermögensverschiebungen ein, die letztendlich einer umfassenden Auseinandersetzung des während der Partnerschaft erworbenen Vermögens dienen sollen. Oft werden Vereinbarungen über den Aufenthalt und die Erziehung etwaiger gemeinsamer Kinder aufgenommen. Es ist dann keine charakteristische Leistung eines der Partner i.S.v. Art. 28 Abs. 2 EGBGB festzustellen und man wird gem. Art. 28 Abs. 1 EGBGB bei grundsätzlich schuldrechtlicher Qualifikation nach der Rechtsordnung zu suchen haben, mit der dieser Vertrag die engste Verbindung aufweist. Dann hat man wiederum auf die Partnerschaft selbst abzustellen. Das dem Paar am engsten verbundene Recht soll entscheiden, inwieweit die Partner ihre Gemeinschaft privatautonom gestalten können.

Diese Entscheidung hängt eng mit vorhandenen gesetzlichen Regelungen oder bewußter Nichtregelung dieser Verbindungen zum Schutz der Ehe als Institut zusammen. Partnerschaftsverträge sind meist gerade das Resultat fehlender gesetzlicher Regelungen[719]. Die objektive Anknüpfung dieser ausdrücklichen Verträge sollte sich daher an dem Recht orientieren, welches auf die Rechtswirkungen der Partnerschaft auch bei objektiver Anknüpfung ohne nachweisbaren Vertragsschluß anzuwenden wäre.

Um die Wirksamkeit des Vertrages nicht immer wieder in Frage zu stellen, ist hier jedoch eine unwandelbare Anknüpfung an das zur Zeit des Vertragsschlusses anwendbare Recht aus Rechtssicherheitsaspekten empfehlenswert. Dies wird zudem im Parteiinteresse liegen. Die Partner wollen mit einer ausdrücklichen Vertragsvereinbarung eine verbindliche Regelung treffen, die Gültigkeit auch über Landesgrenzen hinweg haben soll. Dieses Vertrauen ist zu schützen.

f) Rechtswahl

Rechtswahl sollte für alle nichtehelichen Paare frei möglich sein, sofern sie nicht willkürlich erfolgt[720]. Dies ist dann der Fall, wenn keine objektive Verbindung zu dem gewählten Recht existiert. Dann sind zwingende Vorschriften des

---

[718] Siehe oben A) IV. 2. a) cc).

[719] Siehe oben A) IV. 2. a) cc).

[720] Siehe oben B) III. 4. b) dd) (3).

Rechts, mit dem das Paar verbunden ist, vorrangig anzuwenden. Damit wird z.B. verhindert, daß zwei Angehörige eines Staates durch Vereinbarung ein Recht zur Anwendung bringen, welches ihrer Verbindung Rechtswirkungen verleiht, die sie nach dem gemeinsamen Heimat- und Aufenthaltsrecht gerade nicht haben soll. Gerade im familienrechtlichen Bereich existieren viele nicht dispositive Vorschriften. Hat eine Partnerschaft sichtlich Verbindung nur zu einer Rechtsordnung, dann sollte ihr auch die Abweichung von deren zwingenden Normen nicht gestattet werden. Eine Regelung vergleichbar dem Art. 27 Abs. 3 EGBGB ist zu treffen.

g) Rück- und Weiterverweisung (Renvoi)

Die Verweisungen der vorgeschlagenen Kollisionsnorm sollten entgegen dem Grundsatz der Gesamtverweisung im deutschen internationalen Privatrecht, Art. 4 Abs. 1 Satz 1 EGBGB, Sachnormverweisungen sein. Dafür können mehrere Gründe angeführt werden. Zum einen wird eine sehr detaillierte und auf einzelne Partnerschaften abstellende Norm vorgeschlagen, deren Systematik durch einen Renvoi wieder in Frage gestellt würde. Auch in ausländischen Rechten herrscht hinsichtlich der kollisionsrechtlichen Einordnung nichtehelicher Partnerschaften große Unsicherheit. Mit einer Sachnormverweisung wird am ehesten der Rechtssicherheit gedient. Zudem ergibt sich die Ablehnung des Renvois hier auch aus dem „Sinn der Verweisung“[721]. Hinsichtlich registrierter Partnerschaften wird auf das Recht des Eingehungslandes abgestellt, da das Parteiinteresse an der Eingehung eines familienrechtlichen Status als überwiegend angesehen wird. Es wird davon ausgegangen, daß sich das Paar bewußt diesem Recht unterworfen hat, mithin konkludent eine Rechtswahl getroffen hat. Art. 4 Abs. 2 EGBGB schließt in den Fällen einer Rechtswahl die Rück- und Weiterverweisung aus. Grund dafür ist, daß die Parteien bei einer Rechtswahl grundsätzlich das materielle Recht im Auge haben[722]. Diese Wertung kann auf diese Paare übertragen werden. Daran zu denken ist auch, daß im deutschen internationalen Familienrecht der Renvoi deshalb eine solche Bedeutung hat, weil damit für den bestehenden Konflikt zwischen Staatsangehörigkeits- und Wohnsitzprinzip eine Lösung bereitgestellt wird. Die Anknüpfung an die Staatsangehörigkeit wird durch eine abweichende Anknüpfung des ausländischen Staates an Wohnsitz bzw. gewöhnlichen Aufenthalt häufig wieder zurückgenommen[723]. Die Staaten, die dem Wohnsitzprinzip folgen, lehnen eine Weiterverweisung dagegen überwiegend ab. Da die hier vertretene Anknüpfung an den gewöhnlichen Aufenthalt auch eine Möglichkeit sein soll, eine international anerkennungsfähige Kollisionsnorm zu finden, sollte eine Rück- und Weiterverweisung unter Anknüpfung an ein anderes Anknüpfungsmoment - insbesondere eine

[721] Vgl. Wortlaut Art. 4 Abs. 1 Satz 1 EGBGB.
[722] *Kropholler*, Internationales Privatrecht, 159.
[723] *Kropholler*, Internationales Privatrecht, 159.

Rückkehr zur Staatsangehörigkeit - vermieden werden. Mit einer Verweisung auf die Sachnormen am gemeinsamen gewöhnlichen Aufenthalt des Paares hinsichtlich der Rechtswirkungen einer nichtehelichen Verbindung wird in den meisten Fällen auch ein Gleichlauf mit einer der wichtigsten, einem Sonderstatut unterliegenden Rechtswirkung - dem gegenseitigen Unterhaltsanspruch, Art. 18 Abs. 1 Satz 1 EGBGB - erreicht.

2. Entwurf einer Kollisionsnorm

Unter diesen Vorgaben ist folgende Kollisionsnorm zu empfehlen:

Art. X Rechtswirkungen einer nichtehelichen Lebensgemeinschaft

(1) Auf Rechtswirkungen einer nichtehelichen Lebensgemeinschaft sind die Sachvorschriften am jeweiligen gemeinsamen gewöhnlichen Aufenthalt des Paares anzuwenden.

(2) Hat das Paar in einem Staat einen ihm nach dortigem Recht möglichen Registrierungs- oder Anerkennungsakt vollzogen, welcher nach diesem Recht gesetzliche Rechtswirkungen auslöst, so richten sich die Rechtswirkungen in Abweichung zu Abs. 1 nach dessen Sachvorschriften.

(3) Ein Partnerschaftsvertrag unterliegt dem auf objektive Rechtswirkungen der nichtehelichen Lebensgemeinschaft zum Zeitpunkt des Vertragsschlusses anwendbaren Recht.

(4) Die Partner können das für Rechtswirkungen ihrer Partnerschaft anwendbare Recht wählen. Die Voraussetzungen der Rechtswahl richten sich nach dem gewählten Recht. Ist der Sachverhalt im Zeitpunkt der Rechtswahl nur mit einem Staat verbunden, so kann die Wahl des Rechts eines anderen Staates zwingende Vorschriften jenes Staates nicht berühren.

Art. Y Eingehung einer nichtehelichen Partnerschaft

(1) Formelle und materielle Wirksamkeitsvoraussetzungen richten sich nach den Sachvorschriften des Landes, dem auch die geltend gemachte Rechtswirkung nach Art. X Abs. 1 oder 2 unterliegt.

(2) Die materiellrechtlichen Eingehungsvoraussetzungen einer registrierten Partnerschaft i.S.v. Art. X Abs. 2 unterliegen für jeden Partner ergänzend dem Recht des Staates, dem er angehört.

Art. Z Auflösung einer nichtehelichen Partnerschaft

(1) Die Auflösung einer nichtehelichen Verbindung unterliegt den Sachvorschriften des Rechts, welches zum Auflösungszeitpunkt für die Rechtswirkungen der Verbindung nach Art. X Abs. 1 maßgebend ist.

(2) Hat das Paar in einem Staat einen ihm nach dortigem Recht möglichen Registrierungs- oder Anerkennungsakt vollzogen, welcher nach diesem Recht gesetzliche Rechtswirkungen auslöst, so richten sich die Auflösung nach diesem Recht.

(3) Etwaige Rechtsfolgen der Auflösung unterstehen dem nach Abs. 1 oder 2 anwendbaren Recht.

3. Prüfung der Kollisionsregeln für güterrechtliche Rechtsfragen

Fall A (Gründung einer nichtehelichen Lebensgemeinschaft durch zwei Ausländer im Ausland):
Zwei Slowenen leben zwanzig Jahre in Slowenien in nichtehelicher Lebensgemeinschaft. Nach der Trennung zieht der Mann für unbestimmte Zeit nach Deutschland. Seine ehemalige Lebenspartnerin macht nunmehr gegen ihn vor deutschen Gerichten einen Vermögensausgleichsanspruch geltend.

Gem. Art. Z Abs. 1, 3 i.V. m. Art. X Abs. 1 ist slowenisches Recht auf Voraussetzungen und Rechtsfolgen einer Trennung dieses Paares anwendbar. Nach Art. 12 Abs. 1 i.V.m. Art. 51ff. EheFamG Slowenien 1976[724] besteht nach Trennung einer nichtehelichen Lebensgemeinschaft ein besonderer Vermögensausgleichsanspruch. Eine förmliche Auflösung wird nicht vorausgesetzt. Ob eine solche mit dieser Rechtswirkung ausgestattete nichtehelicher Partnerschaft zustande kam, ist unselbständig anzuknüpfen, Art. Y Abs. 1. Es entscheidet darüber ebenfalls slowenisches Recht. Nach längerer Dauer erzeugen nichteheliche Lebensgemeinschaften dort gleiche Rechtswirkungen wie eine Ehe[725]. Es wird keine feste Zusammenlebensdauer vorausgesetzt. Nach zwanzig Jahren ist eine „längere Dauer“ des Zusammenlebens aber wohl anzunehmen. Ein Vermögensauseinandersetzungsanspruch ist zu bejahen.

Diese Lösung ist auch interessengerecht. Der deutsche Staat hat kein Interesse daran, hier deutsches Recht anzuwenden. Die Partnerschaft hat keinerlei Bezug zu deutschem Recht. Es handelt sich um ein slowenische Paar. Die Partnerschaft wurde in Slowenien eingegangen und gelebt. Man hat sich auch dort getrennt. Alle Vermögenswerte, um die es geht, wurden in diesem Land angeschafft. Der Sachverhalt hat lediglich Beziehungen zu Slowenien.

---

[724] Amtsblatt der SR Slowenien Nr. 15/76.
[725] Vgl. Art. 12 EheFamG 1976, Amtsblatt der SR Slowenien Nr. 15/76.

Fall B (Gründung einer nichtehelichen Verbindung durch zwei Ausländer im Ausland und Umzug nach Deutschland):

Grundkonstellation wie (A). Beide Partner ziehen im Sommer 1994 nach Deutschland. Sie trennen sich hier 1998 und die Frau macht den ihr nach slowenischen Recht zustehenden Ausgleichsanspruch in Deutschland geltend.

Gem. Art. Z Abs. 1, 3 i.V.m. Art. X Abs. 1 ist deutsches Sachrecht anzuwenden. Danach steht der Lebensgefährtin kein besonderer Vermögensauseinandersetzungsanspruch zu. Es ist lediglich zu prüfen, ob nach allgemeinen schuldrechtlichen Regeln ein solcher zuzusprechen ist. Für eine besondere Zwecksetzung eingetretener Vermögensverschiebungen über die Führung der Lebensgemeinschaft hinaus gibt der Sachverhalt jedoch keine Anhaltspunkte. Eine Anspruch ist daher abzulehnen. Dies gilt auch für die in Slowenien gelebte Zeit.

Auch dieses Ergebnis ist unter Abwägung der kollisionsrechtlich relevanten Interessen überzeugend. Über den Auseinandersetzungsanspruch sollte aus Gründen der Rechtssicherheit einheitlich entschieden werden. Er ist vorliegend insgesamt in Anwendung deutschen Rechts abzulehnen. Der Slowenin bleibt, ihren Anspruch vor slowenischen Gerichten geltend zu machen. Da das Paar seine Verbindung nicht nach außen rechtsverbindlich gestaltet hat, ist ihr Vertrauen hinsichtlich der Weitergeltung slowenischen Rechts bei einem Umzug nach Deutschland auch nicht schutzwürdig. Den Partnern ist in einer derartigen Situation zumutbar, sich ggf. durch einen Vertrag gegen Rechtsverlust abzusichern. Der deutsche Staat hat als Aufenthaltsland ein Interesse daran, über Rechtswirkungen dieser faktisch gelebten Verbindungen zu entscheiden. Es bestehen durch den Aufenthalt in Deutschland über einen längeren Zeitraum ausreichend Berührungspunkte, eine Anwendung deutschen Rechts zu rechtfertigen.

Fall C (Gründung einer nichtehelichen Verbindung durch zwei Ausländer im Inland):

Zwei Slowenen kamen 1993 nach Deutschland. Sie lernten sich hier kennen und lebten vier Jahre in nichtehelicher Partnerschaft zusammen. Dann entschloß sich der Mann zur Trennung und Rückkehr nach Slowenien. Vorab möchte er jedoch vor deutschen Gerichten gegenüber seiner ehemalige Lebenspartnerin den ihm nach slowenischen Recht zustehenden Vermögensauseinandersetzungsanspruch geltend machen.

Gem. Art. Z Abs. 1, 3 i.V.m. Art. X Abs. 1 ist deutsches Sachrecht anzuwenden. Danach steht ihm nach den knappen Sachverhaltsangaben kein Ausgleichsanspruch zu.

Dieses Ergebnis ist interessengerecht. Dem Slowenen bleibt unbenommen, seinen Anspruch vor slowenischen Gerichten einzuklagen. Es ist jedoch nicht anzunehmen, daß diese für die in Deutschland gelebte Zeit einen Anspruch zusprechen werden. Die gesamte Partnerschaft wurde in Deutschland gelebt. Ein etwaiges Vertrauen der Partner auf Geltung ihres Heimatrechts ist mangels förmlichen Akts nicht sicher nachweisbar und daher nicht schützenswert. Schon der Bezug einer in Deutschland gelebten Partnerschaft zum Aufenthaltsrecht wurde im Fall B als stark genug angesehen, um seine Anwendung hinsichtlich der Rechtswirkungen zu rechtfertigen. Dann muß dies erst recht gelten, wenn die Partnerschaft auch in diesem Land eingegangen und wieder aufgelöst wurde.

Fall D (Gründung einer nichtehelichen Partnerschaft durch zwei Deutsche in Deutschland und Umzug ins Ausland):
Zwei Deutsche leben in Deutschland in nichtehelicher Partnerschaft. Nach vier Jahren ziehen sie nach Slowenien. Nach weiteren fünf gemeinsamen Jahren trennen sie sich dort und die Frau kehrt nach Deutschland zurück. Ihr inzwischen mittelloser ehemaliger Lebensgefährte macht in Deutschland einen Vermögensausgleichsanspruch nach slowenischem Recht geltend.

Gem. Art. Z Abs. 1, 3 i.V.m. Art. X Abs. 1 wäre slowenisches Recht als Recht am letzten gemeinsamen gewöhnlichen Aufenthalt auf etwaige Trennungsfolgen anzuwenden. Dieses enthält keine Einschränkung auf slowenische Staatsangehörige, Art. Y Abs. 1. Auch Deutsche fallen unter den Anwendungsbereich von Art. 12 Abs. 1 i.V.m. Art. 51ff. EheFamG Slowenien 1976. Über den Auseinandersetzungsanspruch ist einheitlich zu entscheiden, um Übergangsschwierigkeiten zu vermeiden. Es kann allerdings an dieser Stelle nicht abschließend beurteilt werden, ob der Anspruch nach slowenischem Recht auch für die in Deutschland gelebte Zeit gilt.

Der Anwendung slowenischen Sachrechts steht ein überwiegendes Interesse deutscher Gerichte an der Anwendung eigener Sachvorschriften als Heimatland des Paares nicht entgegen. Die Partnerschaft wurde zwar in Deutschland eingegangen und vier Jahre hier gelebt. Danach lebte man aber fünf Jahre in Slowenien und trennte sich auch dort. Es besteht eine enge Beziehung zu diesem Recht. Mangels förmlichen Eingehungsakts kann das Heimatrecht hier auch nicht hinsichtlich materieller Eingehungserfordernisse herangezogen werden. Und die Zuerkennung eines solchen Anspruchs widerspricht auch nicht grundlegenden Vorstellungen des deutschen Rechts. Die Rechtsprechung in Inlandsfällen zeigt, daß man sich auch im deutschen Recht bewußt ist, daß Vermögensverschiebungen auftreten können, die dem einen Partner nach Beendigung der Partnerschaft unberechtigterweise verbleiben und für die ein Ausgleich zu suchen ist.

Fall E (Gründung einer gemischtnationalen Verbindung unter Beteiligung eines Deutschen im Ausland):
Eine Deutsche lernt während einer Urlaubsreise in Slowenien einen Slowenen kennen und lieben. Sie entschließt sich, dort zu bleiben und mit ihm zu leben. Nach sechs gemeinsamen Jahren trennt man sich und sie kehrt nach Deutschland zurück. Er möchte nun vor deutschen Gerichten einen Vermögensausgleichsanspruch geltend machen.

Auch hier ist gem. Art. Z Abs. 1, 3 i.V.m. Art. X Abs. 1 slowenisches Recht anzuwenden. Der dortige Anspruch gilt auch für deutsch-slowenische Partnerschaften, Art. Y Abs. 1 i.V.m. Art. 12, 51ff. EheFamG Slowenien 1976.

Unter den gleichen Erwägungen wie unter (D) scheitert die Anwendung des slowenischen Auseinandersetzungsanspruchs auch nicht an einem überwiegenden Interesse des Heimatlandes der Anspruchsgegnerin an der Anwendung eigener Vorschriften. Hier kommt noch dazu, daß in einer gemischtnationalen Verbindung dem Heimatrecht eines der Partner aus Gründen der Gleichberechtigung ohnehin nicht die überragende Bedeutung zugesprochen werden kann. Der Anspruchsinhaber hat zu diesem Recht keine Verbindung. Der gemeinsame Aufenthalt ist daher das primäre gemeinsame Anknüpfungsmoment, auf das abgestellt werden sollte.

Fall F (Gründung einer registrierten Partnerschaft durch zwei Ausländer im Ausland):

Zwei norwegische Staatsangehörige sind 1996 in Norwegen eine registrierte homosexuelle Partnerschaft eingegangen. Anfang 1999 trennt man sich formlos und einer der Partner zieht aus beruflichen Gründen nach Deutschland. Dort lernt er einen neuen Partner kennen und beginnt, alle bislang erworbenen Güter zu verkaufen, um mit diesem eine Weltreise durchführen zu können. Der anderer möchte dies verhindern und beruft sich auf nach norwegischem Recht bestehende Verfügungsverbote. Außerdem kauft der in Norwegen verbliebene Partner diverse Haushaltsgegenstände, die er nicht bezahlt. Die Gläubiger wollen nunmehr auch gegen den Partner in Deutschland vorgehen.

Gem. Art. X Abs. 2 richten sich die Rechtswirkungen dieser registrierten Verbindung nach norwegischem Recht. Danach existieren innerhalb einer registrierten Partnerschaft Verfügungsbeschränkungen wegen des gesetzlichen Güterstandes der Gütergemeinschaft, *§§ 3 Lov om registrert partnerskap*[726]*, 32 Lov om ekteskap 1991.* Das wirksame Zustandekommen der Partnerschaft ist gem. Art. Y Abs. 1 ebenfalls nach norwegischem Recht zu beantworten und vorliegend zu unterstellen. Gegen den in Deutschland lebenden Partner können folglich die Verfügungsbeschränkungen geltend gemacht werden.

Die Gläubiger des in Norwegen wohnhaften Partners können ebenfalls in Deutschland gegen den hier wohnhaften Partner ihre vertraglichen Ansprüche geltend machen. Auch hinsichtlich dieser Ansprüche ist über Art. X Abs. 2 norwegisches Recht anwendbar. Gem. *§§ 3 Lov om registrert partnerskap, 41 Lov om ekteskap 1991* besteht für Partner einer registrierten Partnerschaft eine gesetzliche Mitverpflichtung bei Geschäften des täglichen Bedarfs.

Eine Anwendung dieser Normen ist wegen der norwegischen Staatsangehörigkeit der Beteiligten und dem gesamten Zusammenleben in Norwegen gerechtfertigt. Der deutsche Staat hat als Aufenthaltsstaat eines der Partner nach Trennung kein Interesse an der Anwendung eigener Sachnormen. Andere

---

[726] Lov nr. 40/1993, Norsk Lovtidend Avd. I 1993, 361.

Rechtsordnungen sind nicht ersichtlich, zu denen der Sachverhalt engere Verbindungen haben könnte.

Fall G (Gründung einer gemischtnationalen registrierten Partnerschaft im Ausland):
Grundkonstellation wie (F). Es handelt sich aber um einen Norweger und einen Deutschen. Der Deutsche kehrt später nach Deutschland zurück.

Grundsätzlich wären die geltend gemachten Rechtswirkungen in Anwendung von norwegischem Recht gem. Art. X Abs. 2 zuzusprechen. Gem. Art. Y Abs. 1 entscheidet norwegisches Recht auch darüber, ob eine mit Rechtswirkungen ausgestattete Partnerschaft wirksam zustande kam. Nach dem norwegischen Partnerschaftsgesetz muß nur einer der Partner norwegischer Nationalität sein und sein Domizil in Norwegen haben[727]. Danach wäre die Partnerschaft zwischen einem Norweger und einem Deutschen wirksam. Allerdings ist gem. Art. Y Abs. 2 das deutsche Heimatrecht für den deutschen Staatsangehörigen ergänzend zu befragen, ob es der Eingehung einer solchen Partnerschaft für eigene Staatsangehörige entgegensteht. Dies war bis 2000 wohl noch zu bejahen. Es existierten zwar keine gesetzlichen Regelungen hierfür. Diese Entscheidung ließ sich aber aus der bewußten gesetzlichen Nichtregelung homosexueller Partnerschaften und der Einschränkung des familienrechtlichen Rechtsinstituts der Ehe auf Beziehungen zwischen Frau und Mann herleiten. Mit der zunehmenden Anerkennung homosexueller Partnerschaften auf gesellschaftlicher Ebene, der gesetzlichen Erfassung auf Länderebene in Hamburg[728] und insbesondere dem Gesetz über die Eingetragene Lebenspartnerschaft[729] sollte die Eingehung einer solchen Partnerschaft für Deutsche nunmehr jedoch auch im Ausland möglich sein. Eine Geltendmachung der genannten Rechtswirkungen gegen einen Deutschen wird nun vor deutschen Gerichten wohl erfolgreich sein.

Fall H (Gründung einer registrierten Partnerschaft durch zwei Deutsche im Ausland):
Grundkonstellation wie (F). Es handelt sich um zwei deutsche Staatsbürger. Einer kehrt später nach Deutschland zurück.

Die Partnerschaft wäre schon nach norwegischem Recht, welches über Art. Y Abs. 1 anzuwenden ist, nicht wirksam zustande gekommen. Nach dem norwegischen Partnerschaftsgesetz muß einer der Partner norwegischer Nationa-

---

727 Siehe die Informationsbroschüre des Ministry of Children and Family Affairs „Registered Partnership", § Conditions for registering a partnership.
728 Siehe oben A) IV. 2. a) aa).
729 BT-Drucks. 14/3751, 14/4545.

lität sein und sein Domizil in Norwegen haben[730]. Die Ansprüche würden vor deutschen Gerichten scheitern.

Fall I (Eingehung einer registrierten Partnerschaft durch zwei Deutsche in den Niederlanden):

Zwei homosexuelle Deutsche lassen sich in den Niederlanden registrieren. Sie kehren später nach Deutschland zurück. In Deutschland trennt man sich wenig später. Der eine Partner machte gegen den anderen güterrechtliche Ansprüche geltend.

Die Rechtswirkungen dieser Partnerschaft unterstehen gem. Art. X Abs. 2 niederländischem Sachrecht. Nach niederländischem Recht wurde die Partnerschaft auch wirksam eingegangen, Art. Y Abs. 1 i.V.m. Art. X Abs. 2. Registrierungen sind nach dem niederländischen Partnerschaftsgesetz möglich zwischen zwei EU-Angehörigen, sofern diese gültige Aufenthaltserlaubnisse/EWG besitzen[731]. Dies ist zu unterstellen. Gem. Art. Y Abs. 2 ist allerdings wieder deutsches Recht darüber zu befragen, ob es eine solche Partnerschaft für eigene Angehörige zuläßt. Der Argumentation unter F folgend ist dies seit dem Gesetzesbeschluß des Deutschen Bundestages über das Gesetz über die Eingetragene Lebenspartnerschaft wohl anzunehmen.

---

[730] Siehe die Informationsbroschüre des Ministry of Children and Family Affairs „Registered Partnership", § Conditions for registering a partnership.

[731] Art. 80 a Abs. 2 BW.

Kolibri 360 GmbH
Ferdinand-Jühlke-Straße 7
99095 Erfurt, Deutschland
produktsicherheit@kolibri360.de

Druck:
CPI Druckdienstleistungen GmbH
im Auftrag der
Kolibri 360 GmbH
Ferdinand-Jühlke-Str. 7
99095 Erfurt